Análise Comportamental do Direito

Análise Comportamental do Direito

2020

Julio Cesar de Aguiar

ALMEDINA

ANÁLISE COMPORTAMENTAL DO DIREITO
© Almedina, 2020
AUTOR: Julio Cesar de Aguiar

DIRETOR ALMEDINA BRASIL: Rodrigo Mentz
EDITORA JURÍDICA: Manuella Santos de Castro
EDITOR DE DESENVOLVIMENTO: Aurélio Cesar Nogueira
ASSISTENTES EDITORIAIS: Isabela Leite e Marília Bellio

DIAGRAMAÇÃO: Almedina
DESIGN DE CAPA: Roberta Bassanetto

ISBN: 9786556271125
Novembro, 2020

Dados Internacionais de Catalogação na Publicação (CIP)
(Câmara Brasileira do Livro, SP, Brasil)

Aguiar, Julio Cesar de
Análise comportamental do direito / Julio Cesar de Aguiar. -- São Paulo : Almedina, 2020.

Bibliografia.
ISBN 978-65-5627-112-5

1. Análise comportamental 2. Ciência 3. Direito 4. Norma jurídica 5. Regra jurídica I. Título.

20-44521 CDU-340.12

Índices para catálogo sistemático:
1. Análise comportamental do direito 340.12

Cibele Maria Dias - Bibliotecária - CRB-8/9427

Universidade Católica de Brasília - UCB
Reitor: *Prof. Dr. Ricardo Pereira Calegari*
Pró-Reitora Acadêmica: *Prof.ª Dr.ª Regina Helena Giannotti*
Pró-Reitor de Administração: *Prof. Me. Edson Cortez Souza*
Diretor de Pós-Graduação, Identidade e Missão: *Prof. Dr. Ir. Lúcio Gomes Dantas*
Coordenador do Programa de Pós Graduação em Direito: *Prof. Dr. Maurício Dalri Timm do Valle*
Editor-Chefe do Convênio de Publicações: *Prof. Dr. Marcos Aurélio Pereira Valadão*

Este livro segue as regras do novo Acordo Ortográfico da Língua Portuguesa (1990).

EDITORA: Almedina Brasil
Rua José Maria Lisboa, 860, Conj.131 e 132, Jardim Paulista | 01423-001 São Paulo | Brasil
editora@almedina.com.br
www.almedina.com.br

APRESENTAÇÃO

O presente livro é uma versão atualizada da minha primeira tese de doutorado, defendida em 2006, na Universidade Federal de Santa Catarina, a qual lançou as bases da análise comportamental do direito. Desde então, essa nova forma de abordar o direito de um ponto de vista naturalista tem se desenvolvido, não só no Brasil, como em outras partes do mundo, tendo eu publicado, sozinho ou em coautoria com alunos ou colegas pesquisadores, vários artigos teóricos gerais e aplicados, destacando-se a publicação, em 2017, do livro *Teoria analítico-comportamental do direito: para uma abordagem científica do direito como sistema social funcionalmente especializado*, em que eu respondo à questão do que é o direito e como ele afeta o comportamento das pessoas, a partir de uma perspectiva teórica que combina a análise comportamental skinneriana com a teoria dos sistemas funcionais de Niklas Luhmann, a qual concebe o direito como um sistema social funcional, composto por redes de padrões comportamentais entrelaçados, especializado na solução de um dos problemas recorrentes para a sobrevivência e reprodução das sociedades humanas, qual seja o do controle coercitivo dos comportamentos considerados como socialmente indesejáveis.

Em nenhum dos trabalhos publicados ao longo desses anos, entretanto, eu tive a oportunidade de discutir, de forma tão ampla e aprofundada como na tese defendida em 2006, de um lado, os pontos de contato e, principalmente, as diferenças entre a análise comportamental do direito e a teoria jurídica tradicional, em particular a teoria pura do direito kelseniana, que se apresenta igualmente como uma teoria científica do ordenamento jurídico; de outro, os fundamentos da abordagem por mim proposta, em termos dos vários desenvolvimentos atuais da psicologia de orientação analítico-comportamental, bem como das diversas alternativas existentes para aplicação desse paradigma ao comportamento social humano em geral.

Destarte, eu acredito que a publicação deste livro vem preencher uma importante lacuna no arcabouço teórico da análise comportamental do direito, razão pela qual estou convicto de que todos os que se interessam por essa abordagem vão tirar grande proveito da sua leitura.

Brasília, março de 2020.

JULIO CESAR DE AGUIAR, PhD

SUMÁRIO

Introdução

Este trabalho expõe os fundamentos de uma abordagem do direito como ciência comportamental aplicada denominada análise comportamental do direito, a qual tem em vista um duplo propósito. Primeiro, carrear para o exame crítico do direito o considerável cabedal de conhecimentos científicos sobre o comportamento humano fundados na psicologia comportamental, inaugurada por John Broadus Watson (1878-1958) e elevada a paradigma psicológico dominante durante várias décadas por Burrhus Frederic Skinner (1904-1990). Segundo, somar esforços com outras abordagens científicas, como a análise econômica do direito, a análise econômico-comportamental do direito e a corrente neoinstitucionalista na economia e na sociologia, no sentido de propor uma nova perspectiva para fundar a teoria do direito nas ciências sociais.

A ideia do direito como uma ciência social aplicada não é novidade no Brasil. Porém, nunca chegou a haver um embasamento teórico-metodológico duradouro, capaz de tornar realidade essa ideia. O ensino e a pesquisa em direito no Brasil continuam dominados pelas disciplinas jurídicas tradicionais, sem lograr uma vinculação teórica efetiva com as ciências sociais.

Não é de estranhar, portanto, que a constatada superação da hegemonia do positivismo kelseniano entre os juristas brasileiros tenha se dado em prol de perspectivas como a ética do discurso habermasiana, o moralismo jurídico dworkiniano e outras correntes jusfilosóficas anticientíficas. O que se criticava em Kelsen, ao que tudo indica, não era a fragilidade epistemológica de sua proposta de ciência pura do direito, enquanto ciência, mas a própria ideia do direito informado cientificamente. Parcialmente por isso, o presente trabalho, que visa trilhar um caminho oposto ao dos críticos anticientíficos do positivismo jurídico kelseniano, buscou revisitá-lo, ainda que rapidamente, a fim de retomar algumas questões fundamentais na obra de Kelsen.

Tendo apresentado resumidamente a temática deste trabalho, podemos introduzir agora os problemas com base nos quais ela foi enfocada. Um primeiro grupo de problemas pode ser subsumido à seguinte questão fundamental: o que vem a ser uma abordagem do direito como ciência comportamental aplicada? Tal grupo é constituído por três problemas específicos, correspondentes aos três capítulos da primeira parte do estudo, que são: a) o problema do dualismo epistemológico na ciência do direito tradicional; b) o problema do método de uma ciência jurídica de base comportamentalista; c) o problema da inserção de uma abordagem do direito como ciência comportamental aplicada no contexto jurídico prático, em especial, no ambiente do jurista profissional.

O problema do dualismo epistemológico na ciência do direito decorre da tese, hegemônica entre os teóricos do direito contemporâneos, da existência de duas possibilidades de abordagem científica do direito: uma normativa, que se encarregaria de estudar o direito enquanto sistema de regras ou, consoante a terminologia jusfilosófica, como dever-ser; e outra, não normativa, dedicada a estudar o direito como fato natural, ou, mais estritamente, como fato social, daí porque se denominar usualmente essa ciência jurídica não normativa de sociologia do direito. A par das consequências teóricas e práticas indesejáveis desse dualismo epistemológico para a ciência do direito, que são apontadas, de passagem, ao longo de toda a primeira parte, o texto procura apontar respostas alternativas para dois dos principais argumentos em favor da visão dualista, na versão do seu mais destacado representante, o jusfilósofo austro-húngaro Hans Kelsen (1881-1973), quais sejam o da irredutibilidade do dever-ser ao ser e o da distinção dicotômica entre ordem natural e ordem social, com base, respectivamente, nos princípios cognitivo-ordenadores transcendentais da causalidade e da imputação.

O problema do método de uma ciência jurídica de base comportamentalista é tratado com fulcro no conceito de regra prática de controle comportamental e na assimilação da imposição das tradicionalmente denominadas normas jurídicas aos chamados quase-experimentos de intervenção na realidade social, nos termos propostos por Cook e Campbell (1979). O conceito de regra prática permite que consideremos as ditas normas jurídicas como prescrições comportamentais – apelidadas de contingências jurídicas – inseridas em uma estrutura normativa mais ampla, a que denominamos regra jurídica, a qual inclui ainda metas sociais e pressupostos sobre regularidades comportamentais; de tal forma que o próprio direito, enquanto atividade social, se revela, neste caso em pleno acordo com as formulações de algumas teorias do direito de filiação positivista, inclusive a teoria pura do direito kelseniana, uma ciência social aplicada ao controle do comportamento humano. Por sua vez, a assimilação da imposição das contingências jurídicas aos quase-experimentos de intervenção na realidade social, nos termos propostos por Cook e Campbell, fornece à analise comportamental do direito um arcabouço metodológico por meio do qual se pode desenvolver análises críticas das regras jurídicas em discussão nos parlamentos ou já editadas, propondo novas interpretações doutrinárias ou novos argumentos para as já disponíveis, com reflexos diretos na aplicação judicial dessas regras.

Encerrando esse primeiro grupo de problemas, a questão da inserção de uma abordagem do direito como ciência comportamental aplicada no contexto jurídico prático, em especial, no ambiente do jurista profissional se desdobra em quatro problemas mais específicos, os quais procuram retratar os aspectos mais destacados da discussão da dinâmica específica do direito como ciência social aplicada ao controle do comportamento humano.

Começando pelo papel do teórico do direito, o qual, em contraste com a teoria pura do direito kelseniana, é retratado como um cientista social aplicado, que visa influir na conformação do direito, por meio da crítica aos pressupostos factuais das regras jurídicas. Segue-se a questão sobre a pertinência da distinção entre conhecimento jurídico e extrajurídico, também chamados, respectivamente, pontos de vista interno e externo ao direito, a qual é respondida pela análise comportamental do direito de modo restritivo, ou seja, reconhecendo a inevitabilidade de um conhecimento técnico especializado dos operadores do direito, mas, por outro lado, negando a possibilidade desse conhecimento especializado abarcar a fundamentação racional do direito, entendida como possível apenas com base no estudo científico das consequências esperadas das diversas opções jurídicas existentes. A questão seguinte, relativa à eficácia das regras jurídicas, é fundamental para o entendimento da assimilação da imposição do direito aos quase-experimentos de intervenção na realidade social, em razão de que, a partir dessa assimilação, não tem sentido entender, como acontece com a maioria das teorias do direito tradicionais, a mera aplicação da regra jurídica como indicativa da sua eficácia, pois tal compreensão limitada da noção de eficácia de uma regra jurídica exclui, por princípio, a obtenção de algum resultado social prático dela decorrente (chamado de meta social) do escopo da justificação científica do direito. O último problema derivado da inserção da abordagem do direito como ciência comportamental aplicada no universo prático do direito é o da contribuição dessa abordagem para a discussão das metas sociais vinculadas às regras jurídicas. Embora não se candidatando a definir de modo absoluto os valores que presidirão tais metas, o trabalho defende a possibilidade de a análise comportamental do direito servir de fundamento para se optar por determinadas metas sociais em vez de outras, igualmente possíveis no contexto, por meio da conceituação das regras jurídicas das diversas culturas humanas como tentativas de solução, por parte das respectivas sociedades, dos problemas sistêmicos ou ecológicos da existência humana enquanto espécie biológica.

Um segundo grupo de problemas gerais abordados no trabalho pode ser concebido como resposta à questão: que modelo de análise do comportamento individual e social humano é pressuposto pela análise comportamental do direito? Embora o caráter aplicado da análise comportamental do direito não lhe exija um compromisso no sentido de solucionar as controvérsias internas ao paradigma comportamentalista nas ciências sociais, ao estilo de muitas outras disciplinas aplicadas, alguns tópicos da análise comportamental e suas ramificações fora do âmbito da psicologia precisam ser discutidos, para que se possa dar à nova abordagem proposta uma fundamentação teórica básica. Tal como no primeiro grupo de problemas, o segundo também pode ser dividido em dois subgrupos, correspondentes aos dois capítulos da segunda parte do trabalho, a saber: um subgrupo de problemas ligados à análise do comportamento individual humano; outro subgrupo de problemas ligados à análise do comportamento social humano.

O problema da análise do comportamento individual humano se confunde com o próprio surgimento do estudo científico-experimental do comportamento humano em geral, o qual se inicia como psicologia individual, a partir dos trabalhos dos já mencionados Watson e Skinner. No que tange à fundamentação exigida pela análise comportamental do direito, os aspectos mais relevantes abordados no texto são, primeiramente, os processos comportamentais básicos, denominados reforçamento, punição e extinção, por meio dos quais se estuda a chamada seleção comportamental operante, a qual é a principal modalidade de seleção comportamental individual que ocorre durante a ontogênese (tempo de vida) dos seres humanos. Entretanto, na medida em que as condutas objeto das normas jurídicas são comportamentos complexos, muito diferentes das respostas comportamentais padronizadas utilizadas pelos psicólogos comportamentais em suas experiências de laboratório, surge um segundo problema, relativo à questão da unidade de análise do comportamento individual mais adequada à abordagem proposta no trabalho. Esse tema envolve a distinção entre as abordagens comportamentais molecular e molar, tendo sido eleita a segunda abordagem como a mais pertinente ao estudo do direito como ciência comportamental aplicada. Um problema diretamente derivado da abordagem molar é o da escolha comportamental e da quantificação dos comportamentos alocados a tais escolhas, o que leva à discussão da lei da igualação, em suas três principais formulações. Por fim, como resultado, de um lado, da crescente sofisticação dos métodos quantitativos da análise do comportamento individual de um ponto de vista molar e, de outro lado, da necessidade de se ampliar o escopo das experiências sobre comportamento de escolha, desenvolveu-se uma nova disciplina, denominada economia comportamental, cuja apresentação sumária é o último subproblema vinculado ao da análise do comportamento individual.

O segundo subgrupo de problemas, que versa sobre a análise do comportamento social humano, surge como desdobramento da discussão do primeiro subgrupo. De início, desponta a questão da própria possibilidade de uma ciência social comportamentalista, a qual é entendida no trabalho como algo distinto da mera extrapolação para o âmbito coletivo, isto é, sociocultural, dos processos comportamentais básicos estudados pela psicologia comportamental, implicando, ao contrário, a inserção desses processos básicos em modelos teóricos especificamente voltados ao comportamento social, a partir de uma síntese das diversas abordagens comportamentalistas presentes nas ciências que se ocupam do ser humano, desde a biologia evolutiva, passando pela psicologia, chegando à economia e à sociologia, entre outras. A partir dessa tomada de posição fundamental, são discutidos vários problemas relacionados à construção de uma teoria social de base comportamentalista. Primeiramente, o da estrutura e do poder social, para o que utilizamo-nos da mais avançada corrente sociológica comportamentalista, a chamada teoria da troca social, fundada por George Caspar Homans (1910-1989), na década de 1950, tendo se transformado, na atualidade, em um complexo programa de pesquisas voltado, principalmente, à questão da ligação entre as macroestruturas sociais e as interações face a face que compõem a vivência social cotidiana dos seres humanos. O segundo problema é o da própria definição do que seja comportamento social, independentemente do fato de que o mesmo ocorra ou não em interações entre indivíduos. Em outras palavras, o problema dos padrões comportamentais compartilhados ou coletivos, que são o conteúdo mais importante do direito, tais como, uma sociedade, uma relação amorosa ou de vizinhança, uma atividade prolongada e recorrente, como a ida de um trabalhador ao seu local de trabalho, e assim por diante. Tal problema é tratado com fulcro na distinção entre processos comportamentais básicos, estudados no laboratório de psicologia experimental, e atividades humanas naturais, ou seja, os padrões comportamentais efetivamente praticados pelos seres humanos em seus contextos de vida, os quais, segundo a posição adotada neste trabalho, são sempre padrões comportamentais coletivos, isto é, não apenas aprendidos em função da mediação de outros seres humanos, como inseridos, enquanto partes individualmente executadas (chamadas pelos sociólogos de papéis sociais), em atividades grupais. Por fim, se discute brevemente o problema da aplicabilidade da análise comportamental do direito, com base em uma analogia com três exemplos de análise comportamental de contextos sociais com diferentes amplitudes, desde o ambiente microssocial da família nuclear contemporânea, passando por uma coletividade razoavelmente extensa, envolvendo musicistas educadas em internatos para moças e uma clientela internacional de apreciadores de música coral e instrumental típica dos séculos XVII e XVIII, até a experiência de reforma econômica em um país continental como a ex-URSS.

Parte I
A Ciência do Direito

Nesta primeira parte do trabalho, composta por três capítulos, apresentaremos a proposta da análise comportamental do direito, a partir, inicialmente, de um diálogo com alguns dos fundamentos da teoria pura do direito kelseniana. No primeiro capítulo, faremos uma crítica ao dualismo da concepção de ciência jurídica de Kelsen, concentrando-nos na discussão da noção de 'dever-ser como obrigatoriedade pura' e da dicotomia entre 'relação de causalidade' e 'relação de imputação'. O objetivo dessa discussão é estabelecer um ponto de ruptura próprio em relação ao positivismo jurídico, diferente dos que foram estabelecidos por outras correntes, preparando o caminho para a nova abordagem que explicitaremos em seguida.

O segundo capítulo começa apresentando a ideia de que, partindo-se da visão pragmático-evolucionária da ciência enquanto produto do processo de evolução biológica e cultural da humanidade, o direito pode ser visto como uma ciência aplicada ao controle social do comportamento humano, no sentido de que se constitui em um modo de atuação dos seres humanos sobre o próprio ambiente social humano. Segue-se, então, uma brevíssima discussão sobre as regras práticas em geral, a fim de estabelecer um parâmetro para a estrutura epistemológica mais ampla em que as regras jurídicas se inserem, denominada 'regra prática de controle do comportamento humano'.

Ainda no segundo capítulo, discutiremos a proposta metodológica da análise comportamental do direito, inspirada na metodologia dos quase-experimentos de intervenção na realidade social, de Cook e Campbell. Serão abordados os três conceitos básicos dessa proposta metodológica: meta social, regularidades comportamentais pressupostas e contingência jurídica.

No terceiro capítulo, o último desta primeira parte, iremos tratar de questões relativas à inserção da análise comportamental do direito no universo profissional jurídico. Iniciaremos pelo papel do cientista social aplicado ao direito – chamado de cientista do direito –, o qual difere do cientista jurídico contemplativo idealizado por Kelsen, tendo em vista que, tal como o jurista tradicional, ora colaborando, ora competindo com este, o cientista do direito busca assumidamente influir na conformação do direito positivo, por intermédio da avaliação crítica cientificamente fundamentada dos pressupostos factuais das regras jurídicas. Argumentaremos ainda que, para a análise comportamental do direito, a distinção entre conhecimento jurídico e extrajurídico diz respeito tão somente aos conhecimentos técnicos especializados dos juristas, não podendo fundamentar qualquer tentativa de definição de um modo especificamente jurídico de tratar as questões substantivas subjacentes ao direito; ao contrário, é possível supor que, sob a influência de uma visão científica do direito, mesmo os aspectos técnicos especializados da prática jurídica buscarão cada vez mais se embasar em disciplinas científicas puras ou aplicadas, como a própria análise comportamental do direito.

Os tópicos finais do terceiro capítulo versam sobre a natureza interventiva e experimental do direito, na ótica da análise comportamental. Primeiramente, discutiremos a noção tradicional de eficácia do direito como aplicação das normas jurídicas, em contraposição à qual proporemos a ideia de eficácia do direito como relação causal positiva entre a imposição de uma contingência jurídica e a obtenção da meta social correspondente. Em seguida, focalizaremos a questão das metas, especialmente as chamadas metas últimas, como objeto da análise crítica da ciência do comportamento humano. Nesse tópico, defenderemos que, embora se admitindo incapaz de solucionar o problema filosófico dos valores últimos, a ciência do comportamento humano pode ser de grande utilidade na orientação das escolhas entre metas sociais conflitantes que ocorrem na vida prática do direito, por exemplo, propondo critérios objetivos para a técnica do sopesamento de princípios, defendida por muitos como um modo de responder à crescente demanda por solução judicial de problemas ético-valorativos.

Capítulo 1
O Dualismo na Ciência do Direito

1.1 Uma ciência dividida

O horizonte epistemológico dos estudiosos interessados na construção de uma abordagem científica do direito tem sido dominado por uma visão dualista, a qual se caracteriza por conceber, de um lado, uma ciência jurídica não normativa[1], que incluiria, entre outras, disciplinas como a psicologia do direito, a sociologia do direito e a antropologia do direito, em conformidade com a divisão do trabalho acadêmico nas ciências sociais; de outro lado, uma ciência jurídica normativa, representada por disciplinas como a filosofia do direito, a lógica jurídica e a hermenêutica jurídica[2], que tradicionalmente fazem parte da formação intelectual do jurista.

[1] Na falta de um critério unificado para a dicotomia no interior da ciência do direito, só nos resta definir a metade não normativa como mera categoria residual, contraposta à metade normativa, esta sim por todos definida com base na característica de ter por objeto as regras jurídicas enquanto tais e não os fenômenos humanos e sociais regulados por elas, excluindo-se ainda os próprios processos psicossociais responsáveis pela criação, aplicação e observância dessas regras, por parte de seus respectivos destinatários.

[2] Não incluímos a dogmática jurídica, porque, em meio à multiplicidade de critérios definidores, entendemos tratar-se mais de um modo de tratar o direito do que propriamente uma disciplina. Por outro lado, para os fins deste trabalho, podemos considerar dogmática jurídica como sinônimo do que estamos chamando de ciência jurídica normativa.

Há vários modos de se conceber essa dicotomia fundamental entre ciência jurídica normativa e não normativa. Como não é objetivo deste trabalho contribuir para essa visão dualista, mas, ao contrário, propor uma concepção alternativa, sintética e monista, de ciência social do direito, optaremos por basear nossa discussão sobre esse tema em somente um dentre os diversos autores adeptos da distinção em questão, qual seja, o jurista e pensador austro-húngaro[3] Hans Kelsen.

Entre as vantagens dessa opção, podemos apontar o fato de se tratar do mais influente jurista do século XX. Com efeito, recentemente, após mais de trinta anos de seu falecimento, o nome do jurista vienense foi um dos mais citados em uma pesquisa entre estudantes de direito do Reino Unido (Twining, 2000), a despeito de ser um autor vinculado mais diretamente ao sistema jurídico europeu-continental. Além disso, Kelsen é considerado um dos mais rigorosos, coerentes e completos teóricos do direito contemporâneos (Larenz, 1983).

A busca incansável por rigor e coerência torna a obra do mestre de Viena particularmente adequada para servir de base à presente discussão. Primeiramente, porque não se encontra em seus trabalhos mais importantes, especialmente na versão definitiva da obra magna *Teoria Pura do Direito*, publicada em alemão, em 1960, soluções adventícias para os intrincados problemas teóricos originados por sua proposta de ciência jurídica normativa – como ele diz "purificada de toda ideologia política e de todos os elementos de ciência natural" (Kelsen, 1991) –, obrigando Kelsen a radicalizar seus pontos de vista, sempre que logicamente necessário, até onde a coerência o exija. Segundo, porque a busca pelo delineamento perfeito e acabado do objeto da ciência jurídica normativa pura obrigou-o a tratar frequentemente com o objeto da ciência jurídica não normativa, o que faz de Kelsen o único dos grandes teóricos do direito contemporâneos a ter dedicado parte significativa de sua obra aos problemas epistemológicos do que ele e outros chamam de sociologia do direito, querendo com esse rótulo indicar o que neste trabalho

[3] Como é sabido, Hans Kelsen nasceu em Praga, na atual República Tcheca, em 1881, em uma família de origem judaica. Lecionou na Universidade de Viena e foi o principal redator da Constituição da Áustria, de 1920, tendo ainda presidido o Tribunal Constitucional daquele país. Em pleno auge de sua carreira de jurista, teve de exilar-se, por causa do nazismo, acabando por fixar-se nos EUA, onde permaneceu até falecer, em 1973.

estamos chamando de ciência jurídica não normativa, para englobar o espectro de disciplinas que tratam o direito como fenômeno sociocultural.

Por isso, consideramos a obra de Kelsen um dos pilares da nossa proposta de análise comportamental do direito, apesar de contestarmos a possibilidade epistemológica de uma ciência jurídica normativa pura[4], tendo em vista havermos concluído, em parte por influência do impasse a que chegou a teoria pura do direito, que uma abordagem científica do direito precisa ser, para manter-se como abordagem científica, profundamente imbuída de todos os elementos de ciência social. Inclusive aqueles relativos não propriamente à ideologia política, no sentido forte de falsa consciência, mas à produção social da ciência, a qual, como iremos argumentar, remete ao uso prático dos conhecimentos científicos, ainda mais em se tratando de uma ciência comportamental aplicada, como o direito.

Ao longo da primeira parte deste trabalho, travaremos um diálogo frequente com alguns aspectos da doutrina epistemológica kelseniana. De modo crítico, no que toca especialmente à proposta de uma ciência jurídica normativa pura. Porém, buscando reter algumas lições do jurista vienense para a abordagem científica do direito, como a distinção entre as noções de causalidade e imputação. Como iremos argumentar adiante, tais noções, embora inadequadas para fundamentar epistemologicamente o dualismo entre ciência jurídica normativa pura e ciência jurídica não normativa, podem servir a uma abordagem científica do direito se, em lugar de categorias ou princípios elementares constitutivos da mente humana, forem vistas como indicativas de dois tipos de relações contingentes entre seres humanos e seus ambientes historicamente dados.

Discutiremos a distinção entre causalidade e imputação[5] em uma seção deste capítulo. Primeiramente, porém, trataremos da noção de

[4] Como iremos argumentar à frente, o direito é definido por nós como ciência comportamental aplicada, o que faz dele uma ciência normativa, no sentido de que lhe cabe utilizar os conhecimentos da ciência do comportamento humano às finalidades de controle social politicamente definidas como desejáveis, por intermédio de regras práticas de controle social, valendo então a expressão 'normativa' como sinônimo de 'aplicada a um fim socialmente desejável'.

[5] Na teoria pura do direito kelseniana, causalidade e imputação são os dois princípios cognitivo-ordenadores transcendentais, por meio dos quais a mente humana, isto é, o sujeito

dever-ser, a qual, não sendo peculiar à obra de Kelsen, recebeu do mestre de Viena um tratamento amplo e original cuja menção servirá de introdução aos problemas envolvidos na busca de uma abordagem científica unificada[6] do direito.

1.2 O ser do dever-ser

A noção de dever-ser tem uma longa carreira na filosofia ocidental. No diálogo *Fédon*, Platão critica Anaxágoras pelo fato deste filósofo, após haver identificado, segundo ele corretamente, o 'intelecto'[7] como a causa de tudo que existe, substituí-lo, porém, pelo ar, o éter, a água e "outras coisas absurdas", na explicação dos fenômenos da natureza (Platão, 1999, p. 166)[8]. Nessa clássica passagem, já estão presentes os termos em que, daí por diante, todos os expoentes da filosofia, de Aristóteles a Hume, Kant e Hegel, para citar os mais influentes, se utilizarão para tratar dessa intrincada problemática.

Um marco fundamental nesse debate filosófico é a contribuição do filósofo escocês setecentista David Hume (1711-1776), o qual formulou as bases do que veio a ser conhecido como a doutrina do abismo lógico entre ser e dever-ser (Brecht, 1965). Em resumo, Hume (2001) argumenta que não se pode deduzir de um estado de coisas factual, isto é, de um 'ser', um estado de coisas normativo, ou seja, uma prescrição ou

cognoscente, ordena, respectivamente, o caos de sensações que compõem nossa experiência imediata com o mundo natural, e o caos normativo que compõe a nossa experiência imediata com o mundo social. Ambos se fundam na atribuição de um consequente a um antecedente: o efeito sendo atribuído como consequente à causa, no caso do princípio da causalidade, e a sanção sendo atribuída como consequente à conduta regulada, no caso do princípio da imputação.

[6] Adiante, discutiremos a razão por que, para nós, uma abordagem científica do direito não é compatível com a visão dualista, em razão especialmente do papel meramente contemplativo que essa visão dualista concede ao cientista do direito.

[7] Ou 'espírito', ou ainda 'entendimento', conforme as diversas traduções do grego *νοῦς*.

[8] A razão da crítica é que, para Platão, o conceito de causa e o de 'dever-ser' se confundem, como ele deixa claro no seguinte trecho do mesmo diálogo: "Se alguém quer conhecer a causa de alguma coisa, o que faz com que ela nasça e que morra, deve procurar a melhor maneira que essa coisa possa ser, e me parecia, de acordo com esse princípio, que a única coisa que o homem deve procurar, tanto para ele como para os outros, é o melhor e o mais perfeito, porque, uma vez tendo-o encontrado, conhecerá necessariamente o mal, já que só existe uma ciência para um e para outro" (Platão, 1999, p. 165). Esse ponto de vista será aperfeiçoado pelo discípulo de Platão, Aristóteles, por meio da famosa doutrina das quatro causas.

dever-ser. Como, para ele, apenas os estados de coisas factuais são passíveis de raciocínio lógico-dedutivo, isto é, racional, segue-se que os estados de coisas normativos, chamados por Hume de distinções morais, não são acessíveis ao pensamento racional, em outras palavras, não derivam da razão humana.

Herdeiro dessa longa tradição filosófica, pertence a Kelsen o enfoque mais aceito sobre o tema entre os juristas contemporâneos, de acordo com o qual o "dever-ser simplesmente expressa o sentido específico em que a conduta humana é determinada por uma norma" (Kelsen, 1991, p. 41).

À primeira vista, Kelsen apenas contornou o problema, sem resolvê-lo. Afinal, de que adianta pôr a questão do 'significado' do dever-ser para, em seguida, atribuí-lo a um 'sentido' específico? De fato, em sua obra dedicada à teoria geral das normas, publicada postumamente (Kelsen, 1986), o jurista vienense irá atentar para essa questão, estabelecendo uma diferença teórica entre o 'significado' de um enunciado normativo e o 'sentido' de uma norma, relacionando-os ao que, seguindo a nomenclatura atual, poderíamos chamar de aspectos semântico-gramatical e pragmático da linguagem, respectivamente.

De qualquer modo, o importante é que o dever-ser para Kelsen é o sentido específico, o modo de existência particular, de uma norma ou de um sistema normativo. Como, segundo ainda o jurista vienense, uma norma jurídica positiva é o sentido de um ato de vontade real[9], seja a edição de uma lei pelo parlamento, de um decreto pelo titular do poder executivo ou de uma sentença por um magistrado, segue-se que o dever-ser é, para Kelsen, ao menos em parte, um fenômeno empírico[10], embora não seja redutível nem ao conteúdo psicológico do ato de vontade, nem à eficácia do mesmo, no sentido da capacidade de governar a conduta dos destinatários da norma em questão, mas o resultado de

[9] A chamada 'norma fundamental', ou seja, aquela que legitima normativamente um ordenamento jurídico concreto e medianamente eficaz, não é uma norma positiva, sendo uma norma apenas 'mentada' e, como tal, o sentido de um 'ato de vontade fictício' (Kelsen, 1986, 1991).

[10] A outra parte, não empírica, seria aquela referente à categoria transcendental do dever-ser. Porém, mesmo em relação a esta, a visão de Kelsen não é conclusiva, porquanto ele admite que o dever-ser possa ser concebido não como uma categoria do entendimento, ao modo de Kant, mas, à lá Hume, como um hábito mental.

um complexo de atuações que inclui todos esses elementos e que, ao final, redunda na própria realidade fenomênica da ordem social concreta. Realidade fenomênica essa que, na visão do jurista vienense, só é acessível por um ato de conhecimento, cujo modelo mais perfeito é a ciência. Por essas razões, seguindo a tradição iniciada pelos empiristas ingleses (Hacking, 1999) e aperfeiçoada por Kant, Kelsen vai assimilar a questão da distinção entre ser e dever-ser à problemática epistemológica da distinção entre ciência natural, informada pelo princípio da causalidade, e ciência social, informada pelo dever-ser, rebatizado por ele para fins epistemológicos de 'princípio da imputação'.

Como, todavia, Kelsen não aceita a doutrina kantiana, segundo a qual o dever-ser não é suscetível de conhecimento teórico, mas diz respeito somente à esfera da prática ou liberdade humana, concebe então o projeto de uma reflexão sobre o dever-ser meramente teórica, ou seja, que não se propõe a estatuir o que sejam o bem moral ou jurídico em si, mas descrever o que, em uma dada ordem social concreta, é o bem segundo a moral ou o direito vigentes, conforme se esteja tratando do direito ou da ética, tidas pelo pensador austro-húngaro como as duas disciplinas científico-normativas principais.

Tentando nos equilibrar no fio de navalha filosófico, ora kantiano, ora humeano, em que o jurista vienense soube caminhar incólume por mais de meio século de produção intelectual, podemos concluir dizendo que o dever-ser é entendido por Kelsen como o sentido específico de uma norma positivada por um ato humano de vontade (ou pressuposta por um ato de vontade fictício, construído pela mente humana 'como se' tivesse sido positivado por um ato de vontade real), podendo-se concebê-lo, kantianamente, como uma categoria do entendimento humano, ou, humeanamente, como um hábito mental, mas devendo-se entendê-lo, de qualquer modo, como uma necessidade lógica para se conceber cognitivamente uma ordem social, jurídica ou moral, a partir do caos de normas positivas concretas que se apresenta ao teórico do direito ou da ética[11].

[11] Esse conhecimento teórico, porém, não é despido de uma função prática importante, como o indica a constante referência de Kelsen ao que ele chama de 'o problema de Santo Agostinho' (Kelsen, 1991, p. 48), qual seja o de distinguir entre uma norma jurídica objetiva, por exemplo, uma notificação tributária, e um comando de igual significado, isto é, uma exigência de pagamento, feito por um 'bando de ladrões'. Embora ele nunca tenha colocado

Aos aspectos acima cabe acrescentar ainda que, seguindo nesse tópico a Kant (Ebenstein, 1945), Kelsen identifica o dever-ser com a obrigatoriedade por si mesma ou obrigatoriedade pura, isto é, isenta de qualquer sinonímia com outros atributos como a utilidade ou a racionalidade[12], tendo o jurista vienense aderido também à concepção de autores como Georg Simmel (1858-1918) e George Edward Moore (1873-1958), os quais atribuíam ao dever-ser (*sollen*) uma natureza de princípio mental elementar, irredutível a qualquer outro princípio, especialmente, ao outro grande princípio mental elementar, a saber, o do ser (*sein*) (Kelsen, 1991, p. 6). Em um comentário crítico às teses do filósofo inglês Henry Sidgwick (1838-1900), Kelsen (1991, p. 26) esclarece que a expressão inglesa '*ought*', ao contrário da alemã '*sollen*', pode tanto significar 'aquilo que é obrigatório', no sentido de obrigatoriedade pura, que caracteriza, segundo o autor austro-húngaro, a obrigação jurídica e a moral, quanto 'aquilo que é adequado', enquanto meio, a um determinado fim, equivalendo, nesse caso, à expressão alemã '*müssen*'; sendo que, este segundo significado não satisfaz à descrição científica do direito e da moral, porquanto assimila o que 'deve ser', no sentido normativo puro, ao que 'tem de ser', no sentido de finalisticamente útil, também chamado de instrumentalmente racional. Para o jurista vienense, enquanto o sentido normativo puro é, seguindo a clássica argumentação de Hume, aceita por ele, irredutível a um raciocínio factual, o sentido racional instrumental é nada mais que um raciocínio causal invertido, portanto, logicamente derivado de um raciocínio factual.

A irredutibilidade do dever-ser, enquanto obrigatoriedade pura, ao ser é a principal premissa epistemológica para a defesa por parte de Kelsen da necessidade de uma ciência do direito normativa, apartada de uma, igualmente admitida por ele, ciência do direito não normativa.

a tarefa teórica de fazer essa distinção como condição necessária à eficácia da ordem jurídica, mas, ao contrário, considerasse a eficácia mínima como base para o reconhecimento teórico de um sistema jurídico positivo, pode-se inferir que a teoria toma parte nessa eficácia, principalmente, a partir da doutrina kelseniana da interpretação, a qual pode-se considerar como parte da sua teoria epistemológica, a partir do conceito de norma como 'esquema de interpretação'.

12 Uma importante distinção entre a visão kelseniana e a kantiana, entretanto, é que enquanto a obrigatoriedade pura, para Kelsen, é uma decorrência da natureza meramente formal do conhecimento normativo, seja ele jurídico ou ético-moral, para Kant, ela é um critério de diferenciação entre as normas morais e as convenções sociais, como o próprio direito.

Segundo Kelsen, embora o dever-ser seja um princípio mental elementar, ele, por si só, não permite aos indivíduos terem acesso ao conteúdo objetivo das normas positivas, jurídicas ou morais, necessitando, para tal, de um processo de apreensão cognitiva, cuja forma mais acurada é a ciência; donde se chega à necessidade de uma ciência do direito normativa, que possibilite o conhecimento das normas jurídicas de um dado ordenamento concreto, ao lado de uma ciência normativa da moral, denominada por ele ética, que permita o conhecimento das normas morais de uma dada sociedade ou grupo social específico.

Feitas essas brevíssimas considerações sobre a concepção kelseniana do dever-ser, vamos tentar delinear os contornos do que se poderia chamar uma visão analítico-comportamental desse conceito.

Começamos por observar que, não obstante a consistência lógico-abstrata da argumentação de Kelsen[13], permanece o fato de que a grande maioria, senão a totalidade, das condutas humanas que consideramos como sendo obrigatórias, comissiva ou omissivamente falando, são também condutas úteis ou racionais, para nós mesmos ou para alguém, indivíduo ou grupo, a quem nos interessa favorecer[14]. Para um normativista puro kelseniano, tal objeção seria irrelevante, porquanto, em última instância, o dever-ser só interessa ao cientista normativo do direito como pressuposto lógico para que ele possa descrever o direito como um sistema de normas objetivo, não importando para tanto se, do ponto de vista psicossociológico, o dever-ser é efetivamente experimentado como obrigatoriedade pura ou, por exemplo, como mero recurso retórico para justificar preferências guiadas pela utilidade ou racionalidade. Para um cientista comportamental do direito, entretanto, é fundamental inquirir sobre as contingências que respondem por essa família

[13] A questão da impossibilidade de se derivar dedutivamente o dever-ser do ser difere daquela da irredutibilidade acima discutida. Para assimilar uma à outra, Kelsen precisa recusar ao sujeito cognoscente sua natureza de sujeito empírico, adotando, sem total consistência, ao nosso ver, a noção kantiana de sujeito cognoscente transcendental, o qual é a sede dos princípios da causalidade e da imputação, ou seja, do ser e do dever-ser, nas suas respectivas versões epistemológicas. Como se verá, ao definirmos a norma prática, inserimos no seu bojo um elemento (premissa) normativo, a meta social, com o que evitamos incorrer na chamada falácia naturalista.

[14] Esse ponto tem sido exaustivamente discutido pelos biólogos evolucionários em relação, por exemplo, ao tema do altruísmo, prevalecendo a tese esposada no texto (Dawkins, 1979).

de comportamentos que, desde o tempo de Platão[15], desafiam uma explicação racional. Fixando-nos na ideia do dever-ser como obrigatoriedade pura, devemos procurar, então, situações sociais em que padrões comportamentais que correspondam a essa noção sejam reforçados. Abaixo, algumas sugestões de resposta, ainda que meramente especulativas[16]:

a) Um padrão regular, fixo, do qual não se conhece as contingências que o modelaram e o mantêm como tal.
É bastante difundida a tese de que certos tabus – alimentares, por exemplo – possam ter sido originados por preocupações econômicas ou sanitárias (Harris, 1990), em circunstâncias prolongadas como endemias, alterações climáticas semipermanentes, disputas com outros grupos etc. Superadas, porém, as circunstâncias originais, permaneceram como 'proibições absolutas' cuja obediência se exige pelo simples fato de que estão em vigor para os membros da comunidade.

Uma explicação igualmente muito difundida sobre as contingências que mantêm tais proibições, após a superação das condições em que foram instituídas, apela para o senso de identidade do grupo (Oliveira, 1976), o qual pode ser traduzido em linguagem comportamental como um padrão de comportamentos, verbais e não-verbais, decorrentes da necessidade objetiva de o grupo manter práticas solidárias, como a defesa territorial recíproca, os casamentos intragrupais, e outras tantas, em face dos desafios de grupos rivais da vizinhança. A solidariedade grupal pode ser reforçada indiretamente, chamando-se a atenção para

[15] A propósito, o próprio Kelsen faz uma análise, senão propriamente comportamental, certamente psicológica do pensamento de Platão (Kelsen, 1998a), o qual, como vimos no trecho citado, era fortemente marcado pela ideia do dever-ser.

[16] Segundo o ponto de vista comportamental, uma norma social se mantém eficaz, em última instância, por sua relação com as contingências de sobrevivência a longo prazo do grupo social (Baum, 1994; Skinner, 1953; Glenn, 1991). Isto não significa que as normas de uma determinada sociedade sejam 'boas' por qualquer critério absoluto, nem que os eventuais impositores conheçam as contingências de longo prazo vinculadas às regras que impõem, o mesmo raciocínio se aplicando aos seus destinatários. Nos exemplos abaixo, nos interessa apenas especular sobre prováveis contingências relacionadas a comportamentos verbais e não-verbais assimiláveis à 'obrigatoriedade pura' de certas normas, não vinculadas a qualquer utilidade imediatamente reconhecível ou admissível, tal como Kelsen e outros autores concebem o dever-ser (Kelsen, 1986).

o desrespeito aos tabus do grupo, por parte dos adversários. Por sua vez, qualquer comportamento contrário ao tabu, por parte de um membro do grupo, é considerado e devidamente punido como traição, isto é, favorecimento ou adesão ao grupo ou grupos rivais[17].

Em sociedades nas quais exista uma classe dirigente de tipo teocrático, como a dos antigos hebreus, o próprio interesse dessa classe em se manter no poder pode explicar a imposição de obediência incondicional aos tabus (preceitos religiosos) que são a base desse poder, como bem exemplificam vários trechos da Bíblia, em especial do Antigo Testamento, a começar pela estória de Adão e Eva. Esse tipo de adesão ao preceito porque é dever do crente-cidadão obedecer se caracteriza, até hoje, pela punição da dúvida e pelo reforço à 'fé cega'.

b) Um padrão específico submetido a uma contingência mais geral e mais forte, mantida pela modelagem e reforço do comportamento de seguir regras, especialmente normas sociais, sem se perguntar o 'porquê' das mesmas, também chamado de 'comportamento de seguir regras generalizado'.

A diferença entre esse padrão e o anterior reside em que, agora, não se trata de desconhecimento das contingências que presidiram ou presidem a imposição da regra, mas de subordinação das mesmas a uma contingência mais geral e mais forte, qual seja, a que exige a obediência incondicional, sem questionamentos, às regras. Em outras palavras, é a força do comportamento de seguir regras generalizado[18] que se sobrepõe ao questionamento da racionalidade ou utilidade de certas normas, o qual, porém, não se extingue, ocorrendo em circunstâncias especiais

[17] Um exemplo moderno foi a estratégia usada durante a Guerra Fria, por ambos os lados. Nos Estados Unidos, declarar-se comunista passou a ser punido 'simbolicamente' como adesão ao inimigo externo, a União Soviética. Ao passo que, na União Soviética, qualquer crítica ao sistema lá implantado era punida, não tão 'simbolicamente', na verdade, como traição à pátria.

[18] O conceito de 'comportamento de seguir regras generalizado' significa, basicamente, um padrão comportamental aprendido a partir do efeito combinado do seguimento de formas mais específicas de regras, tais como, ordens, conselhos, admoestações, entre outras, o qual, entretanto, ao tornar-se generalizado, passa a depender relativamente menos tanto do conteúdo específico da regra, quanto da fonte da qual a mesma emana (Hayes; Zettle; Rosenfarb, 1989; Malott, 1989; Baum, 1994).

em que este seja reforçado[19]. Por razões óbvias, este é um padrão socialmente muito reforçado no comportamento de autoridades encarregadas de impor as regras estatais, como policiais, juízes e fiscais da receita.

Um exemplo retirado da ficção é a cena final do filme *Os Intocáveis*, de Brian De Palma, na qual o personagem principal, comandante obstinado e incorruptível da força-tarefa federal encarregada de combater o tráfico ilegal de bebidas, após saber que havia sido revogada a Lei Seca, afirma que vai comemorar a recente prisão de uma quadrilha de traficantes de bebidas, com um trago de uísque. Um modo particularmente eficaz de se obter esse padrão de seguir regras generalizado é o reforçamento de sequências comportamentais denominadas procedimentos ou rotinas, para as quais se fixam determinados estímulos, como a apresentação de certos documentos escritos e outros requisitos 'impessoais', enquanto contexto discriminativo do reforçamento das condutas constantes do procedimento, punindo-se quaisquer ocorrências das mesmas sem a presença desses estímulos contextuais. É o padrão que o sociólogo alemão Max Weber descreveu em seu clássico estudo da burocracia (Weber, 1968).

c) Um padrão comportamental verbal, por meio do qual se enfraquece no comportamento do ouvinte a força de outros padrões comportamentais verbais, tais como, questionar o porquê de o falante estar mantendo aquele padrão comportamental ou apontar possíveis contingências ambientais responsáveis pelo padrão comportamental mantido pelo falante.

Neste caso, o dever-ser ou obrigatoriedade pura é um comportamento verbal[20], por meio do qual o falante (ou redator) escapa de contingências aversivas representadas por comportamentos do ouvinte, ou simplesmente indicadas pela presença deste último junto ao primeiro (o

[19] Seria o caso, por exemplo, do militar pacifista, que cumpre sua função de fazer a guerra, mas vota a favor do partido que promete a paz.

[20] Segundo uma parcela significativa dos psicólogos comportamentais (Hayes; Barnes-Holmes; Roche, 2000), todo o comportamento governado por regras é comportamento verbal. No sentido mais restrito, porém, conforme o uso original da expressão na obra pioneira de Skinner, *Verbal Behavior* (Skinner, 1957), comportamento verbal se refere apenas ao comportamento do falante (ou redator) e não ao do ouvinte, o que excluiria, obviamente, o comportamento de seguir regras (*rule-following*) como comportamento verbal (Skinner, 1989). Nesse texto, estamos usando a expressão no sentido mais restrito utilizado por Skinner.

próprio falante pode funcionar como seu único ouvinte, em muitos casos). O ouvinte[21] pode, por exemplo, questionar o falante sobre o porquê de ele manter aquele padrão, ou pode ocasionar no próprio falante tal questionamento, sob a forma de comportamento verbal encoberto. Ou então, pode o ouvinte questionar, ou ocasionar o questionamento encoberto do falante, a respeito das consequências próximas ou remotas, para terceiros não relacionados diretamente ao contexto, decorrentes do padrão comportamental mantido pelo segundo. Para escapar dos estímulos aversivos representados por tais questionamentos – chamados por nomes como remorso, culpa, insegurança, vacilação, crise de identidade etc. –, o falante discursa sobre o dever-ser ou obrigatoriedade pura, de forma aberta ou encoberta conforme o caso, funcionando o discurso como comportamento alternativo incompatível com o de 'pensar no problema' (comportamento verbal encoberto) ou submeter-se à punição 'simbólica' representada pelo questionamento ou crítica do ouvinte. Este último, por sua vez, diante do discurso da obrigatoriedade pura, pode vir a ter fortalecido em seu próprio repertório, em reverso, um comportamento reforçador em relação ao padrão comportamental em questão[22].

Uma situação típica que ocasiona esse tipo de comportamento é a chamada escolha trágica (Calabresi; Bobbitt, 1978), em que duas situações igualmente meritórias são praticamente incompatíveis. Em situações tais, a obrigatoriedade pura pode ser um 'escudo' usado pelo indivíduo obrigado a escolher contra os que insistam em aludir às consequências advindas à parte prejudicada pela escolha feita. O enfraquecimento do padrão de comportamento verbal que serve de fuga às

[21] Uma das características do comportamento verbal é a troca constante dos papéis de ouvinte e falante em um 'evento verbal'. Como estamos tratando do comportamento verbal daquele que emite o discurso da 'obrigatoriedade pura', mantemos a expressão ouvinte para o destinatário desse discurso, mesmo quando este último assume o seu turno de fala.

[22] A análise comportamental de situações aparentemente triviais, como a que acabamos de descrever, tende a ser complexa, já que ambos os partícipes de uma interação envolvendo apenas duas pessoas funcionam, ao mesmo tempo, como estímulos contextuais e estímulos reforçadores ou punidores recíprocos. Outros modos de descrever tais interações podem parecer mais simples, porém, têm a grande desvantagem de não indicar as variáveis e os processos que estão em atuação, o que, no agregado, leva ao erro no planejamento de contingências para a intervenção nesses contextos, que é a finalidade maior da ciência do comportamento humano e das disciplinas aplicadas que lhe são vinculadas, como o direito.

contingências aversivas eventualmente oriundas das decisões trágicas tomadas por alguém pode levar a um estado mórbido, bem retratado, para voltar a um exemplo da ficção, no filme *A Fraternidade é Vermelha*, de Krzysztof Kiéslowski, pela condição do juiz aposentado que se questiona todo o tempo sobre o que teria ocorrido às partes vencidas, se ele tivesse decidido de modo diferente.

Um modo particularmente sofisticado de se construir um discurso da obrigatoriedade pura, diante de fortes pressões da comunidade social pela apresentação de razões substantivas para a manutenção de certos padrões comportamentais normativos impositivos[23], pode ser a elaboração de uma teoria da 'dogmática da decisão' (Ferraz Junior, 1994), como a própria teoria pura do direito, especialmente se ela puder tomar emprestado o prestígio das ciências naturais, sem submeter-se ao desafio permanente da refutação empírica que recai sobre estas.

d) Um padrão comportamental fixo, pertencente a uma norma socialmente válida (jurídica, por exemplo), do qual se conhece as contingências gerais ou médias que o originaram e o mantêm, mas que não podem ser particularizadas caso a caso.

O dever-ser ou obrigatoriedade pura pode ser parte de um padrão mais amplo, do qual se conhece as contingências que lhe deram origem e o mantêm, mas apenas no plano agregado, sem que seja praticamente possível ou economicamente viável se discriminar a contribuição caso a caso. Por exemplo, pode ser que uma média de duas punições para cada oito crimes violentos cometidos seja o nível ótimo de punição para esses crimes, isto é, aquele cuja ultrapassagem traz um benefício menor

[23] A literatura analítico-comportamental tem um termo específico – comportamento governado por regras – para designar o comportamento cuja modelagem e eventualmente a própria manutenção é derivada de regras. Tal expressão, traduzida do inglês *rule-governed behavior*, não distingue entre as várias espécies de regras (Kunkel, 1991, p. 228), distinguindo, porém, entre o 'seguimento de regras' (*rule-following*) e o 'provimento de regras' (*rule-giving*). Mesmo essas expressões, entretanto, são ainda pouco precisas, se comparadas a terminologias mais ricas adotadas por outras vertentes teóricas. Por exemplo, o caso do agente público que deve optar tragicamente pela imposição ou não de uma dada norma jurídica se encaixa no que se denomina, em inglês *rule-enforcing*, que pode ser traduzido como 'imposição de regra'. Utilizamos a expressão 'padrão comportamental normativo impositivo' para enfatizar que a 'imposição de regra' é, na discussão acima, um padrão de comportamento assimilável à noção de dever-ser como obrigatoriedade pura.

do que o custo marginal incorrido (Friedman, 1996). Não obstante, do ponto de vista do juiz que julga cada caso de crime violento, esse dado é irrelevante, já que não há como saber qual a contribuição de cada um para o custo-benefício agregado[24].

Os autores se referem, às vezes, a esse padrão como 'utilitarismo de regra' ou 'pragmatismo de regra' (Posner, 1995, 2001). A diferença básica para com o padrão caracterizado pelo comportamento de seguir regras generalizado é que, neste caso, em vez de a obrigatoriedade pura subordinar qualquer consideração sobre a utilidade ou racionalidade da regra particular, é a própria utilidade ou racionalidade da contingência responsável pela origem e manutenção da regra em questão que subordina restritivamente a adoção de um padrão casuístico, de modo que a obrigatoriedade pura ocorre em relação ao caso, mas não em relação à regra, a qual, portanto, fica dependente da manutenção das contingências que a sustentam como tal. Esse padrão é o mais compatível com uma abordagem do direito como ciência comportamental aplicada[25], conforme iremos discutir no próximo capítulo.

Como se pode observar, o dever-ser entendido como obrigatoriedade pura está presente em vários padrões comportamentais específicos, compreendidos no que a psicologia comportamental chama de comportamento governado por regras (Hayes (Ed.), 1989). Segundo a definição de Skinner (1982), uma regra é um estímulo discriminativo verbal que especifica uma contingência, permitindo ao ouvinte comportar-se de modo apropriado a esta, sem precisar passar pelo processo de modelagem comportamental, por meio do qual, conforme veremos melhor na segunda parte deste trabalho, o indivíduo adquire o comportamento referido na regra por intermédio da exposição direta à contingência nela especificada. Daí a distinção entre comportamento governado por regras e comportamento modelado pelas contingências.

Dada a dependência que o comportamento governado por regras tem em relação ao comportamento verbal do instrutor, isto é, daquele

[24] Por outro lado, as próprias normas podem fixar critérios que, direta ou indiretamente, servem a essa função, por exemplo, o prazo prescricional da pena, os agravantes, como a premeditação e o meio insidioso ou cruel, entre outros.

[25] Todos os exemplos dados de padrões comportamentais passíveis de serem englobados pela noção de dever-ser ou obrigatoriedade pura podem aparecer em formas híbridas, ou fazer parte do repertório de um mesmo indivíduo.

que enuncia a regra em questão, Baum (1994) argumenta que, nessa modalidade de seleção comportamental, há, em geral, duas contingências: uma próxima, que é responsável pelo próprio comportamento de seguir regras (*rule-following behavior*); e outra remota, que é aquela especificada na regra. Um exemplo usado por Baum é o da regra de higiene que controla o comportamento de usar sapato. Nesse exemplo, a contingência próxima é a punição social (geralmente familiar) contingente ao não uso do sapato; enquanto a contingência remota é a punição natural advinda do não uso do sapato, em termos de doenças ou ferimentos decorrentes. A formulação de Baum é particularmente relevante para a presente discussão, tendo em vista que enfatiza o fato de que as próprias regras devem ser aprendidas; mais ainda, o próprio comportamento de seguir as regras emanadas de determinadas fontes sociais, como a família, a comunidade social e o Estado, deve ser aprendido; aprendizagem esta que, em última instância, é fruto de modelagem comportamental. Por outro lado, a existência de sistemas sociais de modelagem do comportamento governado por regras (Scott, 1971) é uma característica universal das sociedades humanas conhecidas, os quais possibilitam que contingências remotas vitais para a sobrevivência dos membros do grupo sejam tornadas relevantes para o comportamento destes, ainda que não façam parte da história comportamental individual, mas tão somente do grupo, ou mesmo de outros grupos dos quais tais regras foram tomadas por empréstimo (Watson, 1993).

No caso da tipologia de regras ditas puramente obrigatórias, acima indicada, quanto menos a modelagem e manutenção do comportamento em questão forem imputáveis às contingências presentes no momento da ocorrência do comportamento, por parte de um observador, inclusive o próprio indivíduo atuante, mais as explicações sobre tais padrões comportamentais serão assimiláveis ao dever-ser ou obrigatoriedade pura. Em outras palavras, o dever-ser ou obrigatoriedade pura é, fundamentalmente, um modo de se descrever o fato de que, geralmente, as contingências remotas responsáveis pela existência das regras não são diretamente relevantes para o controle comportamental respectivo, cabendo às contingências sociais encarregadas da imposição dessas regras o papel mais destacado e mais visível.

Como observam os psicólogos comportamentais (Hayes; Gifford; Hayes, 1998), no processo de aprendizagem individual do comportamento de seguir regras, a criança é primeiramente ensinada a responder aos comandos dos pais ou quem delas cuide, para depois aprender a pedir e oferecer razões para obedecer tais comandos ou não, de modo a poder discriminar ou generalizar, conforme o caso, as contingências respectivas, sem o auxílio dos educadores em questão. Em muitas situações da vida adulta, porém, não é possível se buscar razões ou subordinar a elas o seguimento de regras, momentos nos quais figuras funcionalmente análogas aos pais ou primeiros educadores serão reforçadas por assumirem o papel de comandantes, legisladores, e outras designações equivalentes[26] (Barzel, 2002; Conte; Castelfranchi, 1995; Rubin, 2002).

Da mesma forma, a própria atuação, a médio e longo prazo, das contingências de seleção de padrões comportamentais mais bem ajustadas às condições ambientais físicas e sociais podem fixar regras que, por força de uma extensão metafórica (Hayes; Barnes-Holmes; Roche, 2000), serão atribuídas a um legislador mítico ou divindade protetora. Padrões comportamentais 'supersticiosos' (Skinner, 1953) poderão ser mantidos pela comunidade (Werner, 1997), dando início ao processo de formação de uma casta sacerdotal, para a qual o culto à divindade protetora-legisladora se torna uma importante contingência de reforçamento por parte dos demais membros do grupo, chegando a ponto de assumir tal casta, especialmente se também se encarregar de tarefas como a intermediação de conflitos, o cuidado dos doentes e o sepultamento dos mortos, um papel dominante na comunidade, em mais um passo no processo de formação das contingências responsáveis por novas formas de dever-ser.

1.3 Causa natural e imputação social

De certo modo, o tema desta seção remete à questão básica, fundamental, de qualquer abordagem naturalista do comportamento humano e da constituição dos grupos ou sociedades humanas, a saber: em que medida a organização social humana é ou não natural? Por outro lado, uma

[26] Como decorrência disto, as próprias razões ensinadas aos aprendizes de regras sociais acabam sendo, predominantemente, razões relacionadas às contingências próximas, isto é, sociais e não às remotas. Um exemplo no campo do direito é o hábito generalizado de os juristas argumentarem sobre a correção de determinadas regras jurídicas, com base tão somente em argumentos de autoridade, de fonte doutrinária, judicial ou legal (Hayek, 1985).

questão relacionada, muito enfatizada por Kelsen, diz respeito a se definir em que medida há ordem na natureza e na sociedade humana, se em ambas, apenas em uma ou nenhuma delas.

Tais questões são respondidas pela análise comportamental do direito de modo 'pragmático' (Kurtz, 1990), isto é, concebendo-se a ordem, qualquer que seja, como parte do processo de atuação do organismo, no caso o indivíduo humano, sobre o ambiente e vice-versa. Em poucas palavras, existe ordem se e à medida que o ambiente permanece estável, em relação às necessidades, em última instância, de sobrevivência e reprodução do organismo; valendo tal definição também para as necessidades que se pode chamar secundárias ou derivadas, no sentido de que surgidas da própria história adaptativa do organismo, tanto em nível filogenético quanto ontogenético.

Essa definição pragmática de ordem natural como relação funcional entre organismo e ambiente encontrou sua forma de expressão mais aprofundada e completa na teoria epistemológica evolucionária de Donald Thomas Campbell, o qual, em um ensaio que se tornou um clássico dessa teoria (Campbell, 1974), argumentou de modo persuasivo que 'perceber cognitivamente' a ordem da natureza é um modo de 'adaptar-se funcionalmente a ela', constituindo 'substitutos internos' do ambiente natural (experiências vicárias), ou seja, padrões anátomo-fisiológicos dinâmicos, que economizam 'custos' para o organismo, custos estes que, no nível de vida mais elementar, implicam o sacrifício dos próprios organismos individuais (Popper, 1999a).

Segundo a teoria de Campbell, então, desde o começo, isto é, desde a forma de vida mais elementar, a estratégia de 'internalizar para economizar experiências potencialmente fatais ou simplesmente custosas' é acompanhada pela de 'atuar segundo um determinado padrão'. Em outras palavras, desde o começo, se trata de um processo de 'variação', 'seleção' e 'retenção' de relações de natureza funcional entre organismo e ambiente (Donahoe, 2003). De tal sorte que, se o ambiente varia, a estratégia tende a falhar, porque foi selecionada e retida por força das experiências bem-sucedidas do organismo no ambiente tal como era anteriormente à mudança. Razão pela qual, em algum momento do processo evolutivo das espécies, a estratégia mais adaptativa se torna a própria 'adaptabilidade com o menor custo possível', o que implica dizer: sem necessidade de esperar pelas mudanças aleatórias em nível genético, no que se pode chamar de estratégias cognitivas propriamente ditas. Em seu famoso exemplo sobre a perna regenerativa da salamandra, Campbell esclarece que a nova perna projetada geneticamente o é pressupondo-se um tipo de ambiente que a salamandra irá encontrar em sua atividade locomotora, a qual, no caso de tal 'expectativa' se mostrar errada, poderá ser grandemente afetada, sendo que a salamandra muito pouco ou nada poderá fazer para adaptar-se a um novo ambiente locomotivo. Entretanto, embora se possa dizer que o genótipo da salamandra 'conhece' o ambiente para o qual projetou a perna, é mais adequado falar-se em capacidades cognitivas com relação àqueles padrões comportamentais e seus respectivos sustentáculos anátomo-fisiológicos que permitem ao organismo adaptar-se às mudanças ambientais com os próprios recursos genéticos que já possui, ou seja, durante o tempo de vida do organismo, como a capacidade visual, conforme extensamente discutido por Campbell, no trabalho supra mencionado.

Os dez estágios evolutivos com os quais Campbell resume o processo de aperfeiçoamento crescente da capacidade de perceber cognitivamente o ambiente (a ordem natural) vão desde as taxias e cinesias dos seres vivos microscópicos até a linguagem humana e, no topo da hierarquia, a ciência moderna.

É importante resgatar dois aspectos quase axiomáticos da teoria epistemológica evolucionária campbelliana: a continuidade entre as espécies e a natureza 'cega' dos processos de variação responsáveis por prover a matéria-prima da seleção. Em relação ao primeiro aspecto, o ponto básico é que não são concebíveis 'saltos de qualidade' na evolução por seleção natural, o que implica dizer que os mais complexos processos cognitivos encontrados nos animais ditos superiores, como o ser humano, devem ser explicáveis a partir de incrementos gradativos nos processos mais simples, o que é especialmente relevante para a psicologia comportamental, que se baseia em grande parte no estudo experimental com animais.

O segundo aspecto é uma reafirmação do ponto de vista aceito pela maioria dos biólogos e filósofos da biologia, segundo o qual deve-se entender a teoria da evolução das espécies pela seleção natural como exemplo paradigmático de uma modalidade mais geral de explicação não teleológica de realizações teleológicas[27] (*teleological achievements*), ou processos guiados por fins, ou, simplesmente, adaptações (Campbell, 1974, p. 420). Essa modalidade de explicação não teleológica de processos guiados por fins é denominada por Skinner (1953, 1987a) 'explicação pelas consequências', a qual, segundo ele, caracteriza tanto a teoria evolucionária de Darwin, quanto a própria psicologia comportamentalista radical skinneriana.

São muitas e importantes as consequências da concepção epistemológica evolucionária de Campbell, sumariamente descrita acima, para a ciência do comportamento humano. Tanto que, entre os psicólogos comportamentais, é crescente a influência de um desdobramento dessa visão chamado por alguns de paradigma selecionista ou simplesmente selecionismo (Baum, 1994; Donahoe, 2003; Pierce; Epling, 1995; Catania, 1998). Para o nosso tema presente, cumpre destacar, primeiramente, a ligação que a teoria epistemológica evolucionária faz entre cognição, aprendizagem e comportamento. Não se trata de meros ajustes terminológicos, mas de entender que o que se denomina cognição é parte de um conjunto de padrões comportamentais mais ou menos comuns às várias espécies de organismos, ajustados aos respectivos ambientes por meio da 'seleção comportamental', ou seja, variação, seleção e retenção de padrões comportamentais e seus correspondentes suportes anátomo-fisiológicos.

A seleção comportamental pode se dar em três níveis (Baum, 1994; Catania, 1998): a) filogenético, no qual o organismo fica adstrito às características ambientais suficientemente estáveis na escala de tempo evolucionária; b) ontogenético, também chamado de aprendizagem, no qual o organismo se adapta às mudanças ambientais ocorridas durante o seu tempo de vida; c) sociocultural, no qual algumas espécies de organismos de vida gregária compartilham padrões de comportamento selecionados durante o tempo de vida dos indivíduos, porém, transmitidos a outros indivíduos do mesmo grupo por meios indiretos como a imitação

[27] O termo 'explicação teleológica' é usado aqui, implicitamente, com o significado de explicação causal em que, contrariamente ao consenso da física moderna, o efeito precede a causa, em vez de antecedê-la ou lhe ser concomitante. Já a expressão 'realizações teleológicas' é usada no sentido mais apropriado do termo teleologia, ou seja, como processos, basicamente biológicos, que se explicam pelas suas consequências, conforme discutiremos mais à frente.

e, principalmente, a educação ou variação orientada (ZENTAL; GALEF (Eds.), 1988; BONNER, 1980; BAUM, 1994; BOYD; RICHERSON, 1985)[28].

Essa última modalidade de seleção comportamental, dita sociocultural, remete ao segundo ponto a ser destacado, o qual diz respeito à natureza social das formas de cognição mais complexas constantes do rol proposto por Campbell, a começar pela aprendizagem social já mencionada, passando pela linguagem – até o momento considerada como característica exclusiva dos seres humanos –, chegando à cultura em geral e à ciência, em particular. Essa característica social das formas mais complexas de cognição pode ser uma pista importante a ser seguida para a explicação das diferenças entre espécies, no tocante à flexibilidade adaptativa durante o tempo de vida, mais especificamente, à aprendizagem (HUTCHINS, 1995). Como já mencionamos antes, o mero fato de dois indivíduos funcionarem como estímulos discriminativos (contextuais) e fontes de reforço (ou punição) recíprocos já responde por padrões altamente complexos de comportamento, como a divisão social do trabalho (KAGEL; BATTALIO; GREEN, 1995), muito embora, na conformação dos quais estejam atuando os mesmos processos responsáveis por padrões elementares como o comportamento do rato faminto que pressiona uma barra quando tal resposta é acompanhada regularmente por acesso a comida (HOMANS, 1961).

Nessas formas sociais de cognição, o conhecimento é um padrão coletivo composto por padrões individuais relacionados e não redutível aos últimos, às vezes chamado de 'padrão emergente' (HUTCHINS, 1995). Um exemplo muito discutido é o do mercado de bens econômicos, o qual permite se conhecer respostas a perguntas do tipo: quanto vale, em média, um quilograma de feijão na cidade de Florianópolis, atualmente? Embora a resposta possa estar gravada em tabelas e outras formas de registro de 'informações', ou mesmo possa ser objeto de previsões razoavelmente acuradas feitas por técnicos treinados para tanto, nem as tabelas, nem as previsões, contêm propriamente a resposta à questão colocada, tendo em vista que o valor econômico do feijão é um

[28] Algumas correntes atuais da biologia evolutiva falam da existência de outros tipos de processos evolucionários, como a herança ecológica e a construção de nicho, os quais, se confirmados, teriam importantes aplicações na ciência do comportamento humano (ODLIN-SMEE; LALAND; FELDMAN, 2003).

padrão comportamental coletivo, isto é, resultado emergente de uma série de padrões comportamentais individuais, chamados de 'decisões de compra e venda de feijão', cujo meio mais eficiente[29] (menos custoso) de aferição é a comercialização livre de feijão em um mercado (Hayek, 2002; Samuelson, 1976).

Um exemplo análogo de padrões comportamentais coletivos são as estratégias evolutivas das espécies biológicas (Caponi, 2002). Suponhamos, por exemplo, a seguinte questão: qual a melhor estratégia para uma espécie qualquer de ave, relativamente ao número ótimo de ovos a serem postos em cada ninhada, levando em conta a perspectiva de sobrevivência dos filhotes, com base em variáveis como a capacidade de forrageamento que o pássaro adulto pode manter em relação aos filhotes, sem comprometer a sua própria sobrevivência e, consequentemente, também a daquela e de outras futuras ninhadas? A resposta a essa complexa questão não é, por óbvio, acessível a um pássaro individualmente, conquanto seja fundamental para sua sobrevivência e reprodução; mas é possível para gerações de pássaros, desde que haja uma razoável variação no número de ovos por ninhada e um modo de fixar geneticamente[30] os fatores responsáveis por tal variação (Krebs; Davies, 1991).

A grande diferença entre os padrões comportamentais coletivos em nível de espécies e em nível sociocultural está exatamente no meio de fixação da estratégia mais adaptativa. No caso das espécies, o meio em questão é o genótipo em um *pool* genético (Williams, 1992). Enquanto que, nos ambientes socioculturais, a fixação das estratégias mais adaptativas se dá por intermédio de formas de comportamento interativo, ou trocas comportamentais, entre as quais a mais bem-sucedida nessa função de fixação de estratégias coletivas de adaptação às mudanças ambientais é a linguagem humana (Guerin, 1994; Skinner, 1987b; Glenn, 1989; Catania, 1994).

Essas mesmas formas de cognição socialmente constituídas levam ao terceiro e último aspecto a ser destacado com relação à contribuição da epistemologia evolucionária e que se refere diretamente à distinção entre causalidade e imputação. Embora o entendimento cabal das capa-

[29] Na verdade, não só mais eficiente como, provavelmente, o único eficaz.

[30] Ou, de modo mais geral, hereditariamente.

cidades cognitivas complexas, características de animais como os seres humanos, exija o estudo dos processos biocomportamentais responsáveis pela percepção de relações entre estímulos, chamadas de invariantes perceptuais e regularidades perceptuais, conforme se trate, respectivamente, de relações entre eventos do ambiente que se mantenham constantes no tempo evolucionário ou no tempo de vida de um indivíduo (Donahoe; Palmer, 1994, p. 177), é possível prescindir desse nível de aprofundamento, para uma tradução comportamental da distinção entre relação causal e relação de imputação. Senão vejamos.

Primeiramente, devemos lembrar que se trata de processos cognitivos socialmente mediados, ou seja, relações entre organismo e ambiente que exigem a interação entre dois ou mais indivíduos (Kunkel, 1997). Em segundo lugar, devemos recordar a lição de Skinner, segundo a qual não é o ambiente que segue regras, mas sim o indivíduo atuante, o que significa dizer que, no caso das relações em questão, ambas são formas de se comportar com base em regras, o que pressupõe ainda a presença do comportamento verbal humano[31]. Fixados esses dois pontos, podemos construir o seguinte modelo simplificado de relação de causalidade e relação de imputação.

Vamos usar um exemplo muito frequente nas discussões de Kelsen sobre o mesmo tema, o do metal que se dilata pela ação do calor. Podemos formular tal relação de causalidade entre aquecimento e dilatação do metal, em termos da seguinte regra:

Para cada 'x' unidades de medida de dilatação do metal 'M', eleve a temperatura do mesmo em 'g' graus centígrados.

Se, em vez de formularmos uma regra ou instrução, quiséssemos dizer o mesmo sob a forma de uma descrição de uma contingência

[31] Estamos aqui apenas aceitando o ponto de vista predominante entre os psicólogos comportamentais, segundo o qual o comportamento verbal é exclusivo dos seres humanos. Estudos recentes, entretanto, têm encontrado evidências de comportamentos semelhantes em animais como macacos (Asano, 1994) e papagaios (Pepperberg, 1988). Vale registrar também os estudos sobre comportamento 'político' em chimpanzés, que parecem ter algum tipo de comportamento de 'seguir regras' (Flack; de Waal, 2000). Nada disso, porém, afeta o essencial do presente argumento.

ambiental em face de um tipo de comportamento, podíamos fazê-lo nos seguintes termos[32]:

Sempre que a temperatura do metal 'M' for elevada em 'g' graus centígrados, o mesmo sofrerá uma dilatação de 'x' unidades de medida de dilatação.

A primeira formulação e a segunda dizem a mesma coisa sob formas gramaticais diferentes, apropriadas funcionalmente a contextos diversos. O primeiro, provavelmente, seria chamado de contexto prático ou tecnológico, e o segundo, de contexto teórico ou científico.

Vamos agora, pedindo emprestado um princípio básico da psicologia comportamental[33] (Donahoe; Palmer, 1994; Michael, 2004), formular uma variante da regra acima nos seguintes termos:

Se a dilatação do metal 'M' em 'x' unidades de medida de dilatação for um evento reforçador, em um dado momento, para o indivíduo atuante 'E', o comportamento 'elevar a temperatura do metal em 'g' graus' centígrados será selecionado[34] e passará a ser mais forte no repertório de 'E' em contextos semelhantes, sob condições de privação ou estimulação aversiva semelhantes (ou seja, que estabeleçam a dilatação do metal como evento reforçador).

Essa terceira formulação contém, de modo implícito, os elementos das anteriores, acrescidos de um elemento novo, qual seja, uma nova relação causal, desta feita entre a primeira relação causal, descrita na regra sobre a dilatação no metal, e o comportamento de um indivíduo qualquer, pressupostas certas condições particulares deste indivíduo, a saber, a capacidade de ser reforçado pela dilatação do metal 'M' em 'x' unidades de medida de dilatação, em condições de privação ou esti-

[32] Cabe registrar que a mesma descrição poderia ser feita em termos probabilísticos, sem alterar a substância do argumento.

[33] Trata-se, claro, do chamado princípio do reforço ou lei do efeito.

[34] Obviamente, é preciso que esse comportamento seja emitido, para que seja selecionado. Como estamos tratando de comportamentos vinculados a regras, tal emissão provavelmente será devida ao cumprimento de uma 'instrução' (lida em um manual de metalurgia, por exemplo). Omitimos tais detalhes, para comodidade da exposição, mas, se explicitados, não alterariam o argumento.

mulação aversiva determinadas[35]. Destarte, conhecidas, de um lado, a relação causal entre o aumento da temperatura e a dilatação do metal e, de outro, a relação causal entre aumentar o efeito reforçador de um evento[36] (privação ou estimulação aversiva) e o aumento da frequência do comportamento que produz (é contingente a) esse evento reforçador, tomada emprestado da psicologia comportamental, torna-se possível inferir uma terceira relação causal que relaciona ambas as relações causais iniciais, formulada acima sob a forma de hipótese.

Com base nessa terceira relação causal – entre a relação causal descrita na regra técnica sobre a dilatação do metal 'M' e a alteração no repertório comportamental do indivíduo 'E', dados a capacidade reforçadora da dilatação do mental em condições de privação ou estimulação aversiva determinadas –, podemos, então, formular uma segunda regra prática, a qual, porque visa ao controle do comportamento humano, chamaremos de 'regra prática de controle comportamental':

Para aumentar a frequência do comportamento 'elevar em 'g' graus centígrados a temperatura do metal 'M'' no repertório do indivíduo 'E', em um dado contexto, o indivíduo 'A' deverá comportar-se de tal modo a providenciar para que a dilatação do metal 'M' em 'x' unidades de medida de dilatação seja um evento reforçador para o indivíduo 'E', no contexto dado.[37]

[35] O indivíduo em questão pode ser, por exemplo, um aluno da escola técnica de metalurgia tentando concluir um exercício para a nota do bimestre.

[36] Esse procedimento é denominado operação estabelecedora ou, mais recentemente, operação motivadora (*motivating operation*) (Michael, 2004).

[37] Seria o caso de o professor programar o exercício descrito no exemplo a ser feito em classe, para a nota do bimestre. Não é demais esclarecer novamente que a relação contingente entre o evento reforçador 'dilatar o metal 'M' em 'x' unidades de medida de dilatação' e o comportamento 'elevar a temperatura do metal 'M' em 'g' graus' tem de fazer parte do repertório do indivíduo atuante 'E'. Caso contrário, teria de haver uma etapa anterior, na qual tal relação contingente fosse estabelecida no repertório comportamental de 'E', por exemplo, em aulas práticas ou teóricas de metalurgia. Um outro aspecto é que a privação ou estimulação aversiva necessária a que o evento 'dilatar o metal 'M' em 'x' unidades de medida de dilatação' se torne reforçador é, ela própria, estabelecida por meio de relações contingentes forjadas pela história comportamental do indivíduo atuante 'E', por exemplo, tornando a realização bem-sucedida de experimentos em classe contingente ao reforçamento por meio de notas bimestrais, o qual, por sua vez, precisa ser estabelecida como tal, tornando o evento reforçador passar de ano contingente às notas e assim por diante, até alcançarmos os chamados eventos reforçadores primários, os quais, em geral, constituem aspectos básicos para a

Analisando-se a regra de controle comportamental acima, vemos que é composta de três elementos principais: a relação causal entre temperatura e dilatação do metal; a relação causal relativa ao comportamento do indivíduo 'E'; e a instrução dada ao indivíduo 'A', a qual, tanto quanto a primeira instrução dada ao indivíduo 'E', no começo da presente análise, pressupõe que obter o resultado previsto na regra – no primeiro caso, 'dilatar o metal 'M' em 'x' unidades de medida de dilatação', no segundo, 'aumentar a frequência do comportamento 'elevar em 'g' graus centígrados a temperatura do metal 'M'' no repertório do indivíduo 'E', em um dado contexto' – é um evento reforçador para o destinatário da regra em questão. De tal forma que poderíamos continuar a análise para o nível do comportamento do indivíduo 'A', e assim por diante.

Se chamarmos a instrução contida em uma regra de controle comportamental como a exemplificada acima de 'prescrição comportamental', podemos dizer que a relação de imputação é a prescrição comportamental contida em uma regra de controle comportamental.

Não se trata, portanto, como quer a teoria pura do direito, de um princípio elementar, irredutível, do entendimento, mas, ao contrário, de uma aplicação do conhecimento socialmente disponível sobre as relações causais que governam o comportamento humano ao controle deste por parte de outros seres humanos. O erro da teoria pura do direito foi, de um lado, não enfatizar que também as relações causais 'da natureza' são partes de instruções ou regras, ou seja, são modos complexos de os seres humanos adaptarem-se, coletivamente, às mudanças do ambiente não social, como explica a epistemologia evolucionária. De outro, não extrair as conclusões epistemológicas para a ciência do direito do fato de que as relações de imputação se baseiam em pressupostos causais sobre o comportamento humano, o que, aliás, Kelsen viu e descreveu muito bem, exceto pela terminologia mentalista utilizada por ele (Kelsen, 1991, p. 104). No próximo capítulo, a presente análise prosseguirá, com a discussão sobre o direito como ciência aplicada ao controle social do comportamento humano.

sobrevivência e reprodução do organismo, como comida, sexo, água, estabelecidos como tais pela seleção comportamental filogenética.

Capítulo 2
O Direito como Ciência Comportamental Aplicada

2.1 Integrando as duas metades da ciência jurídica

A tentativa de Kelsen de fazer da dicotomia entre os princípios da imputação e da causalidade uma base categorial para o dualismo entre, respectivamente, ciência jurídica normativa e ciência jurídica não normativa não obteve sucesso, a despeito dos vários esforços desenvolvidos pelo jurista vienense, em trabalhos ricos em hipóteses e temas de pesquisa interessantes (Kelsen, 1945, 1998a, 1998b), muito embora eventualmente defasados em relação, principalmente, aos estudos mais especializados de historiadores das ideias, antropólogos e epistemólogos.

Independentemente de quaisquer fragilidades de que se possa acusá-la de um ponto de vista epistemológico mais geral, a proposta de uma ciência normativa autônoma do direito baseada na noção de imputação esbarrou no fato incontornável de que, com exceção do próprio Kelsen e seus discípulos – filósofos do direito como ele –, nunca houve um único cientista puro do direito[38].

[38] O que não é incompatível, como se verá no texto, com o fato igualmente incontornável da enorme influência de Kelsen e de sua teoria pura do direito, seja na qualidade de fonte teórica para posições originais sobre os mais diferentes tópicos da chamada dogmática jurídica, seja no tocante ao debate filosófico abstrato sobre a ciência normativa autônoma do direito, sem, entretanto, chegar-se a praticá-la de modo progressivo, isto é, cumulativo em termos de proposição e solução de problemas, como ocorre com as verdadeiras disciplinas científicas.

Em verdade, ao invés de dar origem a um programa de pesquisas sobre o direito, a teoria pura kelseniana serviu e serve ainda como base argumentativa para uma série de concepções jurídicas dogmáticas defendidas pelo jurista vienense, tais como, a de que a decretação de inconstitucionalidade, no controle concentrado da constitucionalidade dos atos normativos, tem efeito *ex nunc* e não *ex tunc*, contrariamente ao que defendem juristas de outras filiações doutrinárias. Destarte, como bem apontou um autor, de resto simpático às teses dogmáticas kelsenianas, o adepto da teoria pura do direito, tal como os adeptos das demais correntes de opinião jurídico-dogmáticas, não se limita, como o cientista empírico verdadeiro, a descrever[39] o seu objeto, mas participa da construção mesma do direito positivo (Bobbio, 1980), seja propondo teses gerais sobre os institutos jurídicos, como a que acabamos de citar, seja interpretando dessa ou daquela maneira as normas de um determinado ordenamento jurídico, seja ainda, de forma indireta, prescrevendo limites à atuação dos juristas, com base em concepções políticas mais ou menos explícitas, como a convicção social-democrática, no caso de Kelsen.

Ao longo deste capítulo, tentaremos mostrar, continuando a análise iniciada no capítulo anterior, que a distinção kelseniana entre causalidade e imputação pode cumprir um papel na compreensão do direito como ciência comportamental aplicada, desde que tais noções sejam incorporadas ao esquema lógico do que alguns chamam de regra prática, outros de regra de ação, e que está na base da capacidade humana evolutivamente adquirida de controle do ambiente físico e social por meio da ciência.

2.2 Regras práticas de controle social do comportamento humano

Na formulação de Kelsen, uma distinção peculiar ao direito enquanto ciência social normativa ao lado da ética e em contraste com as ciências sociais causais é o fato de a relação de imputação ser socialmente constituída, enquanto a relação de causalidade independe de qualquer

[39] Usamos a expressão aqui em sentido lato, suficiente para abarcar operações teórico-científicas mais sofisticadas, como a construção de modelos simplificados de uma dada parcela da realidade, por exemplo.

intervenção humana[40]. Ele mesmo, porém, admite que a função social do direito só é cumprida se e à medida que exista uma base empírica – isto é, causal – de natureza psicossociológica sustentando o objetivo social atualizado pela regra jurídica, qual seja o sancionamento positivo ou negativo de uma dada conduta humana, possível e provável em face das circunstâncias descritas na regra ou pressupostas por ela.

Seguindo esse raciocínio, podemos entender o enunciado jurídico – *Matar alguém. Pena: seis a doze anos de reclusão.* – como fazendo parte de um enunciado normativo mais amplo, não explicitado, o qual contém: a) um pressuposto factual (padrões comportamentais humanos, principalmente); b) uma consequência socialmente desejável (incentivar ou desestimular determinada conduta descrita ou não na norma causalmente vinculada ao atingimento de um estado de coisas considerado desejável); e c) uma relação de imputação entre uma conduta humana e uma sanção negativa ou positiva. Geralmente, apenas a relação de imputação – a que denominamos de contingência jurídica – é explicitada em enunciados jurídico-normativos como o exemplificado acima, nos quais a conduta a ser regulada é descrita como pressuposto e a sanção positiva ou negativa aparece como consequência imputada pelo ordenamento jurídico à efetivação da conduta.

O ponto é que, ao contrário dos enunciados jurídicos, os enunciados normativos mais amplos a que estamos nos referindo nada têm de peculiares ao âmbito das normas de controle social da conduta humana, sejam provenientes da moral, do direito ou da etiqueta, os quais constituiriam, na visão de Kelsen e de outros teóricos do direito, a província exclusiva do dever-ser. Na verdade, tais enunciados normativos amplos são característicos de toda e qualquer regra de ação, também chamadas de regras práticas (Barnett, 2000). Não excluindo, obviamente, as muitas particularidades inerentes ao desenvolvimento e atuação efetiva das regras práticas de controle social da conduta humana, o fato é que, a despeito dessas particularidades, tais regras compartilham a estrutura

[40] Kelsen se dá conta de que, na tradição kantiana em que ele se funda em parte, também a relação de causalidade é o resultado da ação da mente humana sobre o caos de sensações percebidas pelos sentidos. Porém, ele se apressa em distinguir esse tipo de atuação, digamos, transcendental, do sujeito cognoscente, da intervenção humana propriamente dita, por meio do trabalho transformador da matéria física e da política transformadora das relações sociais (Kelsen, 1991, p. 80).

lógica e o fundamento epistemológico das regras de ação em geral, independentemente de se referirem, como diria Kelsen, à natureza ou à sociedade.

O arcabouço lógico das regras práticas pode ser representado pela seguinte fórmula:

***Dado** um pressuposto factual 'F', **Se** uma meta 'M' deve ser obtida, **Então**, presente uma dada circunstância 'C', uma ação 'A' deve ser praticada.*[41]

Quando o pressuposto factual em questão é uma regularidade empírica obtida pelos meios de observação científica, a regra prática ou regra de ação correspondente é mais comumente denominada regra técnica, sendo o conjunto destas, em uma dada área de atividade humana, chamado de tecnologia. Segue-se que, quando se define o direito como tecnologia de controle social da conduta humana, como o fazem Kelsen e outros autores (Ferraz Júnior, 1994), está-se, assumidamente ou não, dizendo que o direito, no sentido positivo de ordenamento jurídico, é a parte 'prescritiva' (iniciada pelo conectivo 'então', na fórmula acima) de um sistema ou complexo de regras práticas para o controle social do comportamento humano. Foi o que tentamos argumentar, de modo mais analítico, na seção final do capítulo anterior, com a diferença de que, sendo o direito um sistema de regras científicas aplicadas ao comportamento humano, preferimos a frase ciência social aplicada à expressão tecnologia social, tendo em vista que, conforme explicado adiante, as finalidades a que o conhecimento científico são aplicadas no caso do direito decorrem de escolhas políticas e não meramente técnicas.

2.3 A ciência jurídica e o método dos quase-experimentos

Se observarmos o arcabouço lógico da fórmula geral das regras práticas supra enunciada, veremos que ele se baseia em um juízo causal invertido[42]. Restringindo-nos ao caso das regras práticas de controle social

[41] Um exemplo fora do âmbito das regras de conduta social poderia ser: **Dado** que 'a exposição aos raios ultravioleta pode causar sérias lesões na pele humana', **Se** 'prevenir doenças como o câncer de pele' é uma meta que deve ser obtida, **Então**, presente a circunstância 'período das dez às dezesseis horas do dia', a ação 'evitar expor-se ao sol' deve ser praticada..

[42] Por razões essencialmente etimológicas – '*telos*' em grego significa 'fim' em português – se costuma chamar todos os juízos causais invertidos de juízos teleológicos. Porém, vários

da conduta humana, podemos dizer que a fórmula em questão contém uma dada consequência esperada (a meta social), que é causalmente atribuída à atuação de uma contingência social normativa (a contingência jurídica), sob o pressuposto da validade empírica de uma regularidade comportamental, ou complexo de regularidades comportamentais[43].

Uma vez tendo reposicionado adequadamente os termos desse raciocínio causal invertido, podemos concebê-lo como um processo de verificação/falsificação quase-experimental de teorias sobre o comportamento humano, no qual as regularidades comportamentais funcionariam como a teoria a ser verificada/falsificada[44], enquanto que, por sua vez, a relação causal entre a meta social e a contingência jurídica seria a hipótese verificadora/falsificadora derivada da teoria, cuja comprovação ou não serviria de teste para a sua validade empírica.

Utilizando, então, o exemplo de regra jurídico-penal anteriormente citado, poderíamos construir o seguinte raciocínio:

autores (Caponi, 2003; Dutra, 2003a; Rachlin, 1994; Stout, 1996) não aceitam essa nomenclatura, reservando o conceito de teleologia para outro tipo de enunciado, envolvendo fundamentalmente sistemas intencionais, ou seja, aqueles que, como os sistemas biológicos, são afetados pelas consequências. No texto acima, em que estamos querendo enfatizar a similaridade epistemológica entre a regra prática de controle do ambiente físico e a de controle do ambiente social, não há razão para diferenciar os juízos causais invertidos pela sua origem mecânica (não intencional) ou teleológica propriamente dita, finalística ou intencional.

[43] As aludidas regularidades comportamentais podem ser estudadas de dois pontos de vista, individual e coletivo, característicos, respectivamente, da psicologia e da sociologia. No entanto, como veremos adiante, o enfoque da análise comportamental do direito é tipicamente interdisciplinar, o que vem sendo uma tendência cada vez mais presente nas ciências sociais, lembrando ainda que disciplinas como a microeconomia e a ciência política nunca se enquadraram perfeitamente a tal divisor de águas. A análise do comportamento individual e a do comportamento social serão objeto de dois capítulos específicos, na segunda parte deste trabalho.

[44] Na realidade, apenas as regularidades comportamentais mais especifica e diretamente ligadas à formulação da hipótese implicada na imposição da contingência jurídica serão objeto de teste, ao passo que as mais gerais, pertencentes aos modelos de indivíduos atuantes derivados dos princípios da psicologia comportamental e de suas ramificações em outras disciplinas que estudam o comportamento humano, mantêm-se empiricamente válidas, independentemente do resultado obtido pela imposição da contingência jurídica, conforme ficará mais bem explicado ao longo do trabalho.

***Teoria**: Dado que um comportamento punido*[45] *tende a diminuir de frequência;*

***Hipótese**: Se o comportamento 'matar alguém' for submetido a uma contingência jurídica do tipo – Matar alguém. Pena: seis a doze anos de reclusão. –, ele tenderá a diminuir de frequência.*

No restante desta seção e nas seções seguintes deste capítulo, discutiremos os conceitos novos introduzidos por nós na caracterização acima do direito como ciência aplicada ao controle social da conduta humana. Começando pelo conceito de processo de verificação/falsificação quase-experimental de teorias sobre o comportamento humano.

Disciplinas como a ecologia, a sociologia e a economia sofrem de uma séria limitação em seu processo de desenvolvimento. Embora não lhes seja de forma alguma impossível realizar experimentos em laboratório, algumas das condições relevantes para os fenômenos estudados por elas não são obteníveis em laboratório, seja por impossibilidade prática, seja pelos proibitivos custos envolvidos. No caso da sociologia, da economia e das ciências sociais em geral, uma forma de suprir essa deficiência é considerar as próprias intervenções governamentais ou privadas no ambiente social respectivo como quase-experimentos[46] de pesquisa do comportamento humano em sociedade (Pierce, 1991), ou seja,

[45] É claro que é a ameaça de punição que importa e não o efeito desta sobre o comportamento futuro de quem é punido de acordo com a regra. A teoria do comportamento pode explicar mais facilmente o controle do comportamento por meio de 'ameaças' como as representadas por normas penais com base na chamada abordagem molar (Baum, 1973, 1994 2002; Rachlin, 1989, 1991, 1994, 2000), à qual retornaremos adiante. Por enquanto, o esquema super simplificado acima serve ao propósito meramente ilustrativo da presente exposição.

[46] Além dos quase-experimentos, outra estratégia de pesquisa experimental utilizada como alternativa ao experimento em laboratório é a do experimento de campo, como os célebres experimentos sobre o comportamento animal, realizados pelo ecologista Nikolaas Tinbergen (Krebs; Davies, 1991). Mais recentes são as simulações de teorias em computador, que não são propriamente formas de 'verificação/falsificação' empírica de teorias, mas estratégias de comprovação da viabilidade de modelos teóricos, de seleção ou mesmo construção de hipóteses derivadas de teorias (Epstein; Axtell, 1996; Friedman; Sunder, 1994; Kagel; Roth, 1995), ou ainda de interpretação formalizada de fenômenos não totalmente acessíveis à pesquisa experimental (Donahoe; Palmer; Burgos, 1997a). Uma frente nova para a microeconomia é o uso de experimentos de laboratório com animais, adotado na nova disciplina denominada economia comportamental de que falaremos mais adiante.

como processos de verificação/falsificação quase-experimental daquelas teorias sobre o comportamento humano em sociedade as quais, implícita ou explicitamente, nortearam a intervenção em questão. O adjetivo 'quase-experimental' visa ressaltar o duplo fato de que, de um lado, se trata de um procedimento que pretende se aproximar ao máximo das condições metodológicas de um verdadeiro experimento de laboratório; de outro lado, as condições ideais de um verdadeiro experimento não são possíveis, por definição.

Nosso objetivo presente não é discutir os muitos aspectos metodológicos envolvidos (Campbell; Stanley, 1966; Campbell, 1969; Cook; Campbell, 1979), nem as possibilidades da utilização dos quase-experimentos para a ciência do comportamento social humano, em geral (Kunkel, 1985, 1986), mas explicitar em que sentido se pode entender a proposta metodológica dos quase-experimentos como um dos fundamentos da análise comportamental do direito. Como voltaremos a falar, quando discutirmos a noção de eficácia das regras jurídicas, o ponto de partida da análise comportamental do direito é tomar tais regras como se fossem intervenções 'quase-experimentais' na realidade social, por intermédio da imposição de uma contingência social – no caso a contingência jurídica –, que poderia, no entanto, ser de outra natureza, por exemplo, uma nova política de vendas ou de gestão corporativa, em qualquer caso visando à obtenção de uma meta social.

Na hipótese de iniciativas legislativas novas, principalmente, mas também por ocasião da interpretação de regras de sentido demasiado dúbio ou polêmico[47], a estratégia é mais facilmente empregável, já que é razoavelmente claro para todos que se trata de uma intervenção na realidade social – por meio da nova regra a ser editada ou da interpretação a ser fixada para uma regra em vigor tida como dúbia ou polêmica –, a qual certamente é vista como um modo de se chegar a algum resultado para a sociedade. Já no caso de regras há muito tempo em vigor, com sentido bem definido e pacificado doutrinária e jurisprudencialmente, a metodologia se torna menos intuitiva, mas perfeitamente exequível, podendo ser um importante instrumento de crítica do direito. Abaixo, os aspectos básicos da proposta.

[47] Um exemplo desse último caso poderia ser o do revogado § 3º do art. 192 da Constituição Federal do Brasil que limitava os juros reais em 12% a.a.

O objetivo da metodologia dos quase-experimentos na análise comportamental do direito é, primeiramente, identificar os três componentes básicos da regra prática em que, por definição, se insere uma dada contingência jurídica ou conjunto de contingências jurídicas, disciplinando um aspecto qualquer da vida social, a saber: a meta social, a contingência jurídica propriamente dita e os pressupostos sobre regularidades comportamentais; a partir do que se pode, aplicando-se as técnicas de pesquisa quase-experimentais (Campbell, 1969; Cook; Campbell, 1979), aferir se e em que medida a regra em questão têm sido eficaz. Nas seções seguintes, iremos tratar de definir cada um desses elementos, razão pela qual vamos agora discutir apenas a maneira genérica de se identificar esses elementos, utilizando-nos de dois exemplos, um para uma regra a ser editada e outro para uma regra já em vigor a ser submetida a uma crítica sob o ponto de vista analítico-comportamental.

Digamos que se esteja planejando editar uma lei proibindo o porte de arma-de-fogo no Brasil[48]. A primeira questão proposta pela metodologia dos quase-experimentos é: qual a meta social visada por essa intervenção na realidade jurídica brasileira? Digamos que a mesma seja 'diminuir os crimes contra a pessoa cometidos com arma-de-fogo'[49]. Como veremos adiante, para a análise comportamental do direito, é importante que as metas estejam imediatamente definidas em termos de condutas humanas, mas, para os nossos propósitos expositivos do momento, esse aspecto é menos relevante, inclusive porque a técnica do direito penal já é descrever condutas e atribuir-lhes penas, o que supostamente garante que uma meta definida em termos adequados à imposição de uma contingência jurídica de tipo penal já estará bastante próxima ao modelo recomendado pela análise comportamental.

A segunda questão é: que pressupostos empíricos, especialmente, que pressupostos sobre regularidades comportamentais gerais e específicas, norteiam a vinculação entre a contingência social normativa representada pela norma a ser editada e a obtenção da meta social respectiva? Uma resposta adequada poderia ser que, segundo estudos feitos,

[48] Essa lei existe, trata-se da Lei nº 10.826, de 2003, conhecida como Estatuto do Desarmamento.

[49] O ideal é que as metas sejam, quando possível, quantificadas. Esta meta, em particular, é perfeitamente quantificável, ainda mais conhecendo-se a parcela dos crimes contra a pessoa que se pretende atingir com a medida em questão, conforme se mencionará na sequência.

um percentual 'p' dos crimes contra a pessoa praticados com o uso de arma-de-fogo são cometidos por pessoas em cujo repertório comportamental[50] não há registro significativo de outros comportamentos relacionados com o cometimento de violência grave contra pessoa ou sequer passíveis de ser definidos como crimes de um modo geral.

Digamos também que estudos feitos de um ponto de vista comportamental indiquem que, por ocasião do cometimento desses crimes, a disponibilidade de arma-de-fogo possa ser definida como uma operação estabelecedora[51] particularmente eficaz no sentido de tornar mais prováveis os comportamentos que tipicamente precedem a agressão por arma-de-fogo; por exemplo, discussões entremeadas de ofensas e ameaças, envolvimento em brigas etc. Em outras palavras, a presença da arma-de-fogo no contexto de interações sociais que, de outra forma, não ocasionariam padrões comportamentais violentos, porque as consequências provavelmente não seriam reforçadoras, torna muito mais frequente a ocorrência de padrões comportamentais os quais tipicamente precedem a agressão física por meio de arma-de-fogo[52].

Suponhamos por fim que o fato de a disponibilidade da arma-de--fogo funcionar como operação estabelecedora para o cometimento de violência contra a pessoa apenas em determinadas situações de interação social nas quais tal violência tenha se tornado, momentaneamente, um evento reforçador permita prever-se que a imposição de punições (penas) aos comportamentos de 'comprar e vender arma-de-fogo' ou

[50] A expressão tem o significado de padrões comportamentais que foram desenvolvidos ao longo da história de vida do indivíduo ou da espécie a que o indivíduo pertence (Michael, 2004; Pierce; Epling, 1995).

[51] Operação estabelecedora pode ser definida como "um evento ambiental, operação ou condição de estímulo que afeta um organismo por meio da alteração momentânea da (a) efetividade reforçadora de outros eventos e (b) frequência de ocorrência do tipo de comportamento que tiver sido reforçado por aqueles outros eventos" (Michael, 2004, p. 136). Em inglês, no original: "an environment event, operation, or stimulus condition that affects an organism by momentarily altering (a) the reinforcing effectiveness of other events, and (b) the frequency of occurrence of the type of behavior that had been consequated by those other events".

[52] Uma análise comportamental mais aprofundada desse tipo de contexto envolveria muitas outras variáveis, obviamente. O ponto aqui não é fornecer uma justificativa bem construída para a proibição do porte de arma-de-fogo, mas exemplificar sucintamente o uso da metodologia dos quase-experimentos.

'manter sob sua guarda arma-de-fogo' será eficaz como meio de tornar tais comportamentos muito menos frequentes, levando com isso ao cumprimento da meta social visada.

Admitindo-se que, com base nos pressupostos sobre regularidades comportamentais acima elencados, a ligação causal hipotética entre a imposição da contingência jurídica e a obtenção da meta esteja suficientemente estabelecida, caberia ainda questionar sobre a probabilidade de a contingência a ser imposta ocasionar efeitos colaterais indesejáveis relativos ao comportamento dos atuais portadores de arma-de-fogo com permissão legal, ao dos agentes de autoridade que estarão envolvidos na imposição da contingência em tela, ou ainda ao de outros membros da comunidade social relacionados ao contexto. Um exemplo de questionamento desse tipo seria o relativo à possibilidade de que, impedidos de portar legalmente arma-de-fogo, os atuais portadores viessem a fazê-lo ilegalmente, como no caso das drogas em vários países e das bebidas alcoólicas durante a chamada Lei Seca, nos Estados Unidos da América.

Em boa parte, esse tipo de questionamento envolve contingências que não são parte da história comportamental típica dos indivíduos destinatários da regra. O que justifica um elemento fundamental da metodologia dos quase-experimentos que é a possibilidade de reavaliação da contingência jurídica, por exemplo, marcando-se um referendo para a lei em questão, após tantos anos de vigência; ou mesmo, independentemente de referendo, firmando-se um compromisso dos legisladores em avaliar a possibilidade de revogar a lei, caso a meta não seja atingida ou o custo social de obtenção desta se mostre maior que o benefício, aos olhos da sociedade[53].

Passemos agora a um exemplo de análise comportamental quase-experimental de uma regra jurídica já em vigor. Vamos utilizar o caso da regra penal brasileira que estabelece a idade de 18 anos como o início da chamada maioridade penal, quando só a partir de então os indivíduos que pratiquem atos definidos na legislação penal como crimes serão submetidos às penas respectivas.

[53] Mesmo sem referendo ou compromisso, o simples fato de uma alteração legislativa vir precedida de uma clara definição perante o público dos pressupostos e metas a ela vinculados já fortalece a possibilidade de reavaliação futura.

Repetindo o roteiro anterior, devemos inquirir: qual a meta social perseguida por essa regra? Digamos que a resposta seja 'evitar a imposição de penas a indivíduos para os quais estas não surtem os efeitos dissuasórios desejados'. Esse tipo de meta social está diretamente ligado, como a doutrina jurídica tradicional já admitia, a uma pressuposta regularidade comportamental, segundo a qual a ineficácia dissuasória da lei penal em relação aos menores de 18 anos se deve a que, até essa idade, uma parcela amplamente majoritária dos indivíduos se encontra fora do espectro de pessoas passíveis de se pôr sob o controle verbal das regras penais ou, em termos leigos, entender a natureza criminosa do ato.

Quanto a possíveis efeitos comportamentais colaterais, poder-se-ia argumentar que são necessariamente negligenciáveis, no que tange aos menores de 18 anos, já que, se estes estão fora do espectro de pessoas passíveis de serem postas sob o controle verbal da regra penal incriminadora, não podem ter qualquer alteração comportamental importante derivada da regra que estabelece a inimputabilidade.

Quanto ao controle do comportamento dessas pessoas, especialmente as que eventualmente vierem a praticar condutas descritas nas leis penais como crimes, deverão ser objeto de contingências jurídicas diferenciadas, que não pressuponham o controle verbal da regra incriminadora, mas, por exemplo, submetam os menores de 18 anos a contingências sociais capazes de desenvolver comportamentos socialmente desejáveis substitutivos (Rachlin, 2000) aos definidos como crimes.

De acordo com essa sumária reconstrução hipotética da regra prática que estaria fundamentando a lei brasileira relativa à maioridade penal, conseguimos encontrar nas fontes disponíveis, tais como, doutrinas penais brasileiras ou internacionais[54], exposição de motivos da lei respectiva etc., os elementos necessários à aplicação da metodologia dos quase-experimentos, cabendo agora fazer a avaliação da regra em questão segundo os dados existentes e as técnicas de pesquisa quase-experimental[55] adequadas a eles, da mesma forma que se faria no caso de uma

[54] Não é necessário que a norma tenha sido editada pelos legisladores efetivamente com base nos pressupostos e na meta social que a sustentam do ponto de vista da análise comportamental do direito, bastando que existam tais requisitos como parte da cultura jurídica relevante, no Brasil ou no exterior.

[55] As técnicas de pesquisa quase-experimental são utilizadas principalmente para o desenho do quase-experimento. Quanto aos pressupostos sobre regularidades comportamentais

regra editada já sob a orientação da metodologia dos quase-experimentos, após algum tempo de vigência desta.

Porém, o mais provável é que tais elementos não sejam encontrados, tendo em vista que, especialmente em regras jurídicas não vinculadas explicitamente a políticas sociais, como é o caso da regra de maioridade penal, não há sequer uma preocupação mínima em inseri-la em uma regra prática contendo meta social e pressupostos empíricos. Nesse caso, a análise comportamental se divide em duas etapas de investigação: a primeira, buscando identificar as efetivas consequências para a população em idade inferior a 18 anos do estabelecimento da inimputabilidade penal, com base nos mesmos procedimentos de pesquisa utilizados na avaliação das normas instituídas com base em metas sociais e pressupostos sobre regularidades comportamentais bem definidos. Estabelecidos os eventuais efeitos comportamentais da imposição da regra e havendo tais efeitos sido explicados segundo os princípios da ciência do comportamento humano, o passo seguinte é pôr em discussão[56] se tais efeitos são passíveis de serem considerados metas sociais desejáveis e, caso contrário, se a eliminação destes, *de per si*, pode ser considerada uma meta social desejável, o que implicaria uma mudança na lei, desencadeando-se, assim, o ciclo regular da metodologia dos quase-experimentos, acima descrito.

Cabe ressaltar, para finalizar esse tópico, dois pontos que o roteiro dos quase-experimentos da análise comportamental do direito não pode deixar de incluir. Primeiramente, é bastante provável que, mesmo nos casos em que seja difícil se encontrar uma meta social vinculada a uma regra em vigor, existam pressupostos sobre regularidades comportamentais explícitos ou implícitos nas justificativas ou explicações tradicionais da regra em questão. Isto porque o direito tem como técnica fundamental a imposição de contingências punitivas ou reforçadoras para os indivíduos, o que implica necessariamente alguma teoria, rudimentar que seja, vinculando a contingência imposta ao propósito

gerais e específicas, pode-se e deve-se utilizar outras técnicas de pesquisa, de campo ou de laboratório (Pierce, 1991).

[56] A amplitude da discussão pode variar desde a comunidade acadêmica, passando à comunidade jurídica em geral, até a discussão pública propriamente dita, através dos canais competentes.

intrínseco da norma – a que chamaremos de meta social imediata –, qual seja, evitar ou incentivar, respectivamente, a conduta objeto da punição ou reforço nela previsto. Daí decorre que tanto os pressupostos quanto a meta social intrínseca (a modelagem, manutenção ou extinção da conduta objeto da regra) são pontos de partida para a análise comportamental das regras jurídicas em vigor e das propostas de alteração legislativa que não estejam sendo elaboradas dentro do roteiro dos quase-experimentos.

O segundo aspecto diz respeito ao fato de que, tanto no caso da edição de regras, quanto no da avaliação subsequente destas e também no de crítica das regras em vigor, uma questão que não pode faltar no roteiro de pesquisa dos analistas comportamentais do direito é o das contingências responsáveis pela modelagem e manutenção do comportamento dos encarregados da imposição da regra em questão, ou seja, as pessoas cujos serviços[57] são utilizados na atuação da contingência jurídica imposta pela regra. Evidentemente, sendo todo e qualquer comportamento o resultado da atuação, passada e presente, de contingências de reforço ou punição, o dos encarregados da imposição de regras jurídicas não poderia ser diferente. É importante, portanto, conhecer essas contingências, cuja pesquisa deve ser incluída no planejamento dos quase-experimentos ligados a intervenções legislativas ou à crítica de leis vigentes. Isto é particularmente importante para se detectar a presença de metas sociais putativas – ou seja, meras desculpas para se garantir o fluxo de reforçadores socialmente mediados para os encarregados da imposição das regras vinculadas a tais metas sociais putativas (Scott, 1971); como também de metas sociais perversas – isto é, metas que não seriam adotadas pela a comunidade social, caso fossem conhecidos os vínculos entre a contingência jurídica respectiva e determinados efeitos

[57] Do ponto de vista da ciência do comportamento humano, serviços são padrões de comportamento social (interações sociais) nos quais um indivíduo ou grupo de indivíduos (o prestador do serviço), face a um estímulo discriminativo como um chamado ou a mera entrada no estabelecimento respectivo, reforça com seu comportamento (o serviço propriamente dito) o comportamento de outro indivíduo ou grupo de indivíduos (o cliente do serviço), o qual consiste em pagar uma certa quantia contingente ao serviço prestado, o que, por sua vez, reforça o comportamento do prestador (Homans, 1961).

comportamentais relacionados, porém, que são reforçadoras para os encarregados da imposição da regra em questão[58].

2.4 Meta social

O que estamos chamando de meta social é, em parte, semelhante ao que os juristas conhecem como a finalidade da norma (Ferraz Junior, 1994), definida aqui, porém, em termos, por um lado, mais específicos e, por outro, mais amplos, a saber, como uma conduta a ser modelada, mantida, modificada ou extinta por intermédio da imposição de uma contingência jurídica entre essa mesma conduta ou outra a ela relacionada e uma consequência imputada à efetivação da conduta descrita na contingência jurídica.

Convém ressaltar que a finalidade da norma, no sentido jurídico tradicional, abrange apenas as chamadas consequências imediatas, isto é, o sancionamento positivo ou negativo da conduta objeto da regra, bem como a atribuição de uma competência, ou ainda a permissão, sob certas circunstâncias, de uma conduta negativamente sancionada nas demais circunstâncias; ao passo que a meta social, no sentido analítico-comportamental, inclui também as consequências mediatas ou indiretas, podendo incluir ainda, conforme o caso, as chamadas consequências não intencionais (Gosselin, 1998), desde que, nesse último caso, se possa vincular causalmente tais consequências a pelo menos uma parcela dos padrões comportamentais responsáveis pelo surgimento e manutenção destas.

A conduta objeto da meta social pode ser imediatamente controlada, inserindo-se ela como pressuposto da sanção positiva ou negativa constante da contingência jurídica; ou pode sê-lo mediatamente, por meio do reforço ou punição a uma conduta relacionada àquela que se quer controlar. Um exemplo do primeiro caso seria a meta social – *Diminuir a frequência da conduta 'matar alguém'.* –, a ser obtida pela imposição de uma contingência jurídica do tipo da regra jurídico-penal acima citada. O segundo caso poderia ser exemplificado com a imposição de uma contingência jurídica do tipo – *Os candidatos aos concursos públicos para quaisquer*

[58] Esse tipo de investigação é lugar comum na microeconomia e na ciência política (Becker, 1976; Shepsle; Bonchek, 1997), mas, tem tido, não obstante, pouquíssimo espaço no debate jurídico brasileiro.

cargos no governo federal deverão ter concluído o curso superior em qualquer área. – como meio de se obter a meta social – *Aumentar a frequência a cursos universitários em qualquer área.* A regra que obriga os administradores públicos a exigirem diploma de curso superior dos candidatos a concursos públicos para cargos no governo federal, embora atuando imediatamente sobre a conduta desses administradores, por ser causalmente relacionada também à dos próprios candidatos, tenderá a modificar-lhes a conduta, ou seja, aumentando a frequência, entre eles, do comportamento 'cursar a universidade'.

Conforme dissemos na seção anterior, a definição das metas sociais em termos de modelagem, manutenção, modificação ou extinção de condutas (comportamentos humanos) é recomendável por critérios inerentes à análise comportamental do direito, sendo, entretanto, mais comum entre os juristas e outros cientistas sociais definir tais metas em outros termos, por exemplo, índices de bem-estar ou qualidade de vida. No entanto, é relativamente fácil[59] transformar tais metas de resultados não comportamentais – a que podemos chamar 'metas sociais mediatas' – em outras baseadas em condutas humanas – 'metas sociais imediatas' –, bastando-se definir, com base na ciência do comportamento humano, quais são as condutas causalmente relacionadas a tais resultados, remetendo-se, então, essas relações de causa e efeito entre condutas e resultados para os pressupostos empíricos das regras jurídicas respectivas.

Por exemplo, se a meta social é – *Promover o desenvolvimento econômico.* – e se é empiricamente verdadeiro relacionar tal resultado não comportamental a uma conduta ou complexo integrado de condutas como, por exemplo, 'investimento em educação, poupança e emprego produtivo do tempo', então, para se transformar a meta social de resultado ou mediata – *Promover o desenvolvimento econômico.* – em meta social comportamental ou imediata, do tipo – *Aumentar a frequência do investimento em educação, poupança e emprego produtivo do tempo.* –, basta remeter a relação causal entre tal complexo comportamental e o desenvolvimento econômico para os pressupostos empíricos da regra prática e formular a meta social em termos do complexo comportamental respectivo.

[59] A facilidade referida aqui é a relativa ao método dos quase-experimentos de intervenção social e não, claro, ao estabelecimento das relações causais entre condutas humanas e resultados em termos de condições sociais, econômicas, ambientais e assim por diante.

2.5 Contingência jurídica

A palavra contingência, na linguagem da psicologia comportamental, tem um significado técnico específico que pode ser resumido como "*as regras que especificam que consequências um comportamento irá ter para o indivíduo atuante*" (WEINGARTEN; MECHNER, 1966, p. 447)[60]. Podemos, então, definir contingência jurídica como uma regra que especifica que consequência ou consequências uma dada conduta irá ocasionar para o indivíduo atuante ou terceiro a ele relacionado. Algumas questões merecem destaque nessa definição.

Primeiro, não é por mero capricho terminológico que adotamos a expressão contingência jurídica para designar o que, de certo modo, nada mais é do que a chamada norma jurídica conhecida de todos os estudiosos do direito. O sentido principal dessa redefinição terminológica é que, ao associarmos o conceito jurídico tradicional de norma ao de contingência da psicologia comportamental, damos um passo fundamental[61] para que se utilize o aparato teórico-conceitual desta última para a construção de uma nova abordagem científico-natural do direito, não-dualista, fortemente calcada na pesquisa experimental e virtualmente presente em todas as disciplinas que tratam do comportamento humano, desde a neurofisiologia, passando pela ecologia humana, pela antropologia, sociologia, economia, ciência política e psicologia; com aplicações práticas que vão desde o tratamento psicológico clínico, orientação pedagógica, aconselhamento gerencial, até a orientação de comunidades experimentais e consultoria de projetos de ação social e comunitária.

Além disso, no que tange propriamente ao tema deste capítulo, o conceito de contingência jurídica permite se formular claramente a questão da natureza do direito como ciência comportamental aplicada, ciência esta que, na perspectiva do presente estudo, tem por base um

[60] Em inglês no original: "the rules that specify what consequences behavior will have for the behaving individual".

[61] Levando em conta que, para muitos psicólogos comportamentais, o conceito de contingência é o mais importante da ciência do comportamento humano e, por outro lado, para muitos juristas, o conceito de norma jurídica é o mais importante da ciência do direito, não haverá exagero em dizer que o conceito de contingência jurídica, que traduz para a linguagem comportamental o conceito de norma jurídica, é o mais importante para a construção de uma abordagem comportamental do direito.

modelo analítico-comportamental do direito, cujos fundamentos teóricos iremos discutir na segunda parte deste trabalho.

Segundo, apesar de nos basearmos na definição autorizada de dois expoentes da psicologia comportamental acima transcrita, a assimilação da noção de contingência à de regra ou norma pode parecer inusual ou mesmo imprópria para alguns, especialmente os psicólogos comportamentais de filiação skinneriana, mais acostumados com a utilização desse conceito para se referir não à descrição científica da relação estável entre comportamento e ambiente, mas à própria relação em si.

Sobre esse tópico, cabe dizer, inicialmente, que a concepção epistemológica de Skinner (1953, 1982) favorece claramente o modo de definir a contingência escolhido por nós, tendo em vista que, tal concepção epistemológica, conforme explicamos no capítulo anterior, conceitua o conhecimento como um modo de interação dos seres humanos com o ambiente. De tal sorte que, principalmente quando se trata do chamado conhecimento declarativo (Baum, 1994; Skinner, 1957), ou seja, aquele que se baseia no comportamento verbal da comunidade detentora do conhecimento, é epistemologicamente mais adequado conceber tal conhecimento declarativo como um modo econômico de a comunidade modelar o comportamento dos seus membros, sem que cada indivíduo, em particular, necessite submeter-se pessoal e diretamente aos contextos e às consequências reforçadoras ou punitivas, sociais ou não, que estão relacionadas ao comportamento em questão. É por essa razão que, de acordo também com o que já foi mencionado no capítulo anterior, se pode traduzir os enunciados teóricos das várias disciplinas científicas em enunciados práticos, isto é, regras práticas de controle do comportamento humano. Quanto ao chamado conhecimento operacional, ou seja, aquele que advém da experiência pessoal do indivíduo, sem mediação da comunidade verbal, é igualmente apropriado descrevê-lo por meio dos chamados enunciados condicionais ou enunciados 'se, então', em outras palavras, regras, mesmo em se tratando de animais, como pombos ou ratos, incapazes de formular verbalmente tais regras (Donahoe; Palmer, 1994); desde que não se confunda tal modo de descrever o comportamento com as regras no sentido técnico da psicologia comportamental[62]. Aliás, esse modo de descrever o compor-

[62] Vide nota 29, supra.

tamento dito modelado pelas contingências por meio de enunciados condicionais é particularmente adequado quando se quer representar o comportamento como um sistema retroalimentativo, conforme veremos na segunda parte deste trabalho.

Por outro lado, em se tratando de contingências sociais, há que se ter em conta que, segundo a psicologia comportamental (Skinner, 1953; Baum, 1994), tais contingências resultam da atuação coordenada da comunidade sobre os indivíduos que a compõem, o que pressupõe o comportamento verbal humano, não apenas como meio de viabilizar essa própria atuação comunitária coordenada, como também para a modelação (*modelling*) dos comportamentos visados pela comunidade. Destarte, segundo a definição de Skinner (1971; 1982), as contingências sociais são os reforçamentos e punições impostos socialmente e contingentes a determinados comportamentos (em determinados contextos) considerados, respectivamente, desejáveis ou indesejáveis pela comunidade. É verdade que, como observa Baum (1994, p. 223), ao restringir as contingências sociais praticamente às regras sociais, ou seja, às punições ou reforçamentos socialmente prescritos para os comportamentos dos membros da comunidade, Skinner limita talvez excessivamente sua concepção de cultura aos comportamentos modelados por meio de sanções positivas (reforçamentos) ou negativas (punições) cominadas pela comunidade, deixando de fora outras formas de aprendizagem social, como a imitação e a facilitação social, que são importantes tanto para as sociedades humanas como, principalmente, para as de outros animais portadores de formas de comportamento assim chamadas protoculturais (Harris, 1990). A isto acrescentaríamos que os fatores ditos estruturais, enfatizados pelos cientistas sociais, inclusive os adeptos da teoria da troca social, que estudaremos adiante, também atuam como determinantes das probabilidades de reforçamento ou punição do comportamento social humano, sem que se possa atribuir tais fatores à atuação coordenada da comunidade. A fim de evitar tais problemas conceituais, convém frisar que ao definirmos as contingências jurídicas como contingências sociais, estamos adotando o sentido skinneriano, mais específico, desse conceito, para denotar aquela contingência que resulta da atuação comunitária coordenada, visando a modelação dos comportamentos dos indivíduos por meio de reforçamentos e punições contingentes aos mesmos; deixando espaço, porém, para a definição de contingências sociais outras, não normativas, como as que resultam da atuação de fatores estruturais ou de modalidades não direcionadas de aprendizagem social (Emerson, 1962, 1969, 1972; Kunkel, 1967, 1970, 1975, 1997).

Terceiro, não deve ter passado em branco para o leitor que, ao definir a contingência jurídica como uma regra que especifica que consequência ou consequências uma dada conduta *irá* ocasionar para o indivíduo atuante ou terceiro a ele relacionado, incorremos aparentemente na falácia naturalista (Moore, 1998), no sentido de que, para evitar esse equívoco lógico, deveríamos ter dito que a consequência definida na contingência jurídica *deverá* seguir-se à realização da conduta nela descrita, enquanto que, na definição proposta, foi afirmado que tal consequência *irá* seguir-se à efetivação da conduta.

Em relação a esse ponto, cabe dizer, primeiramente, que se trata de uma questão mais aparente do que real. Se, ao invés de formular a definição de contingência jurídica do ponto de vista do agente, seguindo o exemplo dos autores citados na definição comportamental de contingência, o fizéssemos do ponto de vista do impositor da contingência[63], tal como quando enunciamos a fórmula da regra prática ou regra de ação, então, em vez de *irá* seguir-se, teríamos dito, *deverá* seguir-se, acabando assim a discrepância lógica.

Essa questão é essencialmente semelhante àquela colocada pela conhecida fórmula do jusfilósofo norte-americano Oliver Wendell Holmes Jr. (1841-1935), segundo a qual a regra de direito é uma profecia sobre como os juízes irão decidir um determinado tipo de causa. Na realidade, do ponto de vista da parte que comparece perante o juiz (ou do de seu advogado), esse é exatamente o caso, muito embora não o seja, do ponto de vista da autoridade pública que editou a lei ou da comunidade de juízes que adotou o precedente utilizado na decisão de causas semelhantes (Twining, 2000). Por outro lado, a teoria comportamental sobre o problema da discriminação do próprio comportamento (Skinner, 1953) é compatível com a teoria do jusfilósofo norte-americano, no que tange ao comportamento verbal e não verbal do próprio juiz. Com base nessa teoria, se pode dizer que interpretar uma norma em face a um caso con-

[63] No caso, este age 'em nome' ou 'em proveito' da meta social, podendo-se dizer, então, que o ponto de vista em questão é o ponto de vista da 'sociedade'.

creto é, fundamentalmente, discriminar o próprio comportamento, em face a casos semelhantes no passado. Em outras palavras, assim como se pode dizer, segundo a psicologia comportamental, que uma resposta verbal a uma pergunta como – 'O que é que você vai fazer?' – pode ser uma previsão de comportamento baseada em condições usuais com que o comportamento está amiúde relacionado (Skinner, 1982), pode-se considerar que o enquadramento jurídico (interpretação jurídica) de um caso por um juiz é uma previsão do comportamento decisório futuro baseada em casos semelhantes do passado.

A perplexidade que a posição de Oliver Wendell Holmes causa em muitos teóricos do direito, inclusive Kelsen, está diretamente ligada ao mentalismo[64] que predomina entre estes, especificamente, ao conceito de 'vontade'. De fato, Kelsen assimila a aplicação de uma norma ao caso concreto a um 'ato de vontade' (Kelsen, 1991), que se segue, complementando-o, ao 'ato cognitivo' representado pela interpretação do caso nos termos da regra ou regras aplicáveis (subsunção). Contudo, se eliminado o recurso à entidade mental fictícia 'vontade', como recomenda a psicologia comportamental, torna-se muito mais palatável a sugestão do jusfilósofo norte-americano, tendo em vista que, não apenas o enunciado normativo legal ou jurisprudencial pré-existente[65], mas também o comportamento verbal (ostensivo ou encoberto) do juiz da causa, identificando *ex ante* a sentença que irá prolatar, pode ser considerado uma profecia sobre o seu subsequente ato de sentenciar, na medida em que, ambos, comportamento verbal *ex ante* e ato de sentenciar[66], estão submetidos, provavelmente, às mesmas contingências comportamentais. Cabe observar que Skinner interpreta comportamentalmente expressões do tipo 'estou com vontade de fazer isto ou aquilo' como discriminações de probabilidades de comportamento fundadas na ocorrência dos mesmos em ocasiões semelhantes anteriores (Skinner, 1982, p. 28).

[64] Segundo Baum (1994, p. 32), mentalismo "é a prática de invocar ficções mentais para tentar explicar o comportamento". Em inglês, no original: "Mentalism is the practice of invoking mental fictions to try to explain behavior".

[65] Em sua brevíssima discussão sobre as normas jurídicas, Skinner, sem fazer referência a Oliver Wendell Holmes, identifica as normas jurídicas como enunciados verbais sobre o que as autoridades farão, em face a certas condutas (Skinner, 1953).

[66] Como se sabe, o próprio ato de sentenciar é também um comportamento verbal, cuja característica peculiar foi ressaltada no clássico estudo de J. L. Austin *How to do things with words* (Austin, 1962).

No direito processual brasileiro, em particular, a sentença é um documento complexo, que contém um breve relato do caso, uma fundamentação jurídica e, ao final, uma fórmula verbal mais ou menos padronizada, denominada 'parte dispositiva', na qual o juiz declara a sua decisão para o caso. Nesse caso, pode parecer tanto quanto artificial falar-se em comportamento verbal *ex ante* e ato de sentenciar como comportamentos distintos. Porém, vale lembrar que, muitas vezes a 'fundamentação' é pouquíssimo convincente e até contraditória em relação à decisão, indicando que as contingências predominantes são as que presidem a decisão e não a fundamentação[67]. Outro aspecto relevante para essa discussão é o recurso, cada vez mais frequente no direito processual brasileiro, às 'decisões liminares' e 'antecipações de tutela', em que os juízes concedem, provisoriamente, o pedido, profetizando, por assim dizer, sobre a sua própria decisão final.

Não obstante, existe um aspecto nessa questão que merece ser ressaltado e que envolve mais do que as mudanças de pontos de vista acima referidas. Trata-se do fato de que, independentemente da utilização ou não da mesma expressão verbal, em conformidade com o ponto de vista adotado, uma contingência jurídica e uma regra jurídica de mesmo conteúdo podem ter, comportamentalmente falando, significados diferentes, na medida em que a concretização da meta social definida na regra prática de que faz parte a contingência jurídica está condicionada não ao mero dever-ser desta última, mas à sua efetiva implementação, ao passo que a regra jurídica isoladamente não enuncia mais do que a obrigatoriedade (dever-ser) da imposição da sanção em face da conduta nela descrita[68]. Em outras palavras, o que é, na formulação isolada[69] da regra jurídica, um mero dever-ser da sanção em relação à conduta descrita na norma, passa a ser, no contexto da regra prática em que se insere a contingência social normativa, uma condição factual[70] para o cumprimento da meta social vinculada à imposição da contingência

[67] Em termos históricos, isto é certamente verdadeiro, já que a obrigação de fundamentar as decisões é relativamente recente nos ordenamentos jurídicos ocidentais (Dawson, 1986).

[68] Esse ponto será retomado adiante, quando discutirmos a noção de eficácia do direito.

[69] Isolada em termos dos pressupostos empíricos e da finalidade prática, não importando para tal isolamento que se entenda o direito como compondo um sistema de normas.

[70] Não queremos com isso dizer que se trata de uma condição necessária ou mesmo suficiente para a obtenção da meta social (Cook; Campbell, 1979).

jurídica, pressuposta a validade empírica das regularidades comportamentais pertinentes.

Convém salientar ainda que, ao contrário da obrigatoriedade estritamente jurídica, a relação factual entre a efetivação da contingência jurídica e a obtenção da meta social correspondente tende a ser probabilística, ou seja, não exige que toda e qualquer conduta seja sancionada nos termos definidos pelo direito. Nesse sentido, uma formulação precisa da contingência jurídica diferirá sempre dos termos estritos em que se formula a regra jurídica equivalente, já que, no caso daquela, é possível se estabelecer uma percentagem média de condutas negativa ou positivamente sancionadas[71], com vistas à realização da meta social em questão; enquanto que, no direito, esse tipo de formulação probabilística é inconcebível[72].

Em uma aproximação com o esquema conceitual kelseniano, podemos dizer que a contingência jurídica está para a regra jurídica correspondente, no contexto da análise comportamental do direito, assim como a proposição jurídica está para a norma jurídica, no contexto da teoria pura do direito. Com a importante diferença de que, enquanto para essa última, a distinção entre proposição jurídica e norma jurídica é meramente postulada, sem justificativa outra senão o postulado de que deve existir uma diferença entre uma norma válida (obrigatória) e uma descrição científica dessa norma, que pode ou não ser verdadeira[73]; para

[71] Os analistas econômicos do direito chamam igualmente a atenção sobre este ponto, quando formulam a noção de nível ótimo de punição de certas condutas, ou, por outra parte, de ocorrência das condutas positiva ou negativamente prescritas. Exemplo: nível ótimo de ocorrência de acidentes de trânsito (Posner, 1998; Friedman, 2000).

[72] É possível, no entanto, conciliar ambas as formulações, como o demonstram os estudos dos analistas econômicos do direito já mencionados. Entre os exemplos a serem citados de flexibilização da estrita obrigatoriedade da sanção jurídica, pode-se citar as excludentes de culpabilidade, os acordos com a promotoria, a disponibilidade do direito nas relações privadas, as anistias, e tantos outros institutos jurídicos que, encarados do ponto de vista do agente delitual, tornam a imposição da sanção algo meramente provável (para não falarmos da possibilidade de evasão do processo ou da pena), ao mesmo tempo em que, do ponto de vista do aplicador da norma, suavizam a questão de obrigatoriedade estrita, em nome da finalidade prática a ser atingida.

[73] Vale advertir que, em sua obra publicada postumamente, intitulada *Teoria Geral das Normas* (Kelsen, 1986), o mestre de Viena procurou distinguir logicamente os enunciados respectivos, inclusive por meio de formulações verbais distintas para a norma jurídica e para a proposição jurídica.

a análise comportamental do direito, a distinção se refere a dois contextos argumentativos distintos[74]: de um lado, o de uma ciência naturalista do direito, na qual, com base em premissas teóricas empiricamente válidas e no pressuposto da desejabilidade de uma determinada meta social, se prescreve uma contingência a ser estabelecida entre uma dada conduta e uma sanção positiva ou negativa; de outro, o de uma posição social denominada autoridade jurídica, a qual, com base em fontes que fazem parte da própria definição da posição social em questão (lei[75], doutrina, jurisprudência, no caso brasileiro), decide um caso que lhe foi proposto por meio de um procedimento legislativo, judicial ou administrativo, buscando legitimar argumentativamente a decisão tomada, com base no sentido dos enunciados constantes das referidas fontes.

Destarte, enquanto que o cientista do direito kelseniano não tem outra justificativa para sua pretensão de cientificidade, senão a própria doutrina kelseniana da possibilidade de uma teoria pura do direito, ou seja, de uma ciência normativa do direito, o analista comportamental do direito, conquanto possa e deva fundamentar reflexivamente a sua pretensão de cientificidade, com fulcro nas teorias comportamentais do conhecimento científico, tem como base de sustentação fundamental, comum a todos os paradigmas científico-naturalistas, a validade empírica de suas teorias, cuja falsificação eventual não elide a possibilidade de uma abordagem comportamental do direito, obrigando-o tão-somente a rever a teoria em questão, a partir das novas evidências obtidas.

O último aspecto a destacar na definição de contingência social normativa diz respeito à questão abordada superficialmente no final da

[74] Convém frisar que o propósito da análise comportamental do direito é, por assim dizer, aproximar esses contextos argumentativos (comunidades verbais), de tal modo que o criador/aplicador do direito esteja sob o governo da regra prática de controle social do comportamento humano e não apenas de sua parte prescritiva, a contingência jurídica propriamente dita. Mesmo nessas condições ideais, no entanto, haverá sempre, como o texto busca salientar, uma distinção importante entre um contexto científico e um contexto político-administrativo, mesmo que seja um único indivíduo a estar presente em ambos os contextos, porquanto, sendo as contingências distintas, como necessariamente têm de ser, os respectivos padrões comportamentais serão igualmente distintos, embora possam sê-lo com variados graus de compatibilidade ou tensão.

[75] No sentido lato, incluindo, constituição, leis no sentido estrito, decretos e atos normativos em geral.

seção anterior, qual seja, a da refutabilidade da relação causal entre contingência jurídica e meta social.

Kelsen, como a maioria dos juristas, enfatiza que a norma jurídica, ao contrário da proposição jurídica, não pode ser tida como verdadeira ou falsa, mas tão-somente válida ou não. Diante dessa questão, as tentativas de reunificação da ciência do direito com base em uma visão científico-natural oscilam entre dois polos. De um lado, alguns autores negam a utilidade teórica da distinção entre validade e eficácia (Ross, 2000), com a qual Kelsen e outros buscam distinguir entre o juízo normativo e o juízo causal, de sorte que de uma norma juridicamente válida possa se dizer que é causalmente eficaz ou ineficaz, conforme seja ou não observada ou aplicada pelos seus destinatários mediatos e imediatos, respectivamente, sem que, com isso, se altere a sua condição de validade. De outro lado, alguns autores tentam naturalizar, por assim dizer, o juízo de validade, transformando-o em uma espécie de fenômeno mental, que se busca descrever por intermédio de conceitos como o de expectativa normativa (Luhmann, 1983). A perspectiva da análise comportamental do direito é crítica a ambas as posições, pelos seguintes motivos.

Em relação à postura que nega a utilidade teórica de se distinguir entre validade e eficácia, há que ressaltar inicialmente que a análise comportamental do direito, da mesma forma que os adeptos do 'realismo jurídico', entende qualquer juízo relacionado à existência ou não de uma regra jurídica como sendo um juízo empírico e, portanto, passível de ser qualificado como verdadeiro ou falso[76] (Losano, 1998). Porém, em contraposição à visão realista, do ponto de vista da análise comportamental, não há que se confundir a afirmação empiricamente verificável de que

[76] Esse fato é reconhecido implicitamente no modo de expressão dos juristas, quando estes se referem à norma 'em tese'. Porém, é dogmaticamente negado pelos muitos teóricos do direito adeptos do dualismo epistemológico, inclusive por Kelsen, querendo, destarte, fortalecer a perspectiva de que só uma ciência normativa do direito pode afirmar se uma regra jurídica é ou não válida, existente, ou seja, parte do ordenamento positivo em questão. Porém, exceto em relação a alguns tipos de regras, cujas pressupostos de validação sejam, eles mesmos, tão complexos que tornam a aferição da existência ou não da regra um 'caso jurídico' *de per si*, ou ainda, quando se questiona judicialmente a vigência (validade) de uma norma (por exemplo, no chamado controle judicial da constitucionalidade), as discussões jurídicas não se referem à existência ou não de determinada regra jurídica, mas à aplicabilidade desta ao caso, no seu todo ou em parte, ou ainda, ao significado da regra, isto é, ao que ela está comandando.

uma determinada regra jurídica existe, ou seja, é válida segundo os critérios de validação vigentes em um dado ordenamento jurídico, com a afirmação, igualmente empírica, de que a mesma é ou não eficaz, tendo em vista que, conforme iremos desenvolver mais adiante, a eficácia não se confunde com a mera existência da norma, mas sim com a capacidade que esta tem de contribuir de modo efetivo e de acordo com o esperado, para a obtenção da meta social a ela vinculada.

O problema com a crítica dos jusrealistas à dicotomia normativista entre validade como juízo de existência normativo e eficácia como juízo causal é a falta de uma concepção alternativa da estrutura lógica das normas jurídicas, compatível com a sua natureza de fato social, tal como proposta pela análise comportamental do direito. Ao se manter nos limites dos enunciados normativos, ou seja, da parcela prescritiva (relação de imputação) das normas jurídicas, o realismo jurídico tornou-se incapaz de criticar o dualismo normativista, a não ser descartando dogmaticamente como irreal um fato extremamente significativo, do ponto de vista de uma crítica do direito como meio de controle social, que é a existência de normas juridicamente válidas, porém, ineficazes. Ao passo que, para a análise comportamental do direito, levando em conta a inserção do enunciado jurídico normativo, ou seja, a contingência jurídica, em uma regra prática de controle social do comportamento, a mera afirmação de que existe uma dada contingência jurídica não implica a eficácia da mesma, porquanto esta última, conforme explicado mais adiante, diz respeito à relação entre a imposição da contingência jurídica e a obtenção dos resultados pretendidos em termos de modelagem, manutenção, modificação ou extinção dos comportamentos humanos visados pela norma.

Com relação às tentativas de naturalização do juízo de validade a partir de noções como a de expectativa normativa, o posicionamento crítico da análise comportamental do direito não se dirige ao propósito de naturalização em si, tendo em vista que este é compartilhado por ela, mas ao modo como essa naturalização é buscada, ou seja, através da postulação de entidades mentais fictícias como a citada expectativa normativa.

Além do linguajar mentalista, com todos os defeitos que os psicólogos comportamentais costumam atribuir a tal modo de expressão (Hayes; Brownstein, 1986; Skinner, 1978), a crítica específica que fazemos à tentativa de naturalização do juízo de validade por meio da noção de expectativa normativa é que, ao invés de se efetivamente superar o dualismo da epistemologia jurídica positivista tradicional, acaba-se por torná-lo parte da constituição da experiência humana, a qual estaria, por assim dizer, fenomenologicamente dividida entre a experiência natural propriamente dita – que dá origem às expectativas cognitivas – e a experiência social em sentido estrito – que dá origem às expectativas normativas –, a qual é de alguma forma distinta daquela, no sentido de que não se deixa refutar por experiências concretas contrárias às expectativas prévias nutridas pelo agente, mas se mantém presente a despeito dessas eventuais contrariedades fáticas, com base na inata capacidade mental humana para distinguir entre uma espécie de expectativa e a outra, ou melhor, entre as situações em que cabe ter expectativas de uma espécie ou de outra.

A essa altura, quem tem alguma familiaridade com a psicologia comportamental percebe claramente os sinais típicos das explicações mentalistas, em especial, o pendor para a postulação de entidades que 'internalizam' contingências ambientais, as quais respondem de fato pelo comportamento sob investigação, atribuindo a essas entidades 'internalizadas' ou simplesmente 'mentais' o papel de causa eficiente do comportamento observado, ficando perdido no processo o caminho mais seguro para se chegar a uma explicação do comportamento em questão, qual seja, o estudo das contingências ambientais, que foram indevidamente internalizadas para dar substância à entidade mental postulada, encerrando-se precocemente a investigação.

Uma das consequências desse tipo de construção teórica mentalista é que, por ser uma construção tipicamente essencialista (PALMER; DONAHOE, 1992), acaba-se por exagerar as distinções existentes, a fim de torná-las mais parecidas com verdadeiras 'essências'. No caso, as expectativas normativas se tornam mais contrafactuais do que na prática social efetiva, ao mesmo tempo em que as expectativas cognitivas se tornam mais estritamente factuais do que são na realidade. Em uma perspectiva comportamental, na qual tais distinções são feitas em termos de padrões comportamentais originários da atuação de variáveis ambientais sobre o comportamento dos indivíduos, há lugar, ao contrário, para uma infinidade de gradações e estágios intermediários, de tal modo que não precisamos postular um modo normativo de agir em contraste absoluto com um modo cognitivo de agir, para compreender o comportamento diferenciado dos seres humanos diante de situações como tomar um choque na rede elétrica e ser repreendido por ter comido biscoito sem autorização[77].

2.6 Pressupostos sobre regularidades comportamentais

A ciência do comportamento humano, que se baseia principalmente na abordagem comportamentalista radical na psicologia e suas ramificações em um amplo espectro de disciplinas, visa estabelecer leis do comportamento humano (DUTRA, 2001a, 2001b, 2003a, 2008), entendidas como regularidades comportamentais empiricamente válidas, que são sistematizadas em um modelo básico de ser humano atuante (KUNKEL, 1975), a partir do qual se busca, com os devidos acréscimos relativos às várias áreas de pesquisa, elaborar descrições, predições e formas de controle do comportamento humano, cientificamente fundamentadas. Os pressupostos sobre regularidades comportamentais que compõem as regras práticas de controle social do comportamento humano são, portanto, os pressupostos empiricamente válidos sobre o comportamento humano, constantes de um modelo de indivíduo atuante adaptado ao contexto visado pela regra, ou seja, a meta social.

Os elementos básicos dessas leis do comportamento humano são, como foi dito, regularidades comportamentais empiricamente válidas, das quais o enunciado abaixo é um exemplo típico:

***Se** uma dada resposta comportamental humana 'R' (por exemplo, apanhar um pote de soverte na geladeira e comê-lo) em razão do estímulo produzido por esta resposta 'S' (o sabor do sorvete) aumentou de frequência (diz-se 'foi reforçada'), **então**, a oportunidade de realizar a resposta 'R' tornar-se-á capaz de reforçar (aumentar a frequência de) uma outra resposta 'RR' (por exemplo, concluir a tarefa escolar), fazendo-se com que 'R' seja contingente à emissão de 'RR' (só pode apanhar sorvete na geladeira e comê-lo, depois de concluir a tarefa escolar).*

São regularidades comportamentais como essa, devidamente adaptadas às condições vigentes nos contextos que interessam às diversas metas sociais a serem realizadas mediante a imposição de contingências

[77] Ambos são punições, mas as contingências responsáveis e os respectivos padrões comportamentais a que dão origem são muito diferentes.

jurídicas, que irão orientar a escolha dessas últimas, tendo em vista a relação causal hipoteticamente existente entre a conduta positiva ou negativamente sancionada pelo direito e a meta social que se pretende alcançar.

Uma diferença fundamental entre as regularidades comportamentais e as contingências jurídicas, é que as primeiras, embora tendo uma estrutura lógica condicional idêntica, são compostas por tipos diferentes de variáveis. Senão vejamos.

Nas contingências jurídicas, não há, *a priori*, qualquer relação empiricamente válida entre a conduta e a consequência[78], razão pela qual, justamente, essa última tem de ser socialmente ligada à primeira, por intermédio, por exemplo, da atuação de algum agente da autoridade pública. Com efeito, a consequência – *Pena: seis a doze anos de reclusão.* – não tem, em princípio, qualquer relação empiricamente válida com a conduta – *Matar alguém.* –, razão pela qual tem de ser imposta socialmente, a fim de servir à meta social que presumidamente preside a punição jurídico -penal do homicídio simples[79]. Da mesma forma que, no exemplo acima, a contingência social familiar – *Concluir a tarefa escolar. Recompensa: poder apanhar sorvete na geladeira e comê-lo.* –, também não tem, em princípio, qualquer relação empiricamente válida ligando a conduta à sua consequência.

Em ambos os casos, a relação empiricamente válida existente *a priori* é aquela que vincula a imposição da própria contingência social – punir jurídico-penalmente o homicídio simples, recompensar nutritivamente a conclusão da tarefa escolar – à obtenção de uma determinada meta, social em um caso, familiar em outro, qual seja, a diminuição da frequência do homicídio simples e o aumento da frequência da conclusão das tarefas escolares, respectivamente. Explicitando-se as principais regularidades comportamentais subjacentes, a regra familiar acima poderia ser formulada nos seguintes termos:

[78] Porém, vale lembrar, essa relação empírica pode existir, *a posteriori*, como resultado da imposição politicamente bem-sucedida da contingência social em questão, em uma dada sociedade, em um determinado momento histórico.

[79] Como vimos anteriormente, esta é a base da distinção kelseniana entre os princípios da causalidade e da imputação, bem como entre as noções correlatas de ordem natural ou natureza e ordem social ou sociedade.

***Dado que**, na história comportamental desse estudante em cujo repertório se pretende tornar mais frequente o comportamento de concluir as tarefas escolares, o sabor do sorvete aumentou a frequência do comportamento de pegar o pote de sorvete na geladeira e comê-lo; e **dado que**, segundo uma regularidade empírica comprovada pela ciência do comportamento humano, um comportamento que foi reforçado por um determinado estímulo pode reforçar outro comportamento, se tornado contingente a este último; **então**, o comportamento de concluir as tarefas escolares tornar-se-á mais frequente, **se** o comportamento de pegar o pote de sorvete na geladeira e comê-lo for tornado contingente à conclusão das tarefas escolares.*

Analisando o raciocínio acima, podemos perceber que, no caso da contingência social familiar – *Só pode pegar sorvete na geladeira para comê-lo, após concluir a tarefa escolar.* –, a variável dependente, inferida das regularidades empíricas, é a própria meta de tornar mais frequente o comportamento de concluir a tarefa escolar; ao passo que a variável independente é a imposição da contingência familiar vinculando a conclusão da tarefa escolar à liberação do acesso ao sorvete guardado na geladeira. Já com relação às regularidades comportamentais envolvidas, seja a que afirma, para o indivíduo em questão, a capacidade reforçadora do sabor do soverte em relação ao comportamento de ter acesso à geladeira para comer sorvete, seja a que afirma, com base na psicologia comportamental, que, em face à história comportamental do estudante, o comportamento de concluir tarefas escolares pode ser reforçado – isto é, ter a sua frequência aumentada – pelo livre acesso à geladeira para comer sorvete, as variáveis independentes são, respectivamente: a) o poder reforçador do sabor do sorvete; e, estabelecido o vínculo entre o reforçador 'sabor de sorvete' e o comportamento de ter acesso à geladeira para comer sorvete[80], b) o próprio comportamento de 'ter acesso à geladeira para comer sorvete', o qual, por conseguinte, pode ser utilizado, em uma contingência social familiar, como reforçador de outros comportamentos familiarmente desejáveis, ou seja, metas familiares.

[80] Quando um vínculo desse tipo é estabelecido, diz-se que o comportamento 'ter acesso à geladeira para comer sorvete' se torna um 'reforçador condicionado', porque pode reforçar outros comportamentos pelo fato de ser contingente ao 'reforçador primário', que é o 'sabor do sorvete na boca'.

Capítulo 3
Prescrevendo Normas Jurídicas

3.1 A dinâmica específica do direito como ciência social aplicada

Vimos no capítulo anterior que a noção do direito como ciência social aplicada ao controle do comportamento humano se funda na inserção da contingência jurídica em uma regra prática mais abrangente – a que denominamos regra jurídica –, constituída por meta social, pressupostos sobre regularidades comportamentais empiricamente válidas e contingência jurídica propriamente dita. Essa última correspondente à norma jurídica da teoria do direito tradicional, a qual é socialmente imposta (relação de imputação), sendo-o, entretanto, com base no pressuposto de que o sancionamento positivo ou negativo da conduta descrita na contingência jurídica é uma condição empiricamente válida (relação de causalidade), derivada das regularidades comportamentais estabelecidas na regra prática, para a obtenção da meta social.

Partindo dessa construção sintética da regra prática de controle social da conduta humana, discutimos ainda no capítulo anterior alguns elementos conceituais básicos nela presentes. Resta-nos abordar diretamente agora a questão sobre em que sentido e em que medida a imposição de uma contingência jurídica, por parte das autoridades com delegação da sociedade para tal, desde que fundada em uma regra prática como a discutida acima, pode ser equiparada a uma verificação/falsificação quase-experimental das premissas teóricas sobre o comportamento humano (regularidades comportamentais), em especial, a que vincula a obtenção da meta social à imposição da contingência jurídica. Em outras palavras, devemos discutir agora em que medida podemos considerar o cientista social aplicado ao direito em geral e, em particular, o analista comportamental do direito como um especialista em prescrever e avaliar normas jurídicas, em termos da eficácia das mesmas para a obtenção de metas sociais explícita ou implicitamente colocadas pela sociedade aos órgãos encarregados da produção/aplicação do direito[81].

Um modo de começar a responder a essa questão é comparar a abordagem monista da análise comportamental do direito com a visão dualista representada pela teoria pura do direito, no tocante à definição das características e do papel do cientista do direito em cada uma. Isto porque, no centro da questão proposta, da mesma forma que no centro da ideia kelseniana de uma ciência normativa autônoma do direito, está a figura do cientista do direito e sua relação com os juristas em geral, a partir da qual se irá forjar a contribuição da ciência do direito, seja ela qual for, ao desenvolvimento das relações jurídicas.

A seção seguinte será dedicada, então, ao papel do cientista do direito, do ponto de vista da análise comportamental direito. Nas três seções restantes deste capítulo, iremos abordar outros temas básicos para a dinâmica específica do direito como ciência social aplicada: o da distinção entre conhecimento jurídico e extrajurídico, o da eficácia das regras jurídicas e o do papel do cientista na crítica às metas sociais a serem perseguidas por meio da imposição de contingências sociais normativas.

3.2 O papel do cientista do direito

Enquanto cientista, o analista comportamental do direito não é uma autoridade jurídica, no sentido de que, mesmo quando ambos os papéis são vividos por um mesmo indivíduo, os padrões comportamentais respectivos tendem a ser diferenciados, podendo até ser conflitantes, em razão de as contingências ambientais envolvidas diferirem (Shi, 2001;

[81] Entre as muitas influências do positivismo jurídico crítico incorporadas à perspectiva adotada neste trabalho, se inclui a ideia de que o processo de aplicação do direito pelas autoridades administrativas e judiciais é parte de um contexto geral de produção do direito, que descrevemos como uma rede de interações sociais.

Skinner, 1953, 1957). O exemplo pontual a seguir pode ajudar na compreensão dessa questão.

Em uma entrevista dada a um periódico universitário (Kurtz, 2001), o conhecido analista econômico do direito, juiz Richard Posner, foi questionado sobre o fato de suas decisões como juiz em uma corte de apelação federal norte-americana não seguirem estritamente os seus próprios ensinamentos como cientista adepto da análise econômica do direito. Ao que Posner respondeu argumentando que era totalmente diferente a condição de uma pessoa que está elaborando um texto científico e a da mesma pessoa diante de partes em conflito procurando auxílio do poder judiciário. Em outro contexto, ele já havia abordado o assunto, quando então, utilizando-se da conhecida metáfora wittgensteiniana dos 'jogos de linguagem', afirmara que o jogo da ciência era diferente do da prestação jurisdicional[82] (Posner, 1995, p. 21).

Esse exemplo anedótico é significativo[83] porque confirma a posição da psicologia comportamental, segundo a qual não é a chamada 'personalidade individual' (ego) que governa isoladamente o comportamento humano, inclusive verbal, mas as variáveis ambientais que incidem, no momento presente, sobre o indivíduo, mediadas pela respectiva história comportamental, isto é, aquela relacionada às contingências ambientais vigentes em contextos semelhantes anteriores. Podemos mesmo dizer que a situação vivenciada por Posner, enquanto cientista e juiz, equivale a um 'experimento natural' em que tal posicionamento é submetido a teste. É importante frisar que a declaração do autor norte-americano não foi uma 'justificação', mas uma 'explicação' do fato apontado pelo entrevistador, primeiramente, porque o questionamento a ele dirigido não visava acusá-lo de incoerente, e, em segundo lugar, porque os exemplos apontados eram pontuais e não representativos da maioria dos votos proferidos por Posner, nos casos em que atuou, os quais, em geral, refletem a sua posição doutrinária como analista econômico do direito.

[82] Entre as contingências do trabalho do juiz que se pode citar, há desde a atuação das partes, seus advogados e auxiliares do juízo, passando pela necessidade de alinhar o próprio posicionamento ao dos demais juízes, no caso de órgãos judicantes colegiados, até a possibilidade de reforma da decisão, por parte de uma corte de apelação.

[83] Há muitas situações semelhantes: o árbitro de futebol que se torna comentarista de arbitragem; o jogador que se torna técnico da modalidade esportiva que praticava; o indivíduo ordeiro que participa, junto com uma multidão, de um ato de vandalismo.

Semelhantemente ao caso da teoria da norma jurídica como profecia, de Oliver Wendell Holmes Jr., a perplexidade gerada pela resposta do jurista norte-americano tem origem na influência predominante do mentalismo em nossa cultura. No caso, é particularmente relevante a difundida concepção mentalista segundo a qual por trás do (no sentido de guiando) nosso comportamento existe um 'ego' autônomo, que Ryle (1990) denominou ironicamente 'o fantasma na máquina' (*the ghost in the machine*), o qual, presumidamente, deveria ser coerente consigo mesmo, tornando o comportamento variável do juiz Posner motivo de estranhamento. Para a psicologia comportamental, entretanto, não havendo nenhum 'ego' no comando de nossos comportamentos, mas apenas organismos que se modificam a partir de contingências ambientais de reforço e punição, não há nada de especial no comportamento variável de alguém, ao mesmo tempo, juiz e cientista, em face a situações superficialmente semelhantes, dadas as diferentes contingências que presidem cada uma dessas funções.

Também não há contradição ou incoerência entre a constatação da divergência potencial entre comportamento jurídico-científico e atividade jurídica profissional e a defesa apresentada nesse trabalho de uma abordagem científica do direito. De fato, uma ciência comportamentalista aplicada ao direito atua em relação ao comportamento dos profissionais jurídicos da mesma forma como o conhecimento jurídico-dogmático tradicional influencia a atuação desses profissionais, ou seja, fornecendo estímulos verbais para a solução de problemas jurídicos. Dito de outra forma: em sua atividade profissional, os juristas se valem do conhecimento jurídico disponível, seja científico ou dogmático, para fortalecer neles mesmos determinadas respostas verbais – a fundamentação jurídica e a própria sentença, no caso do juiz –, as quais constituem, ao final, a solução do problema jurídico em questão. Comportamentos como a leitura de textos doutrinários, jurisprudenciais e legais, visando fortalecer determinadas respostas verbais, que, no caso dos profissionais do direito, são a solução para os problemas postos para eles resolverem, são chamado pelos psicólogos comportamentais de comportamentos precorrentes (Baum, 1994; Skinner, 1969), cuja característica definidora é a de permitir uma variação sistemática, não aleatória, do comportamento até a obtenção da solução, ou seja, daquele comportamento específico capaz de, no contexto ou situação-problema, obter o reforçamento desejado.

Embora a discussão acima não seja de modo algum incompatível com a ideia de um cientista do direito normativista, nos moldes kelsenianos, o modo como o pensador vienense concebe a prática do cientista do direito incorre em um duplo erro de perspectiva. De um lado, ao tentar aproximar a figura do cientista do direito contemplativo, tal como concebido pela teoria pura do direito, à do doutrinador jurídico tradicional[84], Kelsen acaba por ter de negar a esse último o papel de influenciar a conformação do direito, o qual não apenas é evidente em todos as culturas jurídicas contemporâneas, como chegou a ser maior ainda em outras etapas do desenvolvimento da tradição jurídica ocidental (Dawson, 1968). Tal negativa tem por fundamento uma concepção estritamente normativa e abstrata da premissa epistemológica segundo a qual à ciência cabe descrever e não construir o seu objeto[85]. Por outro lado, ao conceber a ciência do direito como mera reconstituição lógica, rigorosa e coerente, das normas jurídicas positivas, Kelsen retira, de fato, ao cientista do direito qualquer instrumento teórico de crítica efetiva em relação ao direito positivo, em especial, no que tange à sua eficácia, conceituada por ele de modo limitado, como simples aplicação efetiva do comando normativo, seja pelo destinatário da norma, seja pela autoridade encarregada de aplicar a sanção.

O primeiro erro de perspectiva é só aparentemente um erro de observação, já que ninguém, muito menos Kelsen, desconhece que os teóricos do direito, desde os grandes jusfilósofos como o próprio mestre de Viena, até o comentarista ultraespecializado em uma parte do ordenamento positivo de uma nação como o Brasil, buscam a todo o tempo influenciar as autoridades jurídicas em sua interpretação do direito, participando, assim, da conformação do direito positivo. O ponto mais

[84] Kelsen chega a afirmar que a teoria pura do direito apenas torna explícito o raciocínio implicitamente adotado pelo jurista tradicional.

[85] Nesse passo, Kelsen segue de perto outro famoso pensador austríaco, Karl Popper, o qual, questionado sobre a irrealidade empírica do seu cientista criticador implacável de teorias (Horgan, 1996), respondeu reafirmando o seu ponto de vista, segundo o qual a Epistemologia é uma disciplina normativa e não descritiva (Popper, 2000). Da mesma forma, Kelsen tem plena consciência de que a totalidade dos doutrinadores pretende influenciar a conformação do direito e não apenas descrevê-lo, advertindo, porém, que, ao agir assim, os juristas abdicam de seu papel legítimo como cientistas, em prol de uma atuação 'política', para a qual não têm delegação por parte da sociedade.

interessante, portanto, não é apontar esse suposto erro de observação, perante o qual, como o fizeram Popper e o próprio Kelsen, basta responder que, para o epistemólogo, não se trata de descrever a ciência do direito ou qualquer outra, mas estabelecer normas que garantam a sua cientificidade, o que remete a questão para um debate conceitual sobre a distinção entre epistemologia e metodologia científica (Dutra, 2003b).

Mais interessante é observar que existe uma clara simetria entre o doutrinador jurídico real e o tecnólogo do direito, ou seja, o cientista social aplicado ao direito; tendo em vista que, tanto o primeiro, com base nos conhecimentos fornecidos pelas disciplinas jurídicas tradicionais, quanto o segundo, com base nos conhecimentos científicos fornecidos, por exemplo, pela análise comportamental do direito, buscam influenciar o criador/aplicador das normas de direito positivo. Ou seja, em termos de contribuição para a construção do direito positivo, ambos cumprem uma mesma função, diferindo apenas no tipo de conhecimento utilizado, em um caso, científico, em outro caso, jurídico-dogmático[86].

Em sendo assim, por que então a visão normativista kelseniana precisa tratar o doutrinador tradicional - que é uma realidade, ao contrário do cientista do direito contemplativo imaginado por Kelsen - como um misto de transgressor da ética científica e usurpador da função política de criador/aplicador do direito? Por que, por outro lado, é tão natural para a visão representada pela análise comportamental do direito conceber a figura do tecnólogo do direito, o qual qualquer um pode observar em ação, nos debates legislativos e nos comentários sobre a contribuição, boa ou má, das normas jurídicas para a obtenção de metas sociais, como a estabilidade fiscal, a probidade dos administradores públicos, a representatividade dos órgãos legislativos, o combate à criminalidade, entre tantas outras?

A resposta, ou grande parte dela, está no fato de que a visão dualista, ao conceber uma ciência jurídica normativa despida de base factual

[86] Até que ponto os tecnólogos do direito e os doutrinadores tradicionais colaboram ou competem entre si é uma questão empírica. Um bom exemplo de como tais relações podem ser conflituosas é o relacionamento entre consultores jurídicos e economistas, nos órgãos de consultoria interna dos ministérios brasileiros, a julgar pela experiência pessoal do autor no Ministério da Economia.

outra senão os próprios textos legais[87], fica impossibilitada de fundamentar sua própria cientificidade em algo mais do que uma reconstituição lógica das mesmas normas jurídicas positivas, organizadas sob a forma de um sistema formal, mais ou menos dedutivo, que carece do requisito fundamental de uma verdadeira ciência, qual seja, a possibilidade de verificação/falsificação independente e controlada de pelo menos parte de suas premissas.

Ora, entre as várias e importantíssimas consequências dessa limitação da proposta de uma teoria pura do direito[88] está a circunstância de que, na falta de um critério de crítica independente, como a validação empírica das verdadeiras ciências, o cientista normativo do direito kelseniano fica à mercê, para a decisão das controvérsias teóricas de sua ciência, da manifestação de alguma autoridade, a qual tanto pode ser aquela mesma encarregada de criar/aplicar o direito, quanto a fonte doutrinária original, ou seja, a obra do fundador da doutrina, no caso da teoria pura do direito, o próprio Kelsen[89]. Esta, ao nosso ver, a principal razão por que nunca houve um cientista puro do direito, com exceção do criador da teoria pura do direito e uns poucos discípulos qualificados.

Por outro lado, em relação aos processos de criação e aplicação do direito, o cientista do direito kelseniano fica adstrito a definir, em um ordenamento jurídico concreto, o que é ou não direito, já que essa é

[87] Kelsen, na verdade, tenta fazer dos costumes uma fonte 'positiva' do direito, distinta das fontes escritas. Porém, na prática, só há duas formas básicas de os costumes adentrarem formalmente o mundo do direito: por meio de assentamentos, como no antigo direito comercial brasileiro; por intermédio de precedentes judiciais que atestem a validade destes. Fora disso, os costumes são padrões comportamentais coletivos, mas não fontes formais do direito positivo.

[88] Desenvolver esse tema para além da doutrina kelseniana nos levaria muito longe no debate sobre o estatuto epistemológico do conhecimento jurídico dogmático, o que não é o nosso objeto. Razão pela qual, mantivemo-nos adstritos ao ponto que interessa à presente discussão.

[89] A questão não é reconhecer a autoridade de certos expoentes de uma determinada disciplina. A questão é qual a fonte dessa autoridade, em outras palavras, que tipos de contingências de reforço e punição estão no governo dessa autoridade intelectual. No caso da autoridade científica, parte dessas contingências têm de estar ligadas à realização de verificações empíricas independentes e a toda uma rede de relações que incluem, fora do âmbito científico propriamente dito, as aplicações tecnológicas bem-sucedidas que foram desenvolvidas com base nos conhecimentos professados pelo conjunto de autoridades científicas de uma determinada disciplina ou área de especialização.

a única tarefa que sua ciência lhe capacita a realizar (Kelsen, 1986). Ora, essa é igualmente a tarefa da autoridade jurídica, com a diferença de que, o cientista só pode falar em tese e retrospectivamente, sem poder se manifestar conclusivamente, por exemplo, em relação a um caso *sub judice*, porquanto, no limite, o que vai ou não ser juridicamente válido em relação ao caso em questão irá depender tão somente da vontade, isto é, do comportamento manifesto, da autoridade perante o qual este foi submetido (Kelsen, 1991).

Pois bem, admitindo-se que nem todos os estudiosos do direito tornar-se-ão cientistas puros, mas alguns continuarão a ser doutrinadores tradicionais, interessados não só em descrever logicamente, mas em influenciar a formação do direito positivo, pergunta-se: de que modo o cientista do direito kelseniano se situa perante esse doutrinador tradicional? Não é difícil perceber que, perante este último, só resta ao cientista do direito normativista negar-lhe qualquer papel legítimo no processo de formação do direito, porquanto, autoridade o doutrinador não tem, já que o ordenamento jurídico não lhe deu competência para criar direito; legitimidade científica também não, já que não cabe ao cientista dizer o que o direito deve ser, mas qual o dever-ser do direito, ou seja, quais são, dentre os enunciados normativos subjetivos[90] apresentados a ele, os que compõem um dado ordenamento jurídico objetivo, enquanto normas válidas, existentes, obrigatórias. Portanto, não é que o doutrinador tradicional não exista para o cientista normativista do direito, já que é evidente que ele existe. A questão é que ele não deveria existir.

Como pelo menos dois comentaristas simpáticos à teoria pura do direito observaram (Losano, 1998; Coelho, 1995), a dupla negação da realidade, representada, de um lado, pela figura nunca observada do cientista puro do direito e, de outro, pelo banimento tácito do doutrinador tradicional que busca com sua doutrina influenciar a formação do direito, atesta o fato de que, a despeito do brilhante caminho percorrido, a teoria de Kelsen leva a um beco sem saída.

[90] No sistema de Kelsen, enunciados normativos subjetivos são regras pressupostas como válidas por um indivíduo ou grupo de indivíduos, sem que uma autoridade com competência delegada pelo ordenamento jurídico as tenha confirmado como pertencentes ao mesmo ordenamento. Um exemplo seria uma petição inicial protocolada em uma vara judicial, antes de o juiz conceder o pedido nela contido.

O que dizer, então, da análise comportamental do direito? Que perspectiva ela tem para o doutrinador tradicional e sua relação com o cientista social aplicado em geral e o analista comportamental do direito, em particular?

Como dissemos anteriormente, o cientista do direito é parte integrante da visão da análise comportamental do direito com relação à própria contribuição desta para a conformação do ordenamento jurídico positivo. Foi dito também que a função do cientista do direito[91] e a do doutrinador tradicional são idênticas, diferindo quanto ao tipo de conhecimento especializado que usam para buscar influenciar a criação e aplicação do direito positivo. Não obstante, no caso da análise comportamental do direito, de modo semelhante a outras propostas de abordagem científico-natural do direito[92], há uma particularidade que merece ser destacada e que servirá de introdução à discussão seguinte sobre uma maneira alternativa de conceituar a eficácia do direito que difere daquela esposada por Kelsen e pela maioria dos teóricos do direito tradicionais, e, mais adiante, para uma breve menção à questão do papel da ciência do comportamento humano na discussão crítica das metas sociais incluídas nas regras práticas que dão fundamento ao direito positivo. Vamos por partes.

3.3 Conhecimento jurídico e extrajurídico

É comumente aceito que, independentemente de a doutrina jurídica tradicional poder ou não ser transformada em ciência normativa do direito autônoma, como pretende Kelsen, existe um domínio de conhecimento técnico do qual o doutrinador ou jurista tradicional é o detentor. Em outras palavras, poder-se-ia dizer, segundo essa visão mais ou menos

[91] Cabe lembrar que, exceto pela expressão não usual 'cientista do direito', tal figura nada tem de hipotética, sendo bem representada pelos diversos tipos de consultores técnicos e científicos que hoje gravitam em torno dos legisladores, juízes e administradores públicos, aconselhando-os nas mais diversas matérias e, eventualmente, criticando publicamente as iniciativas dessas autoridades, com base nas supostas consequências para o bem-estar da sociedade, no âmbito das respectivas competências técnicas e científicas.

[92] Podemos citar, entre outras, a análise econômica do direito (Katz, 1998), a jurisprudência sociológica (Black, 1989), a teoria sociojurídica realista (Tamanaha, 1999), os estudos jurídicos críticos (Kelman, 1987) e a corrente denominada direito e biologia evolutiva (Frolik, L. A. (Ed.), 1999).

generalizada entre os juristas, que o doutrinador tradicional é, na realidade, um conhecedor do direito, na especialidade que lhe é própria, a qual tem vários nomes, mas que podemos denominar genericamente de dogmática jurídica, incluindo desde disciplinas gerais como a hermenêutica jurídica, até aquelas particulares aos vários ramos do direito positivo, como o direito penal, o direito administrativo, e assim por diante.

Relativamente a esse aspecto, a posição da análise comportamental do direito é francamente concordante, até porque o conhecimento teórico ou declarativo (Baum, 1994), do ponto de vista da psicologia comportamental, é uma forma de comportamento em comunidade[93], no caso, uma comunidade verbal (Skinner, 1957), portanto, não poderia haver conhecimento jurídico dogmático, se não houvesse uma comunidade verbal de especialistas nesse tipo de conhecimento.

O que não impede, entretanto, que a análise comportamental do direito, assim como outras propostas de abordagem científico-natural do direito, venha a influir nesse conhecimento técnico especializado do jurista, com base na crítica dos pressupostos factuais aceitos no seu interior, especialmente no que tange à natureza da relação entre a contingência jurídica e o comportamento, seja do criador ou aplicador do direito, seja do indivíduo ou grupo de indivíduos cuja conduta é descrita na contingência em tela, como pressuposto da sanção positiva ou negativa nela prevista[94].

Em relação a certos aspectos, mais específicos do contexto operacional do direito, a relação causal entre contingência jurídica e meta social, ou mesmo entre sanção e conduta, no interior da própria contingência jurídica, pode ser discutida nos limites do conhecimento técnico especializado do jurista tradicional; ao passo que, em relação aos aspectos não estritamente operacionais, faz-se necessária a remissão aos conhe-

[93] O comportamento em comunidade é, segundo o ponto de vista adotado neste trabalho, a regra, em se tratando de seres humanos vivendo em condições naturais, sendo a expressão sinônima do que estamos chamando 'padrão comportamental coletivo'.

[94] Uma visão crítica dos pressupostos factuais inerentes aos conhecimentos jurídico-dogmáticos é parte do conhecimento não formalizado de qualquer jurista profissional, o que, dado o alheamento desse profissional dos conhecimentos científicos necessários para avaliar criticamente tais vivências, leva a uma espécie de descrédito no direito característico, o qual circula sob as mais variadas formas, sendo as piadas sobre advogados, juízes e promotores as mais divertidas e, frequentemente, também as mais ácidas.

cimentos de disciplinas científicas, como a própria análise comportamental do direito, o que é representado na teoria geral do direito pela distinção entre ponto de vista interno ou formal e ponto de vista externo ou material de análise do direito, cabendo ao jurista a análise de um ponto de vista interno ou formal[95] e ao cientista social, filósofo ou quem mais detenha o conhecimento necessário, discutir o direito de um ponto de vista externo ou material, inclusive no que tange às relações causais pressupostas pelas regras jurídicas. Nesse sentido, a distinção entre conhecimento jurídico e extrajurídico reflete as contingências da divisão do conhecimento que acompanham a divisão social do trabalho.

Essa mesma distinção entre conhecimento jurídico e extrajurídico, entretanto, serve também a uma concepção crescente entre os juristas de que o direito, ou parte dele, não deve ser submetido a um julgamento extrajurídico, no sentido da verdade ou falsidade de suas premissas factuais, explícitas ou implícitas. Em outras palavras, para essa concepção, o fundamento do direito positivo não seria, como discutimos acima, a sua pertinência causal para a obtenção das metas sociais respectivas, mas sim derivaria logicamente de normas jurídicas hierarquicamente arranjadas, situando-se no topo dessa hierarquia um conjunto de preceitos obrigatórios, muitas vezes chamados de princípios, que podem ou não estar escritos na Constituição do país, sendo variada e difusa a origem atribuída a tais princípios, indo desde o legislador constituinte originário, passando pela consciência política liberal, até os valores comunitários e abstrações do gênero[96].

Para os juristas adeptos da concepção acima, assim como os conhecimentos jurídico-dogmáticos, os princípios supremos também seriam, supostamente, parte do conhecimento técnico especializado dos juristas, o que, ao colocar esses profissionais no topo da hierarquia social (Posner, 1999), aproxima sintomaticamente tal concepção de uma

[95] Um exemplo ilustrativo seria o da escolha entre duas interpretações conflitantes de uma norma jurídica, a primeira baseada na expressão literal (interpretação gramatical) e a segunda na localização da norma no texto legal (interpretação topológica). Outro seria o da decisão quanto a um caso de conflito de competência entre dois juízes.

[96] Essa abordagem difere da teoria pura do direito, tendo em vista que, para esta última, não há necessariamente qualquer subordinação lógico-semântica entre as regras jurídicas hierarquicamente superiores e as demais, mas tão somente uma delegação de competências jurídicas entre diferentes autoridades criadoras e aplicadoras do direito (Kelsen, 1990).

ideologia corporativista, embora devamos admitir que o mero fato de um determinado grupo ser prestigiado por uma teoria não significa necessariamente que esta não seja empiricamente válida. Novamente, o problema é que, tanto quanto ou mais até que a teoria pura do direito kelseniana, essa concepção do direito fundamentado logicamente por princípios cujo conhecimento nos é dado pelos juristas não foi capaz até hoje de oferecer quaisquer meios de verificação ou falsificação minimamente independentes quanto ao conteúdo desses princípios, não sendo de estranhar que os proponentes das diversas variantes dessa concepção apelem para entidades etéreas como o 'juiz Hércules', 'nós, o Povo', 'a Constituição Originária ou tal como concebida pelos Pais Fundadores' e outras semelhantes, diante das quais só resta ao jurista adepto de alguma dessas correntes duas opções: aferrar-se à opinião de seu filósofo do direito predileto, tal como apareceu na última obra publicada; ou esperar ansiosamente pela resposta que o mesmo dará à crítica arrasadora de seu opositor costumeiro, também filósofo do direito, que certamente constará do próximo volume a ser publicado.

Ironias à parte, a questão é tão antiga quanto à reflexão sobre os fundamentos racionais do direito, que tem no livro *A República*, de Platão, uma referência para os cultores da filosofia política. Como apontaram autores como Posner (1999), essa concepção, que nega ao conhecimento extrajurídico legitimidade para criticar os fundamentos do direito, principalmente, no caso das disciplinas científicas, os fundamentos factuais, vai de encontro à tendência universal do conhecimento, no sentido da sua especialização, em conformidade com a progressiva divisão social do trabalho.

Na direção diametralmente oposta a essa concepção autonomista e anticientífica do conhecimento jurídico, a pretensão da análise comportamental do direito, em comum com outras propostas de abordagens científico-naturais, é possibilitar ao jurista livrar-se da sua crescente dependência dos autores de doutrinas meramente discursivas sobre o direito – sem desprezá-las de todo, claro, mas reconhecendo francamente a esterilidade abstrata que as caracteriza em última instância –, para convidá-lo a somar esforços com as ciências sociais, em particular, no caso da abordagem defendida neste livro, a ciência do comportamento humano, em sua versão multidisciplinar atual.

O método específico que estamos propondo neste trabalho, como um dos fundamentos para a análise comportamental do direito, é o dos quase-experimentos em âmbito social, que se operacionaliza concebendo-se as contingências jurídicas como sendo a parte prescritiva de regras práticas de controle social do comportamento humano, que incluem ainda metas sociais e pressupostos sobre regularidades comportamentais empiricamente válidas, sendo que a hipótese a ser verificada em cada um desses quase-experimentos é a própria relação causal entre a imposição da contingência jurídica e a obtenção da meta social. Essa relação de causalidade hipotética constitui o foco da maneira alternativa de se conceituar a eficácia do direito a qual discutiremos em seguida, antes de passar à última seção deste capítulo, que irá tratar da contribuição da análise comportamental do direito para a crítica das metas sociais vinculadas às diversas contingências jurídicas, retomando em parte a questão do fundamento direito que acabamos de discutir.

3.4 Eficácia das regras jurídicas

O termo eficácia de uma regra jurídica tem dois significados em português. O primeiro é jurídico-dogmático e se refere à capacidade de uma norma vigente produzir efeitos no mundo jurídico. Em geral, as normas são eficazes juridicamente desde que vigentes, mas há casos em que uma norma em vigor carece de outro requisito além da própria vigência, para que possa produzir efeitos. Um exemplo, baseado no direito tributário brasileiro, seria o de uma lei que aumentasse as alíquotas do imposto de renda, com vigência, digamos, em 31 de julho de um ano qualquer. Os efeitos jurídicos dessa lei, no entanto, só atingiriam, por força do chamado princípio da anterioridade da lei tributária, os fatos geradores ocorridos a partir de 1º de janeiro do ano seguinte.

O segundo sentido da expressão eficácia de uma regra jurídica tem origem na filosofia do direito (Reale, 1996) e se refere à aplicação efetiva de uma regra jurídica, seja mediante a observância do comando legal por parte do delinquente potencial, seja pela aplicação da sanção respectiva por parte da autoridade aos que descumprem o mandamento da lei (Kelsen, 1991; Aguiar, 2020). A presente discussão diz respeito apenas ao segundo sentido, não dogmático, da noção de eficácia de uma norma jurídica.

Cabe observar, de início, que o conceito de eficácia como aplicação da regra jurídica aparenta ser um conceito empírico, mas, na realidade, é uma noção intuitiva a qual, ao primeiro questionamento mais direto, mostra-se demasiado imprecisa para qualquer uso científico. Primeiramente, em relação ao agente, cabe questionar: em que sentido se pode dizer, por exemplo, que todos os indivíduos que não cometem homicídio fazem-no por força da aplicação da regra penal que pune tal comportamento? Por outro lado, o indivíduo que apaga os vestígios de seu crime está ou não aplicando a regra penal respectiva? Por essas poucas questões, já se vê que a noção de eficácia como aplicação da norma jurídica não descreve adequadamente o efeito da regra sobre o comportamento do agente, porquanto, o que parece ser o seu conteúdo – o não cometimento de homicídio, no caso da regra que penaliza essa conduta – na verdade, não é descrito pela noção de aplicação; e o que parece ser o oposto do seu conteúdo – o ato do criminoso que apaga os vestígios de seu crime –, paradoxalmente, está bem mais próximo do que a expressão aplicar significa. Em relação à autoridade administrativa ou judicial, por outro lado, em casos como a imposição de uma sanção penal a um réu, não há qualquer critério independente válido, exceto o próprio ato judicial praticado[97], para se saber se, naquele caso específico, a regra foi ou não eficaz, ou seja, foi ou não aplicada pelo juiz[98]. O que se quer dizer então, quando se fala na eficácia das regras jurídicas?

Nosso propósito atual não é fazer uma análise histórico-crítica dessa noção nas diversas doutrinas do direito, mas suspeitamos que, se tal análise fosse feita, chegaria a um resultado próximo da abordagem que esta-

[97] Kelsen (1991) já alertava para o fato de que a expressão 'aplicar uma norma jurídica' não designa um ato psicológico – ou seja, um comportamento –, mas um juízo normativo, por meio do qual se afirma a coincidência entre o comando abstrato da regra e o comando concreto da decisão judicial. Da mesma forma, Skinner, em seu estudo clássico sobre o comportamento verbal (Skinner, 1957), critica uso de metáforas instrumentais – que assimilam os vocábulos a ferramentas, por exemplo –, para designar o papel das palavras no comportamento verbal; metáforas essas que estão na origem da expressão 'aplicar uma regra jurídica', a qual designa de forma totalmente imprópria um pressuposto controle sobre o comportamento decisório do juiz por parte de enunciados normativos verbais, como as leis, decretos e precedentes judiciais.

[98] Questões como essa levaram o sociólogo norte-americano Donald Black a criar uma definição operacional de direito, a fim de fundamentar empiricamente a sua jurisprudência sociológica (Black, 1976).

mos propondo, na perspectiva da análise comportamental do direito, qual seja a de equiparar o que a doutrina tradicional, inclusive a de Kelsen, denomina normas jurídicas a contingências jurídicas impostas a determinadas condutas visando à obtenção de metas sociais, no pressuposto da validade empírica de regularidades comportamentais pertinentes à conduta e à meta social em questão. Nesse sentido, podemos redefinir o conceito de eficácia de uma norma jurídica, não mais como a sua efetiva aplicação, o que é, como vimos, algo praticamente impossível de avaliar, mas como a relação causal entre a imposição de uma contingência social normativa e a obtenção da meta social vinculada a esta, implícita ou explicitamente.

É claro que, se uma determinada contingência jurídica foi considerada como necessária à obtenção de uma meta social e, após algum tempo de instituição dos respectivos meios jurídicos de imposição da contingência em questão, a meta não foi atingida, caberá aos investigadores chamados a pesquisar o tema determinar se houve e porque houve deficiência na execução da contingência; por exemplo, se casos que se previa que seriam punidos não o foram, em razão da interpretação dada à regra pelos juízes; ou se os indivíduos potencialmente destinatários da regra adotaram estratégias não previstas que solaparam a eficácia causal esperada; e outras questões do gênero. O importante é que, nessa perspectiva, uma contingência jurídica imposta por intermédio do aparato jurídico deixa de ser um ato isolado e passa a ser uma intervenção social vinculada ao cumprimento de um objetivo, fundada na validade pressuposta de conhecimentos, científicos preferencialmente, relativos às regularidades comportamentais pertinentes.

Por outro lado, mesmo em sociedades pouco dinâmicas, dotadas de um ordenamento jurídico que se modificasse apenas muito lentamente, em que não houvesse quase nenhuma intervenção ativa dos cidadãos reivindicando dos poderes constituídos soluções para seus problemas e aos quais as autoridades não respondessem com a adoção de medidas implantadas com a utilização do aparato jurídico, haveria utilidade para o enfoque que estamos propondo, tendo em vista que, diante de metas sociais propostas a este tipo de sociedade – por exemplo, atingir um determinado patamar de igualdade entre os gêneros ou de eficiência na solução de conflitos étnicos, enfim, quaisquer resultados diferentes dos usualmente obtidos pela sociedade em questão –, as normas em vigor deveriam ser levadas em conta, como parte do contexto a ser transformado, dando início ao ciclo de proposição, avaliação e modificação das contingências jurídicas, característico da visão aqui apresentada.

Entretanto, é certo também que a descrição acima não corresponde às sociedades existentes atualmente. Nas sociedades modernas, o processo de criação do direito, de fato, se assemelha a um contínuo experimentar de soluções para o cumprimento de metas sociais, em grande medida por intermédio do aparato jurídico (Luhmann, 1985), incluídas não só a edição de leis e atos normativos assemelhados, como a perseguição e imposição de penas, adoção de controles administrativos, realização de gastos governamentais financiados pelos cidadãos e assim por diante. Mesmo aquelas iniciativas ditas desregulamentadoras podem ser consideradas formas de intervenção social quase-experimentais, na medida em que visam alterar as contingências jurídicas atuantes sobre determinadas áreas da vida social, através da retirada ou diminuição de controles estatais, substituindo-os, por exemplo, por outras contingências livremente pactuadas[99].

É preciso esclarecer ainda que o fato de não haver uma contingência juridicamente imposta, atuando sobre uma determinada área da vida social, não significa que não seja possível uma análise dos padrões comportamentais presentes nesse contexto social, inclusive contingências sociais não jurídicas do tipo, por exemplo, daquelas impostas por organizações mafiosas, sistemas normativos costumeiros e tantas outras estudadas por psicólogos sociais, sociólogos, antropólogos, economistas e historiadores (Fiorentini; Feltzman, 1997; Ellickson, 1991).

A análise comportamental do direito é uma proposta de aplicação dos conceitos, princípios e estratégias de pesquisa da ciência do comportamento humano ao estudo do direito, valendo-se, nesse sentido, de contribuições oriundas de várias disciplinas aplicadas semelhantes, especialmente as que mais diretamente tratam dos processos de controle e contracontrole social do comportamento humano com base na imposição de contingências sociais, jurídicas ou não. Indo adiante no tema,

[99] Conforme observa Epstein (2003), mesmo os contextos em que predominam as contingências jurídicas livremente pactuadas (contratos) dependem de contingências jurídicas mais gerais, como a garantia da integridade física por meio do direito penal, a execução forçada em caso de inadimplemento, etc., cuja eficácia é atestada pelo ambiente favorável ou desfavorável aos pactos civis.

podemos encarar agora o problema da relação entre a contingência jurídica e a meta social respectiva.

Como foi mencionado anteriormente, a partir da estrutura lógica de um típico experimento de laboratório, planejado com base nos princípios da ciência do comportamento humano, extensível no fundamental para os quase-experimentos adaptados aos estudos de campo, pode-se afirmar que a manipulação da variável independente nesses experimentos, ou melhor, quase-experimentos corresponde à apresentação do estímulo reforçador ou punidor pelo experimentador social[100], ou seja, a imposição da contingência jurídica, enquanto a variável dependente a ser acompanhada (medida) durante o quase-experimento é a alteração comportamental que se espera obter, com base em pressupostos sobre as regularidades comportamentais pertinentes, cujo teste é objeto da quase-experimentação em questão. Ou seja, no caso dos quase-experimentos de imposição de contingências jurídicas, a variável dependente é o cumprimento da meta social, ou ainda, a eficácia da regra jurídica, tal como definida anteriormente por nós.

Se, voltando ao exemplo da contingência social familiar anteriormente discutido – *Só pode pegar o pote de sorvete na geladeira para comê-lo, após concluir a tarefa escolar.* –, interpretarmos a imposição dela como um quase-experimento, considerando, por sua vez, a meta familiar – *Aumentar a frequência da conclusão da tarefa escolar.* – como o resultado previsto na hipótese construída pelo experimentador familiar[101], vale repetir o que foi dito, no sentido de que: a) a variável dependente é a meta familiar; b) a variável independente é a própria contingência social familiar; c) a hipótese é a relação causal entre a imposição da contingência familiar e a obtenção da meta familiar[102].

Note-se que para que a hipótese seja corroborada, não é necessário que cada instância do comportamento de concluir a tarefa escolar tenha sido realizada 'a fim de que' o estudante tivesse acesso ao sorvete existente na geladeira, nem mesmo que ele tenha de fato sido reforçado por sorvete em todos os casos. Basta que, após a imposição da contingência

[100] O experimentador social é a pessoa ou órgão que tem autoridade para a imposição da contingência jurídica e que o faz de acordo, preferencialmente, com a perspectiva da análise comportamental do direito ou outra proposta de fundamentação científico-natural do direito.

[101] Por analogia como o experimentador social.

[102] Em outras palavras, confirmar a hipótese é o mesmo que comprovar a eficácia da regra.

e por causa dessa imposição, a frequência do comportamento de concluir a tarefa escolar tenha aumentado em relação ao período anterior.

A mensuração da primeira condição é relativamente fácil, bastando-se medir a frequência do comportamento em questão antes e depois da imposição da contingência social. Já a condição de que o eventual aumento da frequência do comportamento tenha ocorrido 'por causa' da imposição da contingência demanda, normalmente, um procedimento planejado de controle, preferencialmente, a retirada da contingência e a realização de nova medição, sendo esperada uma redução no comportamento descrito na regra, aos níveis de antes da imposição da contingência[103].

No caso dos quase-experimentos sociais, tal procedimento não é, muitas vezes, recomendável, embora possa sê-lo em alguns contextos (experiências-piloto, por exemplo). Por isso é que são denominados quase-experimentos. O mais comum, nesses casos, é se utilizar experiências históricas idênticas ou semelhantes, em outras regiões ou épocas, em que uma dada contingência social tenha sido imposta e depois retirada, para se estabelecer uma base mínima de controle (Campbell, 1969; Kunkel, 1985, 1986). Um exemplo na área penal poderia ser a oscilação da legislação relativa à pena de morte, nos Estados Unidos da América.

Mesmo em se tratando da imposição de contingências sociais no bojo de quase-experimentos sociais planejados, há muitos desafios metodológicos a superar, para se obter uma avaliação correta da relação de causalidade entre a variável independente e a variável dependente (Cook; Campbell, 1979). Vale frisar também que os vários recursos metodológicos, desde o desenho dos quase-experimentos até as técnicas de mensuração estatística, não são neutros em relação ao modelo teórico utilizado e ao tipo de experimentação social sob análise. No caso da análise comportamental do direito, destacam-se, sob esse prisma, de um lado, o modelo teórico da ciência do comportamento humano, individual e social, e, de outro, o fato de as contingências sociais basearem-se na imposição de reforçadores e punidores contingentes a condutas, comissivas e omissivas, socialmente desejáveis; fatores esses que devem comandar

[103] Na psicologia comportamental, tal procedimento de controle é chamado de 'extinção'.

a escolha do desenho e das técnicas de pesquisa quase-experimental a serem adotadas (Pierce, 1991).

Outro aspecto importante é o da triangularidade da contingência social. Ao contrário dos experimentos de laboratório, nos quase-experimentos de imposição de contingências sociais, o indivíduo encarregado de garantir a efetiva implementação da contingência – por exemplo, o familiar encarregado de liberar o acesso ao sorvete na geladeira somente após a conclusão da tarefa escolar – costuma não ser o mesmo diretamente interessado na obtenção da meta social[104]. O que gera a necessidade de atuar sobre o comportamento dessa terceira pessoa ou grupo de pessoas, geralmente, por intermédio da imposição de outra contingência social direcionada à meta social secundária – *Garantir que o encarregado de impor a contingência social efetivamente o faça.* –, cuja meta social primária é a mesma que, por hipótese, depende da implantação da contingência social inicial. Usando nosso exemplo familiar, podemos supor que os interessados diretos no aumento da frequência de conclusão das tarefas escolares são os pais do estudante, os quais ficam ausentes o dia todo, dependendo da atuação da filha mais velha para efetivar a contingência familiar.

Claro que, no exemplo da contingência familiar, o estudante é o beneficiário, em última instância, do aumento da frequência da conclusão das tarefas, supondo-se verdadeira a relação causal entre tal resultado e a melhoria da performance escolar[105]. Porém, tal contingência remota – entre a conclusão da tarefa e o bom desempenho escolar – não é aparentemente suficiente para manter uma frequência adequada de exercícios extraclasse por parte do estudante, motivo pelo qual os pais impõem a contingência social familiar para reforçar a conclusão das tarefas. Esse tipo de contexto, em que uma contingência remota e relativamente ineficaz assume o controle de um comportamento em razão de outra contingência mais próxima e eficaz socialmente imposta, é característico do

[104] Isso é especialmente complexo, quando o interessado, na verdade, é o grupo social e não qualquer indivíduo em particular, com o agravante comum de se tratar de um interesse de longo prazo (Baum, 1994; Baden; Noonan, 1998).

[105] Essa relação entre a meta social imediata e as outras metas mais gerais a que ela se direciona deverá fazer parte do modelo de regularidades comportamentais que compõe a regra prática em questão.

que os psicólogos comportamentais chamam de comportamento governado por regras (Mallot, 1989; Baum, 1994).

Skinner (1953) denomina as terceiras pessoas ou grupos de terceiras pessoas encarregadas de formular e impor as regras de controle social do comportamento de 'agências controladoras', destacando, entre essas, o governo, a religião, a psicoterapia, as organizações econômicas e as educativas. O elemento caracterizador dessas agências é o controle relativamente centralizado e exclusivo de determinados reforçadores, como a sanção social coercitiva, no caso do governo, e o dinheiro, no caso das organizações econômicas. O controle exercido por essas agências gera um complexo de comportamentos reversos por parte dos controlados, aos quais Skinner chama englobadamente de 'contracontrole'. As relações entre os indivíduos participantes das agências controladoras e as contingências coletivas que comandam a imposição dos controles sociais operacionalizados por eles – que podem ser assimiladas a contingências sociais de reforço e punição, isto é, contingências de reforço e punição que atuam sobre cada indivíduo, mas dependem do comportamento coletivo para se manifestarem – são o objeto de um importante programa de pesquisa da ciência política que gira em torno dos conceitos de 'agente' e 'principal' e se ocupa basicamente do chamado 'problema da agência' (Shepsle; Bonchek, 1997; Aguiar; Oitaven, 2017).

Apesar desses complicadores, alguns dos quais voltaremos a discutir no presente trabalho, deve ter ficado razoavelmente claro que a estratégia metodológica proposta por nós como o primeiro fundamento para a análise comportamental do direito consiste em: a) inserir as contingências jurídicas em regras práticas de controle social do comportamento humano, cuja estrutura foi amplamente discutida no capítulo anterior; b) equiparar as iniciativas de imposição de contingências jurídicas a quase-experimentos de controle social do comportamento humano, definindo, deste modo, o papel do cientista do direito e a relação entre conhecimento técnico-jurídico e extrajurídico; c) redefinir o conceito de eficácia das regras jurídicas como sendo o cumprimento das metas sociais correspondentes ou, na linguagem dos quase-experimentos, a comprovação da hipótese vinculada ao comportamento da variável dependente.

3.5 Análise comportamental e metas sociais

O último tema deste capítulo diz respeito à questão da contribuição da análise comportamental do direito para a crítica das metas sociais vinculadas às diversas regras jurídicas. Como ponto de partida, cabe admitir francamente que, como ocorre com a grande maioria das concepções naturalistas nas ciências sociais, a abordagem comportamental não se propõe a definir cientificamente os valores últimos sob os quais caberia aos seres humanos balizar suas vidas em sociedade (Skinner, 1953).

O mais próximo de uma definição abrangente de meta social última a que o mais influente psicólogo comportamental – o norte-americano B. F. Skinner – chegou foi a uma sociedade utópica (Skinner, 1948), com a qual ele buscou demonstrar, de maneira didático-ilustrativa, como os princípios já bem estabelecidos da ciência do comportamento humano poderiam ser utilizados no governo[106] de uma comunidade, sem, entretanto, aprofundar-se no questionamento sobre a desejabilidade ou bondade intrínseca das metas sociais perseguidas e obtidas por tal comunidade, tais como, igualdade social total, ausência de conflitos violentos, ausência de competição, entre outras.

Qualquer que seja o mérito filosófico da utopia skinneriana, enquanto defesa de certos valores últimos em detrimento de outros, ela não se distingue em nada das demais utopias imaginadas pelos filósofos, ao longo da história da filosofia política ocidental[107], exceto nos fundamentos teóricos com que Skinner busca demonstrar a possibilidade prática da organização social idealizada por ele.

Vale notar, entretanto, para começar a introduzir o nosso ponto de vista, que uma das peças de resistência dessa e de outras obras de Skinner, isto é, a crítica intransigente à punição como modo válido de se obter metas sociais, por meio da imposição do que estamos chamando de contingências sociais, não está fundamentada em argumentos éticos propriamente ditos, mas na avaliação – por sinal, muito criticada por outros psicólogos comportamentais (Staddon, 1993; Catania, 1998) – de

[106] Na verdade, autogoverno, pois se trata de uma comunidade sem governo formal instituído, ao estilo democrático-radical rousseauniano.

[107] Descontado o linguajar agressivo, não seria impróprio atribuir à comunidade utópica skinneriana a mesma natureza de 'cidade de porcos' daquela imaginada por Platão em *A República* (Platão, 1996, 372d, p. 79).

que a punição é ineficaz no controle do comportamento, ao contrário do reforçamento positivo, não apenas pelos efeitos colaterais produzidos, isto é, as reações emocionais dos atingidos pela punição, quanto pela manutenção do comportamento punido no repertório do indivíduo atuante, o qual, portanto, retornará aos níveis anteriores aos de antes da apresentação do estímulo punitivo, tão logo a contingência punitiva seja descontinuada (SIDMAN, 1989).

Não nos interessa no momento, discutir as virtudes e os defeitos desse posicionamento, em termos do seu fundamento teórico. O ponto é que a argumentação utilizada para tratar de um tema tido como essencialmente ético[108] – o da validade da punição como meio de se obter metas sociais por intermédio do direito – se vale de uma conexão causal entre a conduta que se quer manter em níveis de ocorrência mínimos ou ótimos, ou seja, a meta social imediata, e a eficácia do método punitivo para a obtenção desse resultado. Destarte, mantidos esses parâmetros técnicos, questões relativas aos meios de obtenção das metas sociais podem ser solucionadas independentemente da desejabilidade ou não dos mesmos por quaisquer outras razões, já que um meio ineficaz, ou que traga efeitos colaterais insuportáveis, ou prejudiciais à meta em questão, ou a outras metas sociais, é, em razão mesmo dessas características empiricamente verificáveis, indesejável em alguma medida, a ser avaliada conforme o caso.

É verdade que uma argumentação empírica dessa natureza não consegue justificar um determinado modo de obtenção de metas sociais em termos absolutos, já que o analista comportamental pode apenas dizer, confrontado com um elenco de modos possíveis, qual o mais eficaz, considerados todos os parâmetros técnicos, os quais, no caso, são aqueles relativos aos efeitos comportamentais da imposição de contingências sociais envolvendo determinadas condutas e respectivos reforçadores e punidores. Entretanto, na imensa maioria dos casos práticos de decisão sobre a imposição ou não de contingências sociais, se trabalha com

[108] Não custa lembrar que a expressão grega '*ethos*' – em português, 'caráter' – tem muito do significado do que hoje conhecemos por 'personalidade', que pode perfeitamente ser traduzido em linguagem comportamental por 'repertório comportamental', havendo, portanto, de se esperar que a ética seja, em grande parte, uma disciplina aplicada da ciência do comportamento humano, o que está muito bem representado em um dos maiores clássicos da literatura ético-filosófica de todos os tempos, a Ética a *Nicômacos*, de Aristóteles.

metas sociais relativas e com escolhas entre meios alternativos com diferentes tipos de limitações, em termos dos parâmetros empiricamente verificáveis aludidos acima. De tal sorte que a mera exclusão de um ou vários meios alternativos possíveis, em função de limitações destes, cientificamente fundamentadas, suprirá muito bem a falta de uma convicção absoluta na superioridade do meio afinal escolhido. Para não mencionar o fato de que, sendo um processo de experimentação social, sempre haverá a possibilidade de variáveis contextuais forçarem uma modificação nos prognósticos, implicando a alteração da contingência social, a fim de adequá-la ao fim perseguido.

Para finalizar esse tópico, convém aludir ainda a duas questões. A primeira diz respeito ao fato de que, nos modernos ordenamentos jurídicos, as questões de avaliação ética de medidas tomadas por entidades governamentais ou privadas têm sido, cada vez mais, atribuídas ao poder judiciário, em função principalmente do que se pode chamar positivação dos valores últimos, também chamados princípios, geralmente em nível constitucional. Para dar conta dessa demanda, surgiram doutrinas ditas argumentativas[109], entre as quais, por exemplo, a do sopesamento de princípios (ALEXY, 1997). Ora, uma das fraquezas deste tipo de solução e, por extensão, da própria atuação dos juízes no cumprimento dessa nova função reside na falta de critérios objetivos para se atribuir pesos aos valores últimos (princípios) a serem postos na balança. Tendo em vista que se trata frequentemente de decidir entre a imposição de determinadas contingências jurídicas em busca de metas socialmente desejáveis[110], as quais, por outro lado, afetam o cumprimento de outras metas socialmente desejáveis[111], a análise comportamental do direito,

[109] Para os fins estritos da presente discussão, basta esclarecer que a ideia por trás da qualificação das doutrinas em questão como argumentativas é que determinados metacritérios relativos à própria forma ou qualidade da argumentação seriam suficientes para a decisão do mérito, no sentido de que a melhor solução de mérito é a que reúne os melhores argumentos.

[110] Todo e qualquer valor pode ser traduzido em meta social. Por outro lado, toda meta social relevante para a discussão de contingências sociais a serem impostas juridicamente deve poder ser traduzida em condutas a serem reforçadas, punidas, ou tratadas indiferentemente (mantidas nos níveis usuais), este último caso equivalendo ao que na terminologia kelseniana se chama de 'permissão negativa'.

[111] Um exemplo recente no direito brasileiro foi o da confrontação entre a meta social de proteção à privacidade dos cidadãos por intermédio da proibição do acesso de autoridades

assim como outras abordagens científico-naturalistas do direito, pode ser uma fonte de critérios objetivos para o sopesamento de valores últimos, na medida em que o grau em que um valor é atingido pela não-imposição de uma contingência jurídica, em homenagem à proteção de outro valor, pode ser um critério relevante para se atribuir peso ao mesmo, se a contingência jurídica em questão for a única eficaz, em relação àquela meta social objeto da decisão judicial[112].

A segunda questão diz respeito não mais à escolha, mas à própria definição dos valores últimos. Voltando ao exemplo da comunidade utópica de Skinner, observamos que o autor não discute em seu livro o valor intrínseco das conquistas sociais obtidas pela comunidade, tais como as já mencionadas igualdade de condições de vida e consumo, ausência de disputas violentas, ausência de competição, inexistência de acumulação de capital privado, e outras. Podemos ir além, observando que Skinner trata tais resultados como decorrências, por assim dizer, colaterais do seu método comportamental não punitivo de obtenção do que se poderia chamar de reforçadores básicos dos seres humanos, ou seja, alimentação, sexo, vestuário, lazer, medicina, convivência social, educação, cuidado das crianças e dos idosos, principalmente.

Novamente, não iremos discutir aqui se o modo como Skinner constrói uma teoria do comportamento social, a partir dos princípios desenvolvidos pela psicologia comportamental, é ou não válido, o que ficará para o último capítulo deste trabalho. Porém, a tese subjacente a todo o livro, segundo a qual os valores mais importantes em uma dada comunidade social, em última instância, estão relacionados às contingências sistêmicas ou ecológicas enfrentadas pelos membros da comunidade para a obtenção dos meios básicos de sobrevivência e reprodução –chamados de reforçadores primários por muitos cientistas comportamentais –,

governamentais e privadas aos dados bancários e fiscais dos mesmos, em relação à meta social de combate a práticas criminosas diversas que vão da 'lavagem' de dinheiro advindo de outras atividades criminosas, passando pela sonegação fiscal, corrupção política, entre outras, que implica o acesso dessas mesmas autoridades aos dados bancários e fiscais dos cidadãos.

[112] Cumpre notar que, do ponto de vista da análise comportamental, tais definições sobre graus de comprometimento de valores (metas) e possibilidade ou não de meios alternativos são empíricas, o que significa que podem ser alteradas, por isso que se trata de uma análise vinculada a um processo de constante experimentação social.

é um ponto em comum entre várias abordagens científicas no âmbito das ciências sociais, o qual também será o ponto de vista do presente estudo (Scott, 1971; Kunkel, 1967; Alexander, 1979, 1987; Baum, 1994; Harris, 1990; Conte; Castelfranchi, 1995).

Por fim, cabe ainda ressaltar que, se somarmos os conhecimentos científicos relacionados às contingências sociais (estruturais) e ecológicas ligadas à sobrevivência e reprodução da comunidade aos relativos às contingências mais específicas de viabilização das metas sociais postas pela comunidade para a atuação das autoridades públicas e organizações privadas, pouco resta para ser considerado como excluído *a priori*[113] de uma abordagem jurídica científico-natural, como pretende ser a análise comportamental do direito, cuja fundamentação teórica é o objeto da sequência deste trabalho.

[113] O que não significa que não se irá ou não se deverá fazê-lo. A propósito, a mera possibilidade, defendida no texto, de que se possa discutir os valores sociais, especialmente se e à medida que forem expressos como metas sociais, de um ponto de vista científico não implica que devamos fazê-lo, embora claramente essa seja a nossa posição. Em outras palavras, pode-se aceitar o argumento do texto de forma restritiva, como mera possibilidade, a qual, entretanto, é descartada por razões de princípio. Argumentar diferentemente seria incorrer na falácia naturalista, porquanto a mera possibilidade acima referida é um estado de coisas factual, do qual não decorre a conclusão normativa de que se deva atualizá-la.

Parte II
O Modelo Analítico-Comportamental

Nesta segunda parte do livro, trataremos então da fundamentação teórica da análise comportamental do direito. Começaremos por discutir a análise do comportamento humano individual, abordando seletivamente alguns temas da psicologia comportamental, destacando-se a descrição dos padrões comportamentais humanos mais importantes para a análise comportamental do direito, chamados de comportamentos operantes ou padrões comportamentais operantes, os quais se distinguem dos padrões comportamentais inatos, como os reflexos, por serem aprendidos ao longo da vida de cada indivíduo, com base nas consequências advindas dos próprios comportamentos nos vários contextos em que estes se deram no passado. Essas consequências são denominadas reforçadores ou punidores, conforme tendam, respectivamente, a aumentar ou diminuir os comportamentos que lhes estejam vinculados de modo estável.

Dentre os dois grandes modelos de comportamento individual propostos pelos psicólogos comportamentais, o mais diretamente relevante para a análise comportamental do direito é o chamado modelo molar, segundo o qual os operantes são padrões comportamentais estendidos no tempo e no espaço e cujo desenvolvimento, manutenção, modificação e eventual extinção se deve à maior ou menor taxa global de reforçamento ou punição obtida pelos mesmos. Essa concepção molar dos padrões comportamentais operantes apresenta diversas características que a tornam mais adequada à análise comportamental do direito, especialmente o fato de que, com base em desenvolvimentos como a lei da igualação e a economia comportamental, pode-se adotá-la mais facilmente como fundamento para uma ciência social comportamentalista, que é o tema do capítulo final deste trabalho.

O quinto e último capítulo trata então da análise do comportamento social humano. O ponto principal da nossa exposição é a tese de que uma teoria comportamentalista da sociedade humana é muito mais do que a mera extrapolação dos princípios da psicologia comportamental, baseados em estudos de laboratório, para os contextos sociais, implicando, sobretudo, a integração desses princípios a um corpo teórico unificado, para o qual devem contribuir todas as ciências sociais.

Em seguida a uma primeira seção introdutória, faremos um rápido resumo da teoria da troca social, a qual se constitui na mais desenvolvida tentativa de aplicar os princípios da psicologia comportamental aos problemas teóricos da sociologia, particularmente no que tange aos conceitos de estrutura social e poder social. Nas duas seções subsequentes, discutiremos o papel do contexto natural na caracterização de um padrão comportamental molar, sendo a primeira seção dedicada ao comportamento das demais espécies animais, destacando-se os chamados padrões fixos de ação; e a seguinte, ao comportamento humano, baseando-nos em uma combinação da noção de aninhamento de atividades proposta por Baum (2002) e a perspectiva defendida por autores como Dutra (2001b), segundo a qual deve-se interpretar o comportamento humano, em termos molares, como comportamento inserido em um contexto social. Na última seção, faremos uma ilustração dos pontos de vista defendidos neste capítulo, com base em três exemplos de estudos comportamentalistas de fenômenos sociais. Começando por um caso de terapia familiar de um menino que apresentava um comportamento autolesivo grave, seguindo-se um estudo histórico sobre a excelência musical em quatro orfanatos para moças na cidade de Veneza, no século XVIII, encerrando com um estudo sobre as contingências e metacontingências envolvidas em uma fase do processo de reforma econômica na ex-URSS, conhecido como *Perestroika*. Em nossos comentários a esses estudos, procuraremos ressaltar as contribuições e as limitações dos mesmos no sentido da construção de uma teoria unificada do comportamento social humano, destacando-se o comentário ao estudo sobre a *Perestroika*, no qual faremos uma apresentação sintética do que consideramos ser os três pontos de partida comuns nesse esforço multidisciplinar de construção teórica.

Capítulo 4
Análise do Comportamento Individual

4.1 O estudo científico do comportamento humano

Na primeira parte desse estudo, referimo-nos constantemente a padrões comportamentais, sem nos ocuparmos propriamente em estudá-los, o que faremos neste e no próximo capítulo, de modo necessariamente limitado e seletivo, visando tão-somente fornecer uma fundamentação teórica básica para a análise comportamental do direito, no sentido sustentá-la enquanto proposta comportamentalista genuína e não, obviamente, de fornecer subsídios suficientes para as análises comportamentais do direito propriamente ditas, o que exigiria uma discussão mais aprofundada e abrangente do que caberia no espaço deste trabalho das disciplinas e programas de pesquisa que compõem o acervo de conhecimentos do paradigma comportamentalista nas ciências sociais.

A proposição teórica fundamental subjacente à proposta da análise comportamental do direito, que tentaremos justificar nesses dois capítulos, é que, exceto pelas alterações físicas mais ou menos permanentes no ambiente, tudo o que compõe as culturas[114] humanas são padrões

[114] Há muita discussão nas ciências sociais sobre como denominar os grupos estáveis de seres humanos, se sociedades ou culturas (Sperber, 1996). Do ponto de vista da ciência do comportamento humano, porém, a distinção é razoavelmente clara. Sociedades são todas as formas de vida animal em que exista cooperação entre os indivíduos, também chamada de comportamento altruísta, o qual, segundo a concepção biológico-evolucionista dominante,

comportamentais, inclusive o direito. Assim, quando nos referimos, digamos, à constituição de um determinado país, estamos falando de um complexo particular de padrões comportamentais verbais. É claro que estes estão inseridos em um contexto físico. Por exemplo, o padrão comportamental coletivo a que modernamente denominamos direito de propriedade inclui, entre outras, atividades como a delimitação física de terrenos, o porte e a tradição de objetos, a marca a ferro quente em semoventes como gado, em resumo, uma série de intervenções no contexto físico das modernas sociedades humanas, sem as quais esse padrão comportamental não seria viável nos termos em que é atualmente. No entanto, o que faz dessas alterações no ambiente físico veículos ou suportes, por assim dizer, do direito de propriedade é um determinado padrão comportamental coletivo que os membros da comunidade humana em que tais alterações se dão mantêm em face uns dos outros.

Ao longo da história das várias comunidades humanas, os padrões comportamentais foram estabelecidos e se perpetuaram pelos seus efeitos no ambiente físico[115] e social. Com base no comportamento verbal, os seres humanos puderam transmitir, para além da experiência individual e de pequenos grupos isolados, os padrões comportamentais mais bem adaptados aos respectivos contextos físicos e sociais, permitindo uma cumulatividade de efeitos a que eventualmente se denomina evolução cultural (Harris, 1990; Boyd; Richerson, 1985; Aunger (Ed.), 2000; Williams, 1992; Glenn, 1991; Baum, 1994).

O modo mais eficiente de transmissão verbal de padrões comportamentais é a ciência moderna (Mach, 1960; Skinnner, 1953). Enquanto,

aceita pela maioria dos psicólogos comportamentais, se caracteriza por servir ao interesse do beneficiário em curto prazo, servindo, no entanto, ao interesse do próprio indivíduo atuante, em longo prazo, mais exatamente, ao interesse dos genes desse indivíduo atuante, sendo, portanto, altruísta no curto e egoísta no longo prazo (Alexander, 1979, 1987; Dawkins, 1979, 1999; Williams, 1974, 1992). A vida em sociedade é um pressuposto da cultura, a qual pode ser definida como "comportamento aprendido compartilhado pelos membros do grupo, adquirido como resultado de pertencer ao grupo, e transmitido de um membro do grupo a outro" (Baum, 1999, p. 264).

[115] Como esperamos deixar claro no texto, uma característica básica da ciência do comportamento humano é tratar o ambiente social como um ambiente físico com propriedades dinâmicas particulares. Porém, para evitar expressões desajeitadas como 'ambiente físico social' e 'ambiente físico não social', estamos nos referindo ao primeiro como 'social' e ao segundo como 'físico'.

porém, as ciências físicas – a química, a física, a biologia funcional, entre outras – resultam no estabelecimento de padrões comportamentais humanos verbais e não-verbais (Skinner, 1957), os quais visam ao controle do ambiente físico, a ciência do comportamento humano, por outro lado, é uma vertente da ciência moderna que tem como meta o estabelecimento de padrões comportamentais que visam ao controle do próprio comportamento humano (Skinner, 1953, 1978), individual e social.

Acabamos de nos referir à distinção tradicional entre comportamento humano individual e social. Não se trata, porém, de dois tipos de comportamento, senão de níveis distintos de análise do comportamento humano (Pierce, 1991; Scott, 1971; Homans, 1961). O nível analítico individual é mais genérico, porque estuda todos os contextos em que o comportamento humano se desenvolve a partir de suas propriedades meramente físicas[116]. Ao passo que o nível analítico social é mais específico, porque estuda o comportamento humano em um contexto determinado, qual seja, aquele em que no mínimo dois seres humanos comportam-se em relação um ao outro, servindo cada indivíduo em questão, ao mesmo tempo, de contexto e fonte de reforço ou punição para o comportamento do parceiro ou parceiros. Esse tipo de contexto específico, entretanto, é o mais característico da espécie humana, o que tem implicações inclusive para as potencialidades de aprendizagem filogeneticamente selecionadas dos seres humanos, como a capacidade para o comportamento verbal, a qual muito provavelmente coevoluiu com a espécie (Catania, 1994; Skinner, 1987b).

Uma série de particularidades históricas fez com que as disciplinas especializadas, respectivamente, no estudo do comportamento humano individual e social se desenvolvessem de modo desvinculado e até com perspectivas opostas. É famosa, por exemplo, a posição do fundador da sociologia francesa, Emile Durkheim (1858-1917), contra a utilização da psicologia como base teórica para a sociologia. Recentemente[117], essas posições radicais têm perdido terreno, em prol de uma visão unificada do comportamento humano e, consequentemente, de uma

[116] Em razão, principalmente, desse enfoque genérico, aspectos fundamentais do comportamento individual humano podem ser estudados com base em generalizações feitas a partir de experiências de laboratório com outros animais.

[117] Na verdade, desde os primórdios da sociologia no final do século XIX e começo do século XX, houve autores importantes que tinham uma preocupação fundamental com o compor-

perspectiva interdisciplinar (Coleman, 1990; Conte; Castelfranchi, 1995; Schelling, 1978; Alexander et al. (Eds.) 1987; Sperber, 1996; Young, 1998; Huber (Ed.), 1991).

A psicologia comportamental tem influência sobre alguns tradicionais programas de pesquisa sociológicos, com destaque para a chamada teoria da troca social (Bredemeier, 1980), cujo principal representante é George Caspar Homans (1910-1989), o qual se baseia totalmente no comportamentalismo radical de Skinner para desenvolver a sua teoria do comportamento social como troca (Homans, 1958, 1961), no que tem sido acompanhado por outros adeptos dessa corrente sociológica (Burgess; Bushell, 1969; Emerson, 1969, 1972; Molm, 1981, 1997). Mais recentemente, um crescente desconforto com a concepção psicológica dominante em disciplinas como a ciência política, a microeconomia e parte da sociologia, chamada de teoria da escolha racional, levou a que os pesquisadores dessas áreas se voltassem para a psicologia comportamental, dando ensejo a uma colaboração muito promissora, embora ainda relativamente restrita (Parijs, 1981; Macy, 1993; Vanberg, 1994).

Por outro lado, os psicólogos comportamentais sempre se ocuparam muito da aplicação prática de suas descobertas, não só na área clínica, mas também em contextos mais amplos, como o aconselhamento empresarial, a educação em todos os níveis e os projetos sociais comunitários, como já havíamos mencionado (Kazdin, 1984; Bickel; Vuchinich (Eds.), 2000; Biglan, 1993; Rachlin, 2000). Além desse aspecto prático, os horizontes teórico-especulativos da disciplina sempre estiveram voltados para a extrapolação dos princípios desenvolvidos no laboratório para o mundo social humano (Skinner, 1953, 1978; Kunkel, 1970, 1975, 1991; Lamal, 1991; Rakos, 1992; Guerin, 1994). Nesse sentido, a perspectiva atualmente mais promissora não é, nos parece, construir uma ciência do comportamento social totalmente nova, mas buscar reinterpretar os dados empíricos e os conceitos desenvolvidos pelas disciplinas dedicadas ao comportamento social, a partir do modelo de ser humano atuante elaborado pela psicologia comportamental (Kunkel, 1975, 1991; Glenn, 1985, 1988, 1991; Malott, 1988; Malagodi; Jackson, 1989; Vargas, 1985; Pierce, 1991; Lamal (Ed.), 1991).

tamento individual, como Max Weber (1864-1920), Georg Simmel (1858-1918), Ludwig von Mises (1881-1973), Vilfrido Pareto (1848-1923), entre outros.

O desenvolvimento pleno dessa nova etapa multidisciplinar da ciência do comportamento humano vai depender, em parte, da existência de uma demanda gerada a partir das disciplinas comportamentais aplicadas como a análise comportamental do direito. Embora não seja o caso de o cientista do direito se ocupar precipuamente dos aspectos mais polêmicos e técnicos da pesquisa comportamental básica, as exigências de validação externa e de colaboração interdisciplinar são mais fortemente sentidas no contexto da aplicação, o qual acaba funcionando assim como um ambiente selecionador dos caminhos mais promissores da pesquisa pura (Shi, 2001), sem obviamente excluir os demais, nem subordinar essa última às necessidades imediatas de aplicação.

Nos dois capítulos desta segunda parte do trabalho, iremos fazer um resumo seletivo dos conhecimentos elementares sobre os padrões comportamentais individuais e sociais, desenvolvidos no âmbito da ciência do comportamento humano, tendo como critério de seleção, principalmente, a necessidade de fornecer um fundamento teórico para a proposta de uma análise comportamental do direito. Nas seções seguintes deste capítulo, serão discutidos alguns conceitos oriundos da pesquisa comportamental individual e, no capítulo subsequente, da pesquisa comportamental social.

4.2 O comportamento dos organismos

A palavra comportamento tem dois sentidos básicos (Lee, 1992). O primeiro é sinônimo de variação de um determinado fenômeno de um estado 'a' para um estado 'b', em um dado período. Assim, Black (1976) fala em comportamento do direito (*behavior of law*), querendo se referir à variação, em um dado período, de um conjunto de parâmetros pertinentes ao conceito de direito definido por ele, da mesma forma como um meteorologista falaria do comportamento de uma frente fria, com base em parâmetros pertinentes a esse conceito meteorológico. O segundo sentido, ao contrário, é restrito aos seres vivos ou organismos, podendo-se assemelhá-lo ao conceito de ação ou atividade (Lee, 1988).

Geralmente, os psicólogos comportamentais definem comportamento como sendo 'tudo o que os organismos fazem' (Rachlin, 1991; Pierce; Epling, 1995; Catania, 1998). Em seu estudo clássico sobre o comportamento dos organismos, Skinner define comportamento como "o movimento de um organismo ou de suas partes em uma estrutura de referência provida pelo organismo mesmo ou por vários objetos externos ou campos de força"[118]. Logo em seguida, ele esclarece que considera conveniente localizar o ponto focal da definição proposta como sendo a ação do organismo sobre o mundo externo, acrescentando que se trata em geral do efeito mais do que do movimento propriamente dito. De fato, a ideia de comportamento como implicando a ocorrência de movimento do organismo é problemática, porquanto, para Skinner, assim como para todos os psicólogos comportamentais ditos radicais[119], o ato de pensar é comportamento, embora não envolva necessariamente nenhum movimento do organismo em relação ao mundo externo[120], por isso que eles deixaram ao final de se preocupar com a definição precisa de comportamento para ater-se à descrição, classificação e controle dos padrões comportamentais.

Os padrões comportamentais podem ser classificados em tipos, segundo o critério mais relevante para a psicologia comportamental que é o das contingências responsáveis pelo estabelecimento, manutenção e alteração desses padrões, as quais dividem-se tradicionalmente em contingências filogenéticas, ontogenéticas e culturais (Glenn, 1991, 2004). Assim, as contingências filogenéticas são responsáveis por padrões comportamentais inatos, como os reflexos, taxias e cinesias, além de padrões mais complexos, chamados genericamente de padrões fixos de ação (Baum, 1994), como os 'rituais' de acasalamento, cuidado dos filhotes, forrageio e assim por diante. Embora não haja controvérsia quanto à base filogenética de tais padrões fixos de ação, cabe observar que, como argumentaremos no próximo capítulo, eles não podem ser adequadamente descritos, a partir da postulação de genes diretamente

[118] Traduzido do original: "the movement of an organism or of its parts in a frame of reference provided by the organism itself or by various external objects or fields of force" (Skinner, 1938, p. 6).

[119] Os psicólogos comportamentais 'radicais', conforme a expressão criada por Skinner, se diferenciam dos psicólogos comportamentais ditos 'metodológicos', porquanto, ao contrário destes, aqueles não recusam a possibilidade de se estudar cientificamente os chamados fenômenos mentais, tais como, a consciência, o pensamento e a intenção, sob o pretexto de que são inobserváveis publicamente (por mais de um observador), propondo, no entanto, considerar tais fenômenos também como comportamento, destarte 'radicalizando' a proposta comportamentalista (Skinner, 1953).

[120] A isso se chama 'comportamento encoberto'.

causadores de tais padrões, ainda que com o auxílio de entidades mentais fictícias, como os 'instintos' e os 'módulos mentais' postulados por filósofos e psicólogos cognitivos de formação mentalista.

Um caso exemplar é o da estampagem que ocorre em certas espécies de ave, logo após a saída do ovo. Descrevia-se a estampagem, com base na observação de campo, dizendo-se que os filhotes recém-saídos do ovo aprendiam imediatamente a seguir a mãe ou outra ave adulta que estivesse junto aos mesmos no momento da eclosão. Daí a origem da expressão 'estampagem', porque se dizia que a imagem da ave adulta em questão ficava como que impressa ou estampada na mente do filhote, preenchendo, por assim dizer, um espaço mental predeterminado, e liberando (*releasing*) dessarte o padrão comportamental de seguir a ave adulta cuja imagem ficara estampada. Porém, experimentos de laboratório mostraram que se podia alterar significativamente esse padrão, garantindo-se basicamente que um objeto de tamanho aproximado ao da ave adulta fosse mantido próximo ao filhote, mesmo que para tanto este último devesse comportar-se de modo muito diferente do que normalmente ocorre no ambiente natural (Skinner, 1953; Catania 1998). Com esse resultado, abriu-se a perspectiva de que os chamados padrões fixos de ação pudessem ser entendidos como causados pela combinação entre capacidades de aprendizagem inatas e ambientes relativamente estáveis, os 'nichos', nos quais as espécies reiteram comportamentos que têm sido, ao longo das gerações, úteis à sua sobrevivência e reprodução.

Os padrões comportamentais inatos mais estudados pelos psicólogos comportamentais são os reflexos, chamados também de comportamento respondente. O exemplo mais amplamente conhecido é o da salivação em cães, estudada pelo fisiólogo russo Ivan Petrovich Pavlov (1849-1936), no começo do século passado. Os reflexos já haviam sido considerados importantes para o estudo do comportamento animal por René Descartes (1596-1650), no século XVII. Foi somente a partir dos estudos de Pavlov, porém, que se desenvolveu um importante programa de pesquisa, que influenciou alguns dos maiores estudiosos do comportamento contemporâneos, com base no procedimento chamado condicionamento respondente, clássico ou pavloviano. De acordo com esse procedimento, se um reflexo – por exemplo, o aumento da salivação por ocasião da introdução de alimento na boca de um animal –, for precedido por um estímulo ambiental neutro em relação a esse reflexo, como o som de uma campainha, de modo suficientemente constante e temporalmente próximo à estimulação eliciadora do reflexo, o estímulo antes neutro – chamado de estímulo condicional (CS) – tornar-se-á capaz de eliciar o comportamento reflexo[121], como se fora o próprio estímulo eliciador natural – chamado de estímulo incondicional (US) (RACHLIN, 1991).

A partir dessa descoberta inicial, o condicionamento respondente propiciou uma série de estudos comportamentais altamente precisos e complexos, como nunca se fizera antes na psicologia experimental (KELLER; SCHOENFELD, 1973), tendo sido, desde então, coroado de êxito (RESCORLA, 1988), embora não se tenha confirmado a previsão inicial de que os reflexos poderiam se tornar a base principal da ciência do comportamento humano. Para a análise comportamental do direito, o estudo dos reflexos tem uma importância apenas indireta, porquanto a imensa maioria dos padrões comportamentais que são objeto das regras jurídicas é de origem ontogenética[122], à qual iremos tratar em seguida, ou sociocultural, que será objeto do capítulo seguinte.

Quanto aos padrões fixos de ação, estudados geralmente pelos etologistas, sua caracterização científica nos seres humanos é muito menos precisa do que em outros animais[123], embora existam atualmente vários

[121] Na verdade, nem todos os estímulos neutros são passíveis de se tornar estímulos condicionados (LESLIE, 1996, p. 153).

[122] Convém lembrar que os reflexos condicionados também são parte da seleção comportamental ontogenética (RACHLIN, 1989; DONAHOE; PALMER, 1994; FANTINO; LOGAN, 1979). Porém, no condicionamento respondente, não são os comportamentos que são propriamente aprendidos, isto é, selecionados, como no caso da aprendizagem operante, mas os estímulos neutros que, tornados contingentes aos estímulos eliciadores dos reflexos incondicionados, adquirem a propriedade de eliciar os comportamentos reflexos, os quais já eram parte do repertório do animal, se desconsiderarmos o estímulo eliciador. É verdade que, como argumentam os proponentes do chamado princípio do reforço unificado biocomportamental, é possível que aprendizagem respondente e operante sejam aspectos de um mesmo processo de base neurofisiológica. Por outro lado, como veremos adiante, o reflexo condicionado é importante para a aquisição de reforçadores condicionais, os quais, por sua vez, são a matéria-prima de grande parte do comportamento social humano. Daí porque afirmamos que o comportamento reflexo tem uma importância indireta para a análise comportamental do direito, tendo em vista, principalmente, o papel dos reforçadores condicionais na modelagem do comportamento social humano.

[123] Por exemplo, é questionável que se possa derivar as características distintivas entre o namoro que se praticava, digamos, no começo da década de 1970 e o 'ficar' que os adolescentes

programas de pesquisa que buscam ampliar o estudo da base biológico-evolutiva[124] do comportamento humano (Laland; Brown, 2002; Barkow; Cosmides; Tooby, 1992).

Parte da contribuição desses novos programas de pesquisa comportamental de orientação biológico-evolutiva tem sido incorporada naturalmente à ciência do comportamento humano (Hull; Langman; Glenn, 2001). Porém, a psicologia comportamental, embora perfeitamente compatível com a biologia evolutiva, tem interesses distintos dos da maioria desses programas de pesquisa, percorrendo uma trajetória paralela[125]. Por outro lado, como foi comprovado em relação à estampagem, o fato de se ter uma base filogenética para um determinado padrão comportamental não exclui que o mesmo possa ser objeto de modificação através da aprendizagem (Alexander, 1987), o que torna a psicologia comportamental relevante para uma área aplicada como o direito, mesmo em se tratando desses padrões fixos de ação, para não falar no condicionamento respondente. Como ressaltam Fantino e Logan (1979), todos os padrões comportamentais estudados pela ciência do comportamento humano têm uma base filogenética, seja no tocante à preparação (*preparedness*) dos seres humanos para a aprendizagem de certos comportamentos (Catania, 1998), seja, principalmente, no que tange aos chamados 'eventos filogeneticamente importantes', como comida, sexo e relacionamento social, que constituem a base dos reforçadores e punidores presentes nas contingências da aprendizagem de novos padrões comportamentais humanos (Baum, 1994; Skinner, 1987c).

praticam atualmente no Brasil, com base tão-somente nas contingências filogenéticas que redundaram no comportamento sexual humano.

[124] É importante diferenciar o interesse atual em incorporar os conhecimentos da moderna biologia evolutiva ao estudo do comportamento humano de outros movimentos intelectuais, ocorridos no final do século XIX e no começo do século passado, que se caracterizaram por tentar uma extrapolação da teoria evolucionista de Darwin para a psicologia e a sociologia, sem praticamente nenhuma base empírica e tampouco consistência teórica (Alexander, 1979).

[125] Entre os novos programas evolucionários de pesquisa do comportamento humano, os que nos parecem mais compatíveis com a psicologia comportamental são a ecologia comportamental humana e a coevolução genético-cultural, enquanto que o menos compatível é a psicologia evolutiva, ficando a memética e a sociobiologia em uma posição intermediária, conforme inclusive as especificidades dos subprogramas de pesquisa rotulados como tal (Laland; Brown, 2002).

Indubitavelmente, a área de estudo da psicologia comportamental de maior aplicabilidade na análise comportamental do direito é a do chamado comportamento operante, inaugurada pela obra pioneira de Edward L. Thorndike (1874-1949) e posteriormente desenvolvida por Skinner e seus muitos discípulos ao redor do mundo (Rachlin, 1991; Staddon, 1993; O'Donohue; Kitchner, 1999). O conceito de comportamento operante foi inventado por Skinner para enfatizar um tipo de padrão comportamental o qual opera no ambiente de tal modo que, conforme as suas consequências, isto é, as alterações ambientais resultantes dessa operação, o respectivo padrão se mantém, se altera ou se extingue. O comportamento operante, ao contrário do reflexo condicionado ou incondicionado, não pressupõe um estímulo eliciador determinado, mas sim um contexto, um comportamento e uma consequência, compondo uma unidade básica de investigação comportamental conhecida como tríplice contingência, assim chamada porque a consequência é contingente[126] à ocorrência do comportamento em um dado contexto (Leslie, 1996).

Embora não tendo as mesmas propriedades físico-mecânicas dos reflexos, os operantes estudados pelos psicólogos comportamentais provaram-se também capazes de ser descritos segundo regularidades empíricas bem definidas e com alto grau de confiabilidade (Dutra, 2001a, 2001b, 2003a, 2008). A principal regularidade empírica estabelecida pela pesquisa comportamental operante é a seleção comportamental pelo reforço ou punição – também chamada de seleção operante –, segundo a qual o comportamento operante irá sofrer modificações regulares e mensuráveis em razão das suas consequências, ou seja, das alterações ambientais ocasionadas pelo comportamento em questão, em particular, aquelas que consistam na apresentação ou remoção de determinados estímulos, chamados de reforçadores ou punidores, conforme,

[126] Normalmente, a contingência é derivada do fato de o comportamento produzir (causar) a consequência. No entanto, basta que haja uma correlação relativamente consistente entre o estímulo punidor ou reforçador e o comportamento em um dado contexto, para que se produza a seleção comportamental (Skinner, 1953; Donahoe; Palmer, 1994; Baum, 1973). É com base nisso, aliás, que se pode instituir contingências sociais para o controle do comportamento humano, cujos respectivos reforçadores e punidores não são causados, mas socialmente imputados aos comportamentos visados nessas contingências, como vimos na primeira parte deste estudo.

respectivamente, tendam a aumentar ou diminuir a frequência com que o comportamento em questão ocorre (Pierce; Epling, 1995; Catania, 1998; Baum, 1994; Rachlin, 1991; Keller; Schoenfeld, 1973; Leslie, 1996).

4.3 A seleção comportamental operante

O processo de seleção comportamental operante tem sido estudado experimentalmente, com base em uma série de procedimentos, destacando-se três, o reforçamento, a punição e a extinção (Glenn, 1991). No reforçamento, o pesquisador aumenta a frequência de um comportamento operante no repertório de um animal – por exemplo, o pressionar uma barra por um rato, ou o bicar uma tecla (*key*) por um pombo –, apresentando, isto é, inserindo no ambiente, um estímulo reforçador (reforçamento positivo), ou retirando um estímulo punidor até então presente no ambiente (reforçamento negativo), de modo contingente à emissão do comportamento em questão. Na punição, o pesquisador diminui a frequência de um comportamento operante no repertório de um animal, apresentando um estímulo punidor (punição positiva) ou retirando um estímulo reforçador (punição negativa), também de modo contingente à emissão do comportamento objeto do procedimento. Por fim, na extinção, o experimentador desfaz a relação contingente previamente existente entre um comportamento operante e sua respectiva consequência[127], fazendo o comportamento em questão retornar ao seu nível de ocorrência anterior à imposição da contingência[128].

Nas três definições acima, os termos principais são 'reforçador' e 'punidor'. Existem várias concepções diferentes sobre a natureza dos reforçadores e punidores, na psicologia comportamental (Glaser (Ed.), 1971); diferenças essas que não afetam substancialmente o conteúdo do que está sendo dito no presente texto. Uma definição que nos parece particularmente clara e que não apresenta os problemas de circularidade apontados em outras definições (Emerson, 1972) é a seguinte:

127 Os dois modos principais de se realizar o procedimento de extinção são: a) induzir a ocorrência do comportamento, por meio da privação, por exemplo, sem a apresentação subsequente do reforçador ou punidor; e b) apresentar o reforçador ou punidor independentemente da ocorrência do comportamento (Leslie, 1996; Michael, 2004).

128 Conhecido como 'nível operante' (Catania, 1998).

> Eventos filogeneticamente importantes, quando são consequências de comportamento, são chamados de *reforçadores* e *punidores*[129]. Os eventos que, durante a filogênese, aumentaram a aptidão por estarem presentes são chamados reforçadores, porque tendem a fortalecer o comportamento que os produz. Como exemplos temos alimento, abrigo e sexo. Se alimento e abrigo puderem ser obtidos através de trabalho, então eu trabalho. Se chego ao sexo através de rituais específicos de minha cultura – o namoro – então eu namoro. Os eventos que aumentaram a aptidão durante a filogênese por estarem ausentes são chamados punidores, porque tendem a suprimir (punir) o comportamento que os produz. Como exemplos temos a dor, o frio e a doença. Se eu faço um agrado em um cão e ele me morde, será menos provável que eu o acaricie novamente. Se comer amendoim me faz passar mal, será menos provável que coma amendoim. (BAUM, 1999, p. 76-77)

Não apenas os eventos filogeneticamente importantes mencionados na citação acima funcionam como reforçadores e punidores[130], mas também os estímulos que sinalizam[131], ou seja, que são relacionados consistentemente a esses referidos eventos – chamados de reforça-

[129] É verdade que definir os reforçadores e punidores primários em termos de contingências filogenéticas transfere a explicação destes para a biologia evolutiva. No entanto, não achamos que isto seja necessariamente um defeito dessa definição, tendo em vista o caráter hierarquizado do processo evolutivo da cognição animal, conforme descrito por Campbell (1974), o que pressupõe que o nível cognitivamente (adaptativamente) mais complexo esteja de algum modo baseado no nível mais simples. Por outro lado, a ideia de que o comportamento humano, mesmo em suas formas mais complexas, esteja como que 'pautado' por categorias de reforçadores primários como sexo, alimentação, abrigo e relacionamento social é compatível, não apenas com as concepções biológico-evolutivas dominantes (ALEXANDER, 1979, 1987), como também com a experiência cotidiana, na qual uma imensa variedade de atividades são modeladas e mantidas com base nesses reforçadores primários.

[130] Cabe esclarecer que, mesmo os eventos filogeneticamente importantes que, normalmente, funcionam como reforçadores ou punidores, podem, em contextos determinados, funcionar como estímulos neutros ou até de modo oposto, em razão de fatores contextuais como, por exemplo, a privação e a saciação. Se eu acabo de comer um lauto jantar, provavelmente a oportunidade de comer não será reforçadora, podendo mesmo servir de punição (BAUM, 1994).

[131] Chamados de 'estímulos condicionados', caso estejam relacionados a um comportamento reflexo, ou 'estímulos discriminativos', caso estejam relacionados a um comportamento operante.

dores e punidores primários – podem se tornar reforçadores e punidores, denominados condicionados ou secundários, se e à medida que se mantenham, de modo estável, relacionados aos respectivos reforçadores e punidores primários[132]. Quando um determinado estímulo é tornado contingente a muitos reforçadores primários, ele se torna um reforçador generalizado, sendo os exemplos de reforçadores generalizados mais importantes para o comportamento humano o dinheiro e a aprovação social (Homans, 1961; Skinner, 1953).

Uma unidade de comportamento operante (um 'operante') não se define pela sua forma ou 'topografia', mas pela alteração ou efeito que causa no ambiente. Um operante então é uma sucessão de eventos distribuídos no tempo que se caracterizam como uma unidade pelo efeito comum que causam no ambiente (Glenn; Ellis; Greenspoon, 1992). Por exemplo, um rato pode pressionar uma barra de várias formas e com várias partes do corpo, porém, se esse conjunto de eventos de pressionar a barra tiver ocorrido após ter sido imposta ao animal uma contingência entre o pressionar a barra como comportamento e a obtenção de comida como reforçador, então esse conjunto de eventos de pressionar a barra, contingentes à obtenção de comida; compõe um operante. Por outro lado, se o mesmo animal for privado de água e a ele for imposta uma relação contingente entre pressionar a barra e ter acesso à água, este comportamento de pressionar a barra contingente à obtenção de água será também um operante. Note-se que o 'pressionar a barra para obtenção de comida' e o 'pressionar a barra para obtenção de água', não obstante semelhantes na topografia, são operantes diferentes, porquanto são comportamentos que produzem efeitos distintos no ambiente, a saber, tornar disponível comida e água, respectivamente (Donahoe; Palmer, 1994; Baum, 1994; Pierce; Epling, 1995; Michael, 2004).

[132] O som de uma campainha que sinaliza para um rato que o pressionar uma barra será reforçado por comida pode, por sua vez, reforçar um comportamento como puxar uma corrente, se este for tornado contingente ao aparecimento do som, o qual, então, se pode chamar de reforçador condicionado para o comportamento de puxar a corrente. Cabendo frisar que tal capacidade reforçadora do som da campainha se mantém desde que se mantenha também a contingência sinalizada pelo som entre o pressionar a barra e a obtenção de alimento.

Um procedimento muito importante para a compreensão da natureza do comportamento operante fora do laboratório, isto é, no contexto natural, é a chamada modelagem (*shaping*), por intermédio da qual um comportamento antes não existente no repertório do animal é gradativamente obtido pelo experimentador, com base no reforçamento diferencial[133] de respostas cada vez mais próximas daquela que se pretende obter. A expressão modelagem foi usada por Skinner (1953) em analogia ao trabalho de um escultor, o qual gradativamente vai modelando a matéria-prima, até obter a forma desejada. Um exemplo de modelagem do comportamento humano, fora do contexto da pesquisa laboratorial, é o aprendizado de uma língua, especialmente a língua natal. Nos primeiros anos de vida, os balbucios[134] da criança são reforçados diferencialmente, conforme se aproximem mais e mais do padrão sonoro equivalente às palavras da comunidade verbal em que a criança está inserida e ocorram em resposta a estímulos do ambiente da criança, como a presença do pai e da mãe, os brinquedos, o animal de estimação e assim por diante (Horne; Lowe, 1996. Moerk, 1980, 1983). Inicialmente, o nível de aproximação exigido para o reforçamento é mínimo, aumentando gradativamente, até chegar, mais tarde, a incluir contingências punitivas, como a proibição de certas palavras e a correção de erros gramaticais e de pronúncia. Na verdade, todas as chamadas 'habilidades' são produto de processos de modelagem a que os seres humanos se submetem ao longo de suas vidas, desde o caminhar, até o tocar um instrumento musical, o escrever, o dirigir automóvel, entre tantos outros exemplos.

As bases da modelagem comportamental são a variabilidade do comportamento animal e o reforçamento diferencial. Tendo em vista que, por um lado, todo padrão comportamental operante compreende variações em suas instâncias de manifestação e, por outro lado, essas

133 Reforçamento diferencial é o "reforçamento de algumas respostas, mas não outras, dependendo de propriedades das respostas como intensidade, duração temporal, topografia e outras" (Catania, 1998, p. 386). No original: "reinforcement of some responses but not others, depending on intensive, temporal, topographical or other properties of the responses".

134 Cabe ressaltar que, ao mesmo tempo em que o comportamento verbal da criança é modelado, também o é o seu comportamento de ouvinte, como parte da inserção da mesma na comunidade social humana em que está sendo criada.

variações podem ocasionar níveis diferenciados de reforçamento ou punição[135], pode-se dizer que grande parte do comportamento operante existente no repertório comportamental de um animal é produto da modelagem, ou seja, da seleção pretérita das variações de padrões comportamentais que melhor se adaptaram às contingências de reforço[136] vigentes no ambiente de vida daquele animal. O processo é basicamente idêntico ao que se dá na seleção filogenética (Campbell, 1956; Skinner, 1987a; Rachlin, 1991; Baum, 1994; Donahoe; Palmer, 1994), na qual as variações existentes em uma população de indivíduos da mesma espécie obtêm níveis variados de sucesso reprodutivo, fazendo com que aquelas variações que consistentemente obtenham maior sucesso reprodutivo venham a predominar na população em questão, enquanto que as de menor sucesso reprodutivo se extinguem. Após um certo tempo, mantidas as contingências responsáveis pelo maior ou menor sucesso reprodutivo, as características da população adquirirão uma estabilidade[137].

A descrição acima do processo de modelagem remete à intrincada questão da unidade de análise do comportamento operante (Glenn; Ellis; Greenspoon, 1992; Glenn; Madden, 1995; Donahoe; Palmer; Burgos, 1997b; Baum, 2002). Embora, para os fins da pesquisa em laboratório, possa ser suficiente se utilizar definições operacionais como a que temos utilizado até aqui, para se extrapolar do laboratório para o ambiente natural, é necessário que sejam mais precisamente definidos alguns parâmetros presentes nas mesmas. No que interessa mais de perto à análise comportamental do direito, é importante definir principalmente em que medida e em que bases podemos classificar as condutas dos indivíduos, tal como reguladas pelas normas jurídicas, como padrões comportamentais operantes, isto é, como comportamentos cuja modelagem, manutenção, modificação e eventual extinção são deter-

[135] Convém lembrar que, para que um determinado padrão comportamental seja considerado um 'operante', ele deve ser contingente a um efeito determinado no ambiente chamado de consequência reforçadora ou punitiva.

[136] A seleção comportamental envolve reforço, punição e extinção. Para facilidade expositiva, iremos nos referir eventualmente apenas a contingências de reforço ou reforço e punição.

[137] O processo é muito mais complexo do que a descrição sumária acima, a qual visa apenas estabelecer o parâmetro de comparação com a seleção comportamental ou modelagem (Cartwright, 2000; Barret; Dunbar; Lycett, 2002).

minados pelas contingências de reforço e punição. Ao mesmo tempo, como já dissemos antes, não é papel do cientista aplicado intentar resolver controvérsias no interior dos paradigmas, cabendo-lhe sim julgar, em face às necessidades do contexto de aplicação em que atua e até mesmo do problema específico sob análise, qual a definição mais adequada.

4.4 A atividade humana como unidade de análise comportamental

Tratando-se da análise comportamental do direito, a unidade de análise, ou seja, a caracterização dos padrões comportamentais, deve ser a mais próxima possível das condutas que fazem parte das definições das regras jurídicas, porque, como adiantamos na primeira parte desse trabalho, são essas condutas que comporão as metas das contingências jurídicas a serem impostas nos quase-experimentos de controle social do comportamento humano. Além disso, o comportamento humano objeto do direito é o comportamento que se dá no contexto natural da espécie humana, isto é, no contexto das diversas sociedades humanas, o que significa dizer que, à unidade de análise do comportamento individual, deveremos agregar, de modo sistemático e integrado, uma unidade de análise equivalente do comportamento social, a qual, no âmbito de uma concepção de sociedade humana baseada na psicologia comportamental, é a interação ou troca social (Homans, 1958, 1961).

Baseando-nos então nesse duplo critério de compatibilidade com o objeto do direito e com os esquemas conceituais dos cientistas sociais que têm maior afinidade com a psicologia comportamental, podemos dizer que a unidade de análise mais frequentemente utilizada, para se referir ao que chamamos de padrão comportamental humano individual, é a atividade ou ação humana. Partindo dessa constatação, devemos inquirir então se e, principalmente, em que bases teóricas, a definição usual de atividade ou ação humana é passível de ser subsumida ao conceito de padrão comportamental operante sem causar demasiado prejuízo à precisão analítica obtida nas definições operacionais de laboratório (Lee, 1999), de modo a que se possa, de um lado, integrá-la aos modelos de análise dos cientistas sociais, especialmente ao modelo da chamada teoria da troca social e das correntes neoinstitucionalistas na sociologia, na ciência política e na microeconomia; de outro, aplicar esse modelo integrado de atividade humana individual e social ao uso previsto pela metodologia da análise comportamental do direito.

Entre os psicólogos comportamentais, a discussão sobre a unidade de análise do comportamento está dividida entre dois modelos teóricos, o modelo molar e o molecular. O primeiro privilegia a correlação entre o comportamento e suas consequências, em larga-escala e por um longo período de tempo, enquanto o segundo se dedica à relação entre o comportamento e suas consequências, em pequena escala e por curtos períodos, isto é, momento a momento (Pierce; Epling, 1995). Alguns autores dão muita importância às diferenças entre os dois modelos, chegando a falar em subdivisões da psicologia comportamental (Rachlin, 1989; Staddon, 1993), enquanto que outros encaram tais diferenças como circunstanciais ou mesmo como aspectos distintos do comportamento animal, no sentido de capacidades paralelas por meio das quais o processo de seleção comportamental ontogenética ocorre nas diversas espécies (Catania, 1998). Em nossa opinião, trata-se principalmente de estratégias de investigação distintas, que foram sendo desenvolvidas em resposta, principalmente, a três aspectos diferentes da prática científica: o empírico, o metodológico e o temático[138].

No aspecto empírico, a distinção reflete o que os epistemólogos chamam de subdeterminação da teoria pelos dados (Dutra, 2003b), já que existem diversas teorias moleculares compatíveis com os dados comportamentais disponíveis em nível molar, ao mesmo tempo em que nenhuma delas é totalmente satisfatória, em termos de explicar o conjunto desses dados. Um exemplo são as teorias moleculares sobre o comportamento de escolha (que abordaremos em seguida), tais como a da 'melioração', a das 'necessidades mínimas' e a do 'comportamento randômico', que apresentam variados graus de sucesso na explicação dos dados experimentais, os quais, por outro lado, têm confirmado com muito mais precisão o enfoque molar da teoria econômica da demanda[139] (Kagel; battalio; Green, 1995).

[138] No próximo capítulo, desenvolveremos uma hipótese que, sem contrariar o que está sendo dito agora, acrescenta um quarto fator de diferenciação, qual seja, o objeto de estudo, que, entretanto, deixaremos para a ocasião oportuna, a fim de não complicar demais a exposição da matéria.

[139] Por outro lado, mesmo no interior do enfoque molar, há diferenças quanto à possibilidade e a necessidade de se optar por modelos explicativos alternativos como, no caso do

Em termos metodológicos, a questão envolve desde o problema da limitação tecnológica para se observar determinados fenômenos, principalmente em nível molecular, passando pelos diferentes graus de controle experimental obteníveis com animais e seres humanos, particularmente no que tange à história comportamental, chegando a detalhes como a manutenção ou não de um padrão mínimo de consumo diário do reforçador a ser utilizado no experimento (geralmente comida), fora das seções experimentais. Merece destaque o fato de que a utilização crescente das simulações de computador, como meio de se testar, senão empiricamente ao menos formalmente, teorias comportamentais, tem permitido uma estratégia de construção teórica 'de baixo para cima' (*bottom-up*) que pode estar sendo o começo de uma aproximação muito maior entre os modelos molecular e molar (Macy, 1996, 1998a, 1998b, Macy; Willer, 2002; Epstein; Axtel, 1996).

Em termos temáticos, o modelo molecular é mais útil para aquelas áreas de pesquisa que cuidam de temas como percepção, raciocínio, memória, que são dominadas pela psicologia cognitiva. Como o enfoque dos psicólogos cognitivos para esses temas é predominantemente molecular, os psicólogos comportamentais se veem impelidos a dar respostas também moleculares, a fim de competir com aqueles, no atendimento da demanda por esse tipo de pesquisa. Tanto é assim que muitos já consideram as diferenças entre a abordagem cognitiva e a comportamental quase que meramente terminológicas, em muitos campos (Reese, 1989, 1991, 1992, 1994; Michael, 2004). Atualmente, um dos fatores mais importantes para a demanda por explicações comportamentais moleculares é o interesse por parte de neurofisiologistas e os avanços nas pesquisas sobre condicionamento respondente, que apontam para um modelo molecular único chamado de modelo biocomportamental (Donahoe, 2003; Donahoe; Palmer, 1994; Donahoe; Palmer; Burgos, 1997a).

Já o enfoque molar tem sido mais utilizado nas áreas de pesquisa comportamental humana que tratam de temas como escolha, autocontrole, consumo, cuidados com a saúde, entre outros, que estão mais relacionadas a contextos de interação social, razão pela qual tem sido crescente a colaboração com disciplinas tradicionalmente dedicadas a esses

comportamento de escolha, entre o modelo chamado de lei da igualação, mais aceito entre os psicólogos, e o da maximização, mais popular entre os economistas (Rachlin, 1989).

campos de pesquisa, com destaque para a microeconomia, por intermédio da chamada economia comportamental, de que trataremos adiante. Além da colaboração com os microeconomistas interessados em um enfoque experimental, o modelo molar está presente na chamada teoria da troca social (Homans, 1961; Emerson, 1969), que está muito mais interessada em explicar a relação entre contingências de reforço ou punição social e o comportamento de longo prazo, do que nas causas imediatas de cada ação, tendo em vista que, por definição, as relações sociais que compõem a chamada estrutura social são fenômenos que, embora inerentemente mutáveis, se perpetuam no tempo, mantendo uma relativa estabilidade, o que torna o modelo comportamental molar ideal para dar suporte psicológico a essa linha de pesquisa (Molm, 1981). Por fim, fora da pesquisa comportamental humana, o modelo molar é o mais usado pelos psicólogos comportamentais interessados em um diálogo com os etologistas, dado a importância que a seleção ontogenética tem na explicação dos comportamentos animais no contexto natural (Fantino; Logan, 1979; Fantino, 1991; Catania, 1998).

Em última instância, portanto, o que vai determinar a escolha do enfoque será uma combinação específica desses fatores, conforme o interesse e a própria história do pesquisador. Em se tratando de uma área aplicada, como a análise comportamental do direito, uma atitude flexível, pragmática, é ainda mais recomendável, já que não há porque se deixar de utilizar um determinado enfoque, se ele é o que melhor responde às necessidades do contexto de aplicação em questão. Não obstante, visando dar uma maior coerência expositiva ao presente trabalho, especialmente em função do que iremos desenvolver no próximo capítulo, optamos por priorizar o enfoque molar, levando em conta ainda algumas vantagens que ele oferece para a análise comportamental do direito. Embora sejamos de opinião, cabe repetir, que apenas uma combinação entre os modelos molar e molecular oferece uma base teórica suficiente para qualquer aplicação da psicologia comportamental em uma área complexa como o direito.

Como dissemos, segundo o enfoque molar, as atividades humanas podem ser vistas como padrões comportamentais estendidos no tempo e no espaço, compostos por turnos (*bouts*) de atividades que se revezam durante períodos de tempo menores, havendo uma correlação quantitativa entre a frequência em que tais turnos de atividades ocorrem e a magnitude total dos reforçadores que são produzidos por elas (Baum, 1973, 1997, 2002; Rachlin, 1989, 1994, 2000). Alguns aspectos do modelo molar são particularmente adequados à análise de fenômenos sociais como o direito.

Primeiro, a natureza temporalmente estendida do padrão comportamental no modelo molar tem mais afinidade com a definição de interação ou troca social do que a concepção 'momento a momento' do padrão comportamental no modelo molecular (Homans, 1961). Imaginemos, como exemplo de interação social, um namoro[140] entre dois jovens, João e Maria. Nos termos do modelo molar, pode-se perfeitamente conceber o namoro entre João e Maria como um padrão comportamental operante, ou seja, como um padrão comportamental que foi modelado, se mantém e eventualmente será extinto, conforme a contingência entre essa atividade e o reforçamento obtido pelos namorados, não sendo necessário, no entanto, que cada telefonema, cada encontro, cada carinho trocado entre eles seja pontualmente reforçador, desde que a taxa de reforço do namoro seja suficiente para competir com outras atividades alternativas, isto é, vinculadas ao mesmo 'evento filogeneticamente importante', no caso, o sexo[141].

Um segundo ponto é que a extensão no tempo e no espaço permite uma ampla divisibilidade dos padrões comportamentais molares, de tal modo que, cada unidade comportamental se encaixa em outras unidades mais amplas e, por sua vez, é composta por unidades comportamentais mais restritas (Dutra, 2003a; Baum, 2002), cujos limites máximos e mínimos são, do ponto de vista da análise científica, meramente empíricos e, do ponto de vista da aplicação, tão somente práticos. No exemplo do namoro, ele pode ser subdividido em atividades mais específicas como os já citados telefonemas, trocas de carícias, passeios, podendo-se acrescentar ainda as cenas de ciúmes, brigas e reconciliações. Por outro lado, no contexto da vida de Maria, o namoro com João se encaixa no padrão mais amplo constituído pela etapa de vida de uma mulher jovem e

140 Poderia ser uma amizade, uma sociedade, uma relação profissional ou de vizinhança.

141 A rigor, o certo seria, em termos filogenéticos, 'reprodução', como veremos no próximo capítulo (Baum, 2002). No entanto, como estamos enfatizando o reforçador e não a respectiva função biológica, a alusão ao 'sexo' nos parece mais adequada.

solteira, que é diferente da etapa de vida anterior à puberdade e de uma eventual etapa de vida futura de mulher casada[142].

Um terceiro aspecto é que a utilização do tempo, principalmente, no enfoque molar, como variável dependente básica para se medir o comportamento, torna possível se fazer comparações entre atividades ou padrões comportamentais distintos, o que dá ao conceito de seleção comportamental ontogenética um formato mais facilmente assimilável ao da seleção natural (filogenética) – a qual, como se sabe, pressupõe a competição como base para o processo de aptidão relativa –, do que a tradicional ideia de 'força do operante', utilizada no modelo molecular para o mesmo propósito. A ideia básica aqui é que o tempo, sendo um recurso finito para a alocação das variantes de um determinado padrão comportamental, funcionaria na seleção comportamental de modo análogo à capacidade de carga dos ecossistemas na seleção natural, a qual é responsável pela manutenção do tamanho das populações de indivíduos de uma espécie durante o processo evolutivo (Baum, 2002, p. 98). Além disso, sendo o tempo, no modelo molar, o recurso escasso por excelência da seleção comportamental ontogenética (Baum; Rachlin, 1969), pode-se medir as quantidades de alocações temporais das várias atividades de uma pessoa, a fim de que, com base em hipóteses como a de que tais alocações se correlacionam à magnitude relativa dos respectivos reforçadores, se possa conjecturar sobre a trajetória provável dos vários padrões comportamentais e, principalmente, programar contingências de reforço a fim de aumentar a frequência dos comportamentos desejáveis (exercícios, estudo, alimentação balanceada) e diminuir a dos indesejáveis (sedentarismo, alimentação não balanceada, vandalismo) (Rachlin, 2000; Sunahara; Pierce, 1982).

O modelo molar é também suficientemente flexível para descrever, além de qualquer espécie de comportamento humano individual, o comportamento social humano, o que importa dizer que grupos de indivíduos podem ser englobados em um único padrão comportamental coletivo[143], desde que se possa identificar uma relação funcional

[142] As etapas de vida variam de cultura para cultura, mas mantêm uma base filogenética bastante clara, em que certas atividades tendem a predominar, por fatores biológicos, em certas etapas de maturação do indivíduo (Alexander, 1987; Baum, 1994).

[143] Como veremos no capítulo seguinte, uma ciência social em bases comportamentalistas, embora partindo de modelos baseados no indivíduo atuante, demanda a adoção de unidades de análise distintas, do ponto de vista empírico, para o comportamento individual e social.

entre o referido padrão coletivo e algum tipo de reforçamento ou punição para os membros do grupo (Emerson, 1972; Glenn, 2003, 2004; Molm, 1997). Em outras palavras, o modelo molar é abstrato, no que diz respeito ao agente que se comporta. Isto vale tanto para um agregado funcional de indivíduos, quanto para os vários 'eus' (*selves*) de um único indivíduo (Ainslie, 2001; Skinner, 1989). Começando pelo segundo caso, podemos dizer que o padrão comportamental do cidadão que se mostra frequentemente indignado com os altos índices de criminalidade de sua cidade é parte de um 'eu'[144] diferente do 'eu' a que pertence o padrão comportamental do mesmo indivíduo quando este comparece a um ponto de venda de drogas ilícitas para adquirir uma determinada quantidade para seu uso. Por outro lado, o conjunto das *performances* da tripulação de uma embarcação da marinha de guerra (Hutchins, 1995), em suas várias missões, ou de um time de futebol, em um ou mais campeonatos, não é apenas a somatória das atuações individuais de cada tripulante ou de cada jogador, mas, um verdadeiro operante coletivo, que garante aos indivíduos, por meio da participação no grupo, um certo tipo de reforçador, que não seria possível sem essa participação[145] (Baum, 1994; Emerson, 1969, 1972; Glenn, 2003).

Algumas das características enfatizadas nos padrões comportamentais pelo modelo molar são semelhantes às que levam muitos biólogos e filósofos da biologia a considerar as espécies como verdadeiros indivíduos (Ghiselin, 1997; Caponi, 2002). Dois aspectos são particularmente relevantes nesse contexto. Em primeiro lugar, os padrões comportamentais, assim como as espécies biológicas, são entidades históricas, ou seja, situadas no tempo e no espaço. Isto faz com que seja considerado inadequado tratar os padrões comportamentais (e as espécies) como 'classes', porquanto essas últimas se definem a partir de um conjunto de atributos abstratos e invariáveis, ao passo que os padrões comportamentais se definem a partir de sua origem histórica e sua função, ou seja, o efeito em termos de reforçamento ou punição que as ações que compõem o padrão em questão geram no ambiente

[144] O próprio 'eu', no caso, é um padrão comportamental complexo (Guerin, 1994)

[145] Pensemos, por exemplo, no que um torcedor recebe em termos de reforço, para permanecer fiel ao seu clube, quando este é campeão, e na *performance* coletiva da torcida, chamada até de décimo-segundo jogador em campo.

(Palmer; Donahoe, 1992; Baum, 2002). Mais ainda, ao contrário das 'classes', os padrões comportamentais, apesar de manterem uma unidade em termos históricos e funcionais, são entidades inerentemente mutáveis. Por exemplo, a rotina de um indivíduo hipotético, Pedro, dirigindo seu carro a fim de ir ao trabalho é um padrão comportamental que eventualmente pode incluir longas esperas em engarrafamentos, evitadas, vez por outra, por uma saída mais cedo de casa ou por um trajeto mais longo que evite as regiões comumente engarrafadas. Dependendo da repetição cada vez mais frequente dos engarrafamentos, pode ser que Pedro acabe fixando um novo horário ou um novo trajeto que sejam relativamente mais reforçadores, em termos de tempo, energia e recursos gastos na ida ao trabalho. Apesar dessa mudança em uma parte componente do padrão mais amplo ou mais inclusivo, o mesmo se mantém como uma unidade reconhecível, no contexto da rotina diária de Pedro.

Em segundo lugar, os padrões comportamentais são totalidades, indivíduos, compostos por partes e não por 'instâncias', como no caso das classes, que por isso podem ser chamadas de 'essências'. Os telefonemas com duas horas de duração e as seções de carícias no andar térreo do prédio de Maria são partes componentes de um padrão comportamental que é o namoro desta com João, e não instâncias de uma essência invariável. Por outro lado, como já aludimos antes, cada padrão é, por sua vez, parte de um padrão mais amplo, da mesma forma que uma espécie biológica se insere em uma categoria taxonômica mais geral, como o gênero, e assim por diante, até incluir toda a vida terrestre. Esse contínuo entre parte e todo que caracteriza os padrões comportamentais molares explica com razoável facilidade a mudança gradativa que, ao final de certo período, pode levar ao surgimento de um novo padrão e ao desaparecimento (extinção) do padrão anterior. Assim, voltando ao exemplo acima, o padrão 'ir de carro para o trabalho' é parte do padrão mais amplo 'ir para o trabalho'. Se Pedro, em alguns dias, vai de metrô, em vez de ir de carro, e o reforço obtido com essa variação 'ir de metrô', dentro do padrão 'ir para o trabalho', é maior do que o obtido com a variação 'ir de carro', pode ser que o padrão 'ir de carro' se extinga, substituído pelo 'ir de metrô'. Tal alteração se dá no interior do padrão mais amplo 'ir para o trabalho', o qual, de um lado, manteve a sua individualidade – Pedro continua indo para o trabalho, em uma determinada faixa de horário e em certos dias da semana, para obter o 'evento filogeneticamente importante' que é o seu sustento e da sua família[146] –; havendo, por outro lado, mudado em um de seus componentes ou partes, qual seja, o meio de transporte; o que, por sua vez, vai possibilitar que novas alterações ocorram.

O desenvolvimento do modelo molar de padrão comportamental operante esteve ligado de modo estreito a certos procedimentos experimentais e, principalmente, a relações quantitativas entre comportamento e consequências reforçadoras ou punitivas, resumidas na fórmula conhecida como lei da igualação, que discutiremos a seguir.

4.5 A lei da igualação

O processo de variação interna a um padrão comportamental, descrito acima com ajuda do exemplo dos meios de transporte alternativos para a ida de Pedro ao trabalho, é estudado pelos psicólogos comportamentais, em laboratório, por intermédio do procedimento denominado esquema de reforço concorrente. Esquemas de reforço são procedimentos nos quais o experimentador fixa vários critérios para a apresentação do reforçador ou punidor, a fim de estudar o efeito de tais variações no comportamento reforçado ou punido (Rachlin, 1991). Por exemplo, em um esquema de reforço chamado de intervalo fixo, o experimentador programa o aparato experimental de modo que, a cada intervalo fixo de tantas unidades de tempo, a primeira resposta[147] do animal no dispositivo programado – geralmente, uma pressão na barra, por um rato, ou uma bicada na tecla, por um pombo –, seja seguida da apresentação de uma certa quantidade de comida, ou outro reforçador de que o animal tenha sido privado. Além dessa, há várias outras modalidades de esquemas de

[146] Na verdade, o reforçador generalizado dinheiro, que será usado, presume-se, na obtenção desses reforçadores primários citados.

[147] Na linguagem da psicologia comportamental, designa-se resposta a um comportamento padronizado que ocasiona uma reação no aparato experimental (e. g., conexão de uma chave elétrica), permitindo uma contagem em unidades discretas de comportamento. Para os que adotam a perspectiva molecular, a resposta, quando ocorre em função de uma contingência de reforço ou punição, é considerada uma instância do respectivo operante. Para o ponto de vista molar, é só um modo de se medir a frequência do comportamento em unidades discretas. Cabe lembrar que determinados aparatos, como a roda de atividade (Rachlin, 1991, p. 108), não se prestam com facilidade à contagem do comportamento em unidades discretas, sendo mais comumente utilizada, nesses casos, a contagem por tempo alocado ao comportamento, que é a preferida por aqueles que adotam o modelo molar.

reforço que permitem aos psicólogos comportamentais estudar muitos aspectos do comportamento operante (Fester; Skinner, 1957).

Como foi dito, o esquema de reforço que se assemelha ao processo por meio do qual Pedro variou o meio de transporte para ir ao trabalho até se fixar no metrô é o esquema denominado de esquema de reforço concorrente. Nesse esquema, o animal é submetido a duas contingências para a obtenção de um dado reforçador, digamos, comida, por intermédio de uma resposta padronizada, como bicar uma tecla, no caso do pombo. Por exemplo, pode-se tornar a obtenção do reforço alimentar contingente, concorrentemente, a cinco ou dez bicadas em uma ou outra dentre duas teclas disponíveis em um aparato experimental. Para que o animal discrimine entre uma contingência e outra, pode-se sinalizá-las dando-se uma coloração, por exemplo, verde, à luz que ilumina internamente a tecla com a contingência de cinco bicadas e outra coloração, por exemplo, vermelha, para a luz que ilumina internamente a tecla com a contingência de dez bicadas. Para se anular um eventual viés favorável a uma das teclas, postas geralmente uma ao lado da outra, costuma-se inverter, periodicamente, as teclas com as respectivas contingências, acompanhando-se a inversão com a correspondente troca das cores, para manter a sinalização adequada[148].

Posto em um aparato como esse, um pombo faminto irá, após algum tempo, fixar-se em um padrão de comportamento estável, qual seja, bicar exclusivamente a tecla correspondente à contingência de cinco bicadas para cada apresentação de reforço alimentar (Leslie, 1996). De acordo com os adeptos do modelo molar, tal se dá porque a taxa de reforço[149] dessa contingência é maior do que a da outra contingência. De fato, qualquer que seja a duração da seção experimental, o pombo irá obter maior quantidade de alimento, bicando na tecla com menos bicadas por apresentação de reforço, do que se alternar entre esta e a outra.

Em outra variação desse procedimento, modifica-se as contingências de tal modo que, em vez de um número de bicadas em cada tecla,

[148] Ou seja, se antes era a tecla da esquerda que exigia cinco bicadas para cada apresentação de comida, com a inversão passa a ser a da direita a exigir cinco bicadas e vice-versa, mantendo-se a luz verde para cinco e a vermelha para dez bicadas.

[149] Taxa de reforço é a quantidade de reforço obtida dividida por unidade de tempo fixa (Catania, 1998).

exige-se a passagem de um determinado intervalo de tempo, digamos dez segundos, para que a bicada em uma das teclas ocasione a apresentação do reforço alimentar; impondo-se um intervalo diferente, digamos vinte segundos, para a bicada na outra tecla ocasionar a disponibilização do alimento. Nessas condições, o pombo, após algum tempo de contato com a dupla contingência em questão[150], irá bicar alternadamente as duas teclas[151], obtendo, assim, uma taxa de reforço maior do que se mantivesse as bicadas em apenas uma das teclas. Mais ainda, ele irá bicar cada uma das teclas de modo aproximadamente proporcional à respectiva taxa de reforço, no caso, aproximadamente o dobro de bicadas na tecla que exige um intervalo menor (Catania, 1998, p. 188).

A essa relação matemática entre a taxa de resposta e a taxa de reforço em um esquema de reforço concorrente se deu o nome de lei da igualação (*matching law*)[152]. Inicialmente, a lei da igualação foi formulada em termos da proporcionalidade entre a taxa de resposta relativa[153] e a respectiva taxa de reforço relativa[154]. Conforme se foi percebendo a importância de se ter uma medida quantitativa do comportamento de escolha[155], a fórmula foi sendo modificada, para se adaptar às várias circunstâncias de pesquisa e, principalmente, a determinadas inadequações da versão inicial, em face de certos fenômenos, como por exemplo a sensibilidade (*sensitivity*) e o viés (*bias*).

[150] É necessário também que o próprio comportamento de alternar entre as teclas tenha sido modelado no repertório do animal (Donahoe; Palmer, 1994).

[151] O número de respostas emitidas dividido por unidade fixa de tempo é chamado de 'taxa de resposta' (Pierce; Epling, 1995).

[152] A literatura sobre a lei da igualação é bastante vasta. Para uma coletânea de textos do seu principal formulador, Richard J. Herrnstein, com textos introdutórios explicativos, ver Herrnstein; Rachlin; Laibson, 1997.

[153] Em um procedimento de esquema de reforço concorrente, obtém-se a taxa de resposta relativa, dividindo-se a taxa de resposta em uma das opções pela soma de ambas as taxas de resposta. Assim, taxa relativa da resposta 'a' = Ba/Ba+Bb, sendo 'Ba' a taxa de resposta da opção 'a' e 'Bb' a taxa de resposta da opção 'b'.

[154] Obtém-se a taxa de reforço relativa, dividindo-se a taxa de reforço de uma das alternativas pela soma de ambas as taxas de reforço. Assim, a taxa de reforço relativa da opção 'a' = Ra/Ra+Rb, sendo 'Ra' a taxa de reforço da opção 'a' e 'Rb' a taxa de reforço da opção 'b'.

[155] O comportamento de um animal submetido a um esquema de reforço concorrente é chamado de 'comportamento de escolha'.

A sensibilidade consiste em uma mudança na taxa proporcional de resposta[156] maior do que a ocorrida na taxa proporcional de reforço[157], denominada 'superigualação' (*overmatching*) ou, inversamente, uma mudança constante na taxa proporcional de resposta menor do que a ocorrida na taxa proporcional de reforço, denominada 'subigualação' (*undermatching*). Já o viés ocorre quando existe "qualquer preferência sistemática por uma alternativa que não é explicada pelas taxas de reforço relativas" (Pierce; Epling, 1995, p. 283)[158]. Um exemplo de viés, no caso de seres humanos, seria um esquema de reforço concorrente em que a tarefa exigida fosse de alguma dificuldade e utilizasse, em cada alternativa do esquema, apenas uma das mãos, o que poderia ocasionar uma preferência sistemática pela resposta com a mão direita ou esquerda, para destros e canhotos, respectivamente.

A sensibilidade e o viés foram incorporados à fórmula da lei da igualação como parâmetros, no que ficou sendo conhecido como a lei da igualação generalizada (Baum, 1974)[159]. A explicação para o viés é relativamente simples, como no exemplo dos destros e canhotos. Outras vezes, o viés não é inato, mas adquirido nas próprias condições do experimento, em experimentos anteriores, ou mesmo em condições não experimentais vividas pelo animal. Já a sensibilidade é objeto de muita controvérsia, em grande parte derivada das diferenças entre os modelos molar e molecular. Uma explicação compatível com a visão molar é que

[156] A taxa proporcional de resposta (*ratio of responding*) é calculada dividindo-se a taxa de resposta de uma opção pela da outra. Assim, taxa proporcional de resposta = Ba/Bb, onde 'Ba' é a taxa de resposta da opção 'a' e 'Bb' é a taxa de resposta da opção 'b'.

[157] A taxa proporcional de reforço (*ratio of reinforcing*) é calculada dividindo-se a taxa de reforço de uma opção pela da outra. Assim, taxa proporcional de reforço = Ra/Rb, onde 'Ra' é a taxa de reforço da opção 'a' e 'Rb' é a taxa de reforço da opção 'b'.

[158] No original: "any systematic preference for one alternative that is not explained by the relative rates of reinforcement".

[159] A fórmula da lei da igualação generalizada é $Ba/Bb = k(Ra/Rb)^a$, onde 'Ba' e 'Bb' são as a taxas de resposta nas opções 'a' e 'b', 'Ra' e 'Rb' são as respectivas taxas de reforço, e os parâmetros 'k' e 'a' representam, respectivamente, a sensibilidade e o viés (Pierce; Epling, 1995, p. 278). Segundo Baum (1974), a fórmula da lei da igualação pode ser representada como uma linha reta, se escrita na forma logarítmica, na qual o parâmetro 'k' (sensibilidade) representa o ponto de interceptação e o parâmetro 'a' (viés) a inclinação da curva. Assim, $\log(Ba/Bb) = \log k + a . \log (Ra/Rb)$.

o animal pode não estar sendo capaz de discriminar[160] com suficiente acuidade e na velocidade requerida a mudança nas taxas de reforço relativas, dando origem à subigualação (*undermatching*), que é o tipo de sensibilidade mais frequentemente observada. Aliás, os adeptos do modelo molar também recorrem ao problema da discriminação insuficiente das contingências cambiantes, para explicar porque o animal que foi submetido a um esquema de reforço intermitente ou variável[161] tende a demorar mais tempo para completar o procedimento de extinção do que o animal submetido a um esquema de reforço fixo (Rachlin, 1991, p. 118). Independentemente das explicações, no entanto, a utilização dos parâmetros para a mensuração da sensibilidade e do viés, além de incrementar o valor preditivo da lei de igualação, em condições de laboratório,

[160] Discriminação de estímulo é a expressão usada pelos psicólogos comportamentais para designar a relação estável entre um padrão comportamental operante e o contexto em que o mesmo usualmente ocorre. Como mencionamos antes, certos padrões comportamentais inatos, chamados reflexos, permitem a identificação de estímulos bem determinados que então se diz que 'eliciam' os respectivos comportamentos, como o alimento que colocado na boca elicia a salivação do animal e o som da campainha que passa a eliciar a salivação quando apresentada imediatamente antes da comida por um certo número de vezes. Esses estímulos eliciadores de comportamentos respondentes (reflexos) de modo inato ou condicionado são denominados, respectivamente, estímulo incondicionado e estímulo condicionado. Já os padrões comportamentais operantes não permitem que se identifique estímulos determinados em presença dos quais se possa dizer com segurança que os comportamentos ocorrerão, mas apenas estímulos ou complexos de estímulos que tornam mais provável a ocorrência dos comportamentos em questão, por terem os mesmos sido reforçados em presença de estímulos semelhantes em ocasiões anteriores, os quais são chamados de estímulos discriminativos. Por exemplo, o som da chuva caindo é um estímulo discriminativo para alguém que está prestes a sair de casa portar um guarda-chuva, mas não se pode dizer que o som da chuva elicia o ato de portar o guarda-chuva. Diz-se então que o estímulo discriminativo nesses casos 'estabelece a ocasião' (*sets the ocasion*) para o comportamento tornado mais provável por ele. Note-se que o estímulo discriminativo não sinaliza o reforço propriamente, mas a relação contingente entre o comportamento operante e o respectivo reforço. A discriminação de estímulo é a chave para o estudo da cognição humana em bases comportamentais (Rachlin, 1991; Baum, 1994; Catania 1998; Pierce; Epling, 1995; Skinner, 1953).

[161] No esquema de reforço intermitente ou variável, o experimentador varia aleatoriamente o número de respostas ou o intervalo exigido para a disponibilização do reforçador (comida, por exemplo), mantendo, porém, na média um número fixo de respostas ou intervalos. Por exemplo, em um esquema de razão variável de cinco respostas para cada apresentação do reforço (VR 5), o aparato experimental é programado de modo a apresentar o reforço em seguida a um número variável de respostas, equivalendo, porém, na média do experimento, a cinco respostas por reforçador.

ampliou significativamente a utilidade da mesma, em termos de aplicações fora do ambiente laboratorial (McDowell, 1982, 1988; Sunahara, 1980; Sunahara; Pierce, 1982).

Um outro importante desenvolvimento teórico da lei da igualação é a chamada lei do efeito quantitativa (Herrnstein, 1970, 1974)[162]. A ideia fundamental que levou à formulação dessa lei é que todo o comportamento é comportamento de escolha. Uma ideia que, diga-se de passagem, já fazia parte da teoria microeconômica neoclássica, por intermédio do conceito de custo de oportunidade (Samuelson, 1976), além de já ter sido incorporada à teoria da troca social por Homans (1961), o que reforça o que havíamos falado sobre a concepção molar implícita nessa teoria sociológica baseada no comportamentalismo radical de Skinner. O que não diminui, claro, a importância da proposição de Herrnstein, a qual, além de ter uma base experimental até então inexistente na microeconomia e na teoria da troca social[163], permitiu uma formalização matemática alternativa à dos microeconomistas, sendo uma das importantes pontes de ligação atuais entre a psicologia comportamental e a nova disciplina denominada economia comportamental (Kagel; Battalio; Green, 1995; Alison, 1983; Bauman, 1991; Hursh, 1978, 1980, 1984, 2000; Lea, 1978; Rachlin et al., 1976), a qual discutiremos em seguida.

A lei do efeito quantitativa relaciona matematicamente as taxas absolutas de resposta e de reforço, em vez das taxas relativas respectivas, relacionadas pela lei da igualação original (Pierce; Epling, 1995, p. 288). O raciocínio, como dissemos, se baseia na ideia de que mesmo os comportamentos que não estão sendo objeto de manipulação e mensuração controlada no contexto do experimento, estão sob o controle de

[162] Cuja fórmula mais simples é Ba/Ba+Be = Ra/ Ra+Re, onde 'Ba' é o número de respostas referentes ao comportamento sob análise e 'Be' é o número de respostas referentes a todos os demais comportamentos apresentados pelo animal durante o experimento; e 'Ra' é a quantidade de reforço vinculada ao comportamento em análise e 'Re' é a quantidade de reforço obtida das fontes extravagantes pelo animal, durante o experimento.

[163] Atualmente, tanto a teoria da troca social (Molm, 1997), quanto a microeconomia (Kagel; Roth, 1995), contam com ativos programas de pesquisa experimental, em grande parte baseados nos procedimentos usados pelos psicólogos comportamentais. Quanto à teoria da troca social, especificamente, já nos seus primórdios, na década de 1950, havia uma base experimental incipiente, com fulcro em experimentos com seres humanos, cujo desenho não tinha influência significativa da teoria comportamentalista skinneriana (Homans, 1951).

contingências de reforço e punição outras, não planejadas, as quais são incorporadas na equação original com a denominação de fontes de reforço extravagantes[164] (*extraneous sources of reinforcement*).

Assim como as fórmulas da lei da igualação proporcional e generalizada, a da lei do efeito quantitativa pode utilizar como unidade de comportamento tanto o número de respostas discretas, no numerador e no denominador, quanto o tempo consumido pelo animal no comportamento em questão e nos demais comportamentos desenvolvidos durante o experimento. Conforme o tipo de contexto, experimental ou aplicado, é melhor se adotar uma ou outra fórmula. Passaremos agora a discutir outro importante programa de pesquisa comportamental diretamente ligado ao modelo molar de padrão comportamental operante, chamado de economia comportamental.

4.6 Economia Comportamental

Os vários desenvolvimentos da lei da igualação, no plano teórico-experimental e aplicado, deram um grande impulso à perspectiva molar no interior da psicologia comportamental, bem como ao diálogo desta com outras disciplinas, principalmente com a microeconomia. Esse diálogo, entretanto, não se dá apenas com a exportação de métodos e conceitos da psicologia comportamental para a microeconomia, mas também pela importação de contribuições da microeconomia para as pesquisas e desenvolvimentos teóricos dos psicólogos comportamentais, resultando esse relacionamento em uma nova disciplina denominada economia comportamental (*behavioral economics*), a qual se define como "a combinação entre os conceitos, princípios e medidas da microeconomia e os

[164] Optamos por traduzir a expressão inglesa '*extraneous*' por 'extravagantes' porque a palavra 'externas', no contexto, poderia dar à impressão de que se trataria necessariamente de fontes localizadas fora do ambiente experimental, quando, na verdade, se pretende dizer que são fontes estranhas ao contexto posto sob o controle do experimentador, o que é diferente. Porém, a palavra estranha não é usada em português com esse sentido sem que venha acompanhada de uma outra a ela subordinada, como, no caso, caberia dizer 'estranhas ao contexto', o que só complicaria as coisas. Já a expressão 'extravagantes' tem a vantagem de ser utilizada no direito com esse exato sentido, de não pertencimento a um contexto, quando se fala, por exemplo, em lei extravagante, querendo dizer lei que trata de um tema codificado, fora do respectivo código.

conceitos, princípios e métodos experimentais desenvolvidos pelos analistas comportamentais"[165] (MADDEN, 2000, p. 6).

Uma das principais contribuições da economia comportamental é a distinção entre 'economia aberta' e 'economia fechada' (HURSH, 1980). Nas pesquisas sobre comportamento operante, um procedimento tradicionalmente utilizado é o de se garantir a motivação do animal – isto é, o poder reforçador do estímulo contingente ao comportamento que será usado no experimento –, por meio da privação[166]. Por exemplo, no caso de se utilizar comida como reforçador, garante-se a privação, mantendo-se o animal com cerca de 80% do seu peso normal, o que é feito por intermédio de suplementação alimentar, fora do contexto experimental e, consequentemente, de modo independente ao comportamento objeto do experimento em questão[167]. Essa prática foi denominada 'economia aberta'. Nessas condições, o animal irá manter um padrão comportamental no qual, qualquer que seja o reforçador utilizado, a taxa de resposta será proporcional à taxa de reforço. Entretanto, se o procedimento for modificado de forma a que todo o acesso àquela modalidade de reforçador – por exemplo, todo o acesso à comida por parte do animal submetido ao procedimento – for obtido apenas por intermédio da contingência imposta no aparato experimental, então, a taxa de resposta irá variar, para alguns tipos de reforçador, de modo inverso ao da taxa de reforço; enquanto que, para outros tipos de reforçador, ela irá variar de modo diretamente proporcional à taxa de reforço (HURSH, 1978). Essa modificação no procedimento, na qual o animal recebe toda a quantidade diária de um determinado reforçador – por exemplo, alimento – apenas submetendo-se à contingência imposta no aparato experimental foi denominada 'economia fechada'. A grande vantagem dessa alteração no procedimento é que, em uma economia fechada, se pode levar em conta uma variável molar que não era controlada no procedimento tradicio-

[165] No original: "a combination of microeconomic concepts, principles, and measures along with concepts, principles, and experimental methods developed by behavior analysts".

[166] A privação e a saciação, assim como outras operações que aumentam ou diminuem, em um determinado momento, a efetividade de um determinado estímulo como reforçador ou punidor são chamadas de operações estabelecedoras ou motivadoras (MICHAEL, 2004).

[167] Trata-se, portanto, de uma contingência semelhante ao procedimento de extinção.

nal (economia aberta), qual seja, a quantidade total de um determinado tipo de reforçador obtido pelo animal submetido ao experimento[168].

Por outro lado, em uma economia fechada, é possível também se estudar experimentalmente o comportamento de escolha quando os reforçadores são qualitativamente diferentes, por meio do conceito de elasticidade da demanda de um bem ou, na linguagem da psicologia comportamental, de um reforçador (Hursh, 1984, 2000). Isto porque a taxa de resposta de um comportamento ao qual o acesso a um bem ou reforçador foi tornado contingente pode ser equiparada ao conceito de demanda utilizado na microeconomia (Rachlin et al., 1976; Lea, 1978; Madden, 2000; Hursh, 2000). Assim, a demanda (taxa de resposta) de um bem (reforçador) é dita inelástica quando, em condições de economia fechada, a mesma varia de modo inversamente proporcional à taxa de reforço. Chama-se, por sua vez, elástica à demanda (taxa de resposta) de um bem (reforçador) que, em condições de economia fechada, varia de modo diretamente proporcional à taxa de reforço. Exemplos experimentalmente comprovados de reforçadores que, em condições de economia fechada, têm, respectivamente, demanda inelástica e elástica são a comida e a estimulação elétrica cerebral (*electrical brain stimulation*) (Hursh, 1984). Entretanto, essa distinção deixa de ser perceptível nas condições experimentais da economia aberta, nas quais todos os reforçadores têm demanda elástica, o que se explica por força da suplementação, fora da contingência imposta no experimento, de reforçadores com demanda inelástica, como a comida, prejudicando assim o controle dessa variável molar fundamental que é o nível total de consumo de um bem ou reforçador.

Outra contribuição importante da economia comportamental é a distinção entre bens[169] substitutos e complementares. Essa distinção é importante em razão de a grande maioria dos estudos experimentais do comportamento de escolha se utilizar de um único tipo de reforçador, em ambas as opções, variando apenas as contingências em termos de magnitude, atraso e probabilidade do reforço (Rachlin, 1989). Porém,

[168] Para um avançado tratamento das relações entre a Psicologia Comportamental e a Microeconomia, especialmente, a teoria da demanda, ver Rachlin, 1989; e, para um tratamento experimental mais completo, Kagel; Battalio; Green, 1995.

[169] Enquanto estivermos tratando da economia comportamental, iremos nos referir aos reforçadores, à maneira dos economistas, como bens.

quando os tipos de reforçadores utilizados são diferentes, as propriedades do comportamento apresentado também são distintas. Assim, se os reforçadores utilizados forem permutáveis entre si – digamos, água do filtro e água mineral sem gás – o padrão comportamental desenvolvido em um esquema de reforço concorrente será tal como descrito na lei da igualação. Por exemplo, se forem programadas duas opções com diferentes taxas de razão fixa, o animal irá concentrar as respostas quase que exclusivamente na opção que lhe garanta a maior taxa de reforço, conforme já mencionado por nós. Nesse caso, diz-se que os bens em questão são substitutos[170]. Na hipótese, porém, de bens ou reforçadores que só possam ser consumidos conjuntamente, chamados de bens complementares, à medida que a taxa de reforço de um deles aumenta (aumentando assim a quantidade total disponível do reforçador em questão, em condições de economia fechada), diminui a respectiva taxa de resposta, ao mesmo tempo em que aumenta a taxa de resposta na opção que torna o outro reforçador disponível, resultando na eliminação de quaisquer alterações significativas na quantidade relativa total de consumo dos mesmos. Um exemplo seria o de sapatos do pé esquerdo em relação aos do pé direito (Rachlin, 1989, p. 193). Se, em um experimento hipotético, alguém estivesse submetido a um esquema de reforço concorrente por meio do qual, em uma das opções, cada 10 respostas fosse reforçada com um pé de sapato direito, enquanto que, na outra, cada 20 respostas fosse reforçada com um pé de sapato idêntico, porém esquerdo, é de se supor que a pessoa em questão distribuiria suas respostas de tal modo a obter um número máximo de pares de sapato, em vez de concentrá-las na opção que lhe garantiria mais sapatos, porém todos do pé direito[171].

[170] Na realidade, a grande maioria dos bens ou reforçadores mantêm graus variados de substitutibilidade entre si, variando ainda de pessoa para pessoa, sendo raro o caso de bens substitutos perfeitos. Nos experimentos com o mesmo tipo de reforçador em um esquema concorrente, contudo, temos um exemplo de substituto perfeito.

[171] Nem sempre se pode saber, *a priori*, se dois reforçadores são ou não complementares, para um dado indivíduo. O conceito de complementaridade, portanto, não se refere apenas aos bens que, obviamente, só podem ser consumidos em conjunto, mas a todos aqueles que apresentem as características descritas pelo conceito de complementaridade, em contextos de escolha. É importante ressaltar também que a economia fechada é uma condição molar, isto é, que leva em conta um período mais ou menos extenso de tempo. Nessas condições, mesmo dois bens que possam ser consumidos em momentos diferentes, se forem subme-

A economia comportamental é mais um importante desdobramento da perspectiva molar no sentido de dar consequência aos amplos horizontes teóricos e práticos do comportamentalismo radical de Skinner. Não obstante, a mera extensão dos padrões comportamentais no tempo não responde totalmente ao desafio de construir uma ciência do comportamento humano (Dutra, 2003a), especialmente considerando-se as necessidades de uma disciplina social aplicada como o direito. É preciso fazer a transição do laboratório para a vida social concreta de um modo que se contraponha à crítica recorrente contra o comportamentalismo radical skinneriano, segundo a qual este só se prestaria a aplicações práticas e, por conseguinte, a explicações teóricas, em se tratando de aspectos da existência humana muito semelhantes ao contexto experimental, em que há um controle quase absoluto do ambiente por parte do pesquisador, tais como em instituições fechadas, chamadas também de instituições totais, como hospitais, prisões, escolas e fábricas (Lacey, 2001). Ou ainda, em situações-limite, como as chamadas doenças psicóticas, nas quais a própria condição, por assim dizer, patológica do indivíduo o tornaria semelhante ao modelo de ser humano cognitivamente limitado que, segundo esses críticos, é o preconizado pela psicologia comportamental.

Não seria o caso aqui de responder a esses críticos, arrolando exemplos das muitas aplicações da psicologia comportamental que não se enquadram nos limites pressupostos por eles, mas de tentar traçar um esboço da visão comportamentalista de sociedade, porquanto, se essa visão for plausível e capaz de aplicação prática em um campo tão relevante e complexo como o direito, não haverá mais como sustentar semelhantes críticas. É o que tentaremos fazer no capítulo seguinte.

tidos a uma contingência concorrente, podem demonstrar-se complementares, como é o caso da comida em relação à água (Hursh, 1984).

Capítulo 5
Análise do Comportamento Social

5.1 Ciência social comportamentalista

O mais conhecido programa de pesquisa em ciências sociais, baseado na psicologia comportamental, é a chamada teoria da troca social, iniciada no quinquênio final da década de 1950 e ainda muito atuante, especialmente no que tange à chamada microssociologia ou sociologia dos pequenos grupos de interação face a face (Bredemeier, 1980; Emerson, 1969, 1972; Homans, 1958, 1961; Molm, 1997).

Outra vertente de aplicação da psicologia comportamental à teoria social tem origem em setores da corrente multidisciplinar denominada neoinstitucionalista, integrados, principalmente, por sociólogos e economistas que vêm se valendo crescentemente da psicologia comportamental para construir um modelo alternativo de indivíduo atuante, livre dos pressupostos cognitivos considerados demasiado implausíveis do modelo dominante, baseado nas teorias da escolha racional ou da ação racional[172]. A corrente neoinstitucionalista tem como um de seus

[172] Para alguns autores, escolha racional envolve pressupostos cognitivos, como a capacidade de computar a utilidade esperada de um determinado curso de ação e os respectivos custos, etc., enquanto que ação racional é apenas o resultado de ações aleatórias, as quais, vistas em nível agregado, tenderiam à racionalidade, por efeito de algum mecanismo compensatório dos desvios em relação ao que seria o curso de ação mais racional (Friedman, 1953; Becker, 1976). Outros ainda chamam de ação racional à simples alocação dos meios mais eficazes aos fins pretendidos. Do ponto de vista comportamental, no entanto, não existe propriamente

principais objetivos construir uma ponte entre os universos macro e microssocial (ALEXANDER et al. (Eds.) 1987, HUBER (Ed.), 1991), representado em grande parte pela ideia de ordem institucional como fenômeno emergente (MACY, 1990, 1993; VANBERG, 1994; NEE; INGRAM, 2001).

Além dessas duas vertentes, a visão científico-comportamentalista de sociedade tem sido desenvolvida também pelos próprios psicólogos comportamentais, em colaboração direta com cientistas sociais (SUNAHARA, PIERCE, 1982), ou por meio de reinterpretações de teorias desenvolvidas na antropologia, na economia, na psicologia social, na sociologia e na ciência política (KUNKEL, 1975, 1985, 1986; 1991; GLENN, 1991; GUERIN, 1994; LAMAL, 1991; ULMAN, 1998).

Não pretendemos neste capítulo revisar essa vasta literatura ou sintetizar os muitos caminhos trilhados pelos diferentes autores[173], mas discutir seletivamente alguns temas da concepção comportamental de sociedade, que mais de perto interessam à pretendida fundamentação

um único padrão comportamental que se possa chamar de ação racional, mas padrões comportamentais diferentes, com base em contingências de reforço diferentes. Por exemplo, no caso de estrategistas militares ou de grandes corporações privadas e governamentais, o que se chama de comportamento estratégico tem muito de comportamento de resolução de problemas (*problem solving behavior*), o qual, na visão comportamental, envolve os chamados comportamentos precorrentes, basicamente, comportamentos que modificam o contexto (estímulos discriminativos), de modo a tornar mais provável a solução do problema (DONAHOE; PALMER, 1994). Já no caso das firmas em um mercado altamente competitivo, o processo, em nível agregado e de médio prazo, assume uma característica semelhante à seleção natural e operante (ALCHIAN, 1950; BOULDING, 1981) podendo-se incluir tal processo na rubrica da seleção cultural, ou, dadas as especificidades, estudá-lo separadamente, importando mais o enquadramento conceitual do que o rótulo para o processo em si. Quanto à alocação ótima de meios a fins, como Rachlin e outros autores comportamentalistas adeptos do modelo molar têm afirmado, além de sociólogos, cientistas políticos e microeconomistas, trata-se tão somente do modelo lógico das funções retroalimentativas (*feedback functions*), que se usa para representar uma situação de equilíbrio dinâmico, como o de um *pool* genético em um dado ambiente natural, o repertório comportamental de um organismo e seu ambiente de vida, físico e social, enfim, qualquer sistema que seja capaz de aprender a partir das consequências (BAUM, 1973; RACHLIN, 1971, 1978; WILLIAMS, 1992).

[173] Mesmo porque, eventualmente, esses não levam ao mesmo lugar, em razão de diferenças entre o que os psicólogos comportamentais entendem como sendo uma concepção teórica de sociedade compatível com a ciência do comportamento humano (LAMAL (Ed.), 1991; BAUM, 1994), como também das distintas leituras que os cientistas sociais, por sua vez, fazem do que seja o núcleo fundamental da psicologia comportamental (HOMANS, 1961; EMERSON, 1969, 1972; MOLM, 1997; MACY, 1990; VANBERG, 1994).

teórica da análise comportamental do direito, a que nos referimos no capítulo anterior.

Destarte, na seção imediatamente seguinte faremos um brevíssimo comentário sobre a teoria da troca social, destacando-se a questão do poder como dependência recíproca, ou seja, baseado no controle por parte dos membros de uma rede de relações sociais sobre os reforçadores e punidores contingentes aos seus comportamentos. Em seguida, dedicaremos duas seções à discussão do papel do contexto natural na caracterização de um padrão comportamental molar. Primeiramente, com relação ao comportamento das demais espécies animais, focalizando os chamados padrões fixos de ação; depois, com relação ao comportamento humano, tentando fazer uma síntese entre a noção de aninhamento de atividades proposta por Baum e a perspectiva defendida por autores como Dutra, entre outros, segundo a qual deve-se interpretar o comportamento humano, em termos molares, como comportamento inserido em um contexto social (Baum, 2002; Dutra; 2003a; Lamal; 1991; Kunkel, 1991). Na última seção, faremos uma ilustração dos pontos de vista defendidos neste capítulo, com base em três exemplos de estudos comportamentalistas de fenômenos sociais. Começando por um caso de terapia familiar de um menino que apresentava um comportamento autolesivo grave, seguindo-se um estudo histórico sobre a excelência musical em quatro orfanatos para moças na cidade de Veneza, no século XVIII, encerrando com um estudo sobre as contingências e metacontingências envolvidas em uma fase do processo de reforma econômica na ex-URSS, conhecido como *Perestroika.* Em nossos comentários a esses estudos, procuraremos ressaltar as respectivas contribuições e as limitações, no sentido da construção de uma teoria unificada do comportamento social humano, o que, para nós, é sinônimo de comportamento humano em condições naturais.

5.2 O comportamento como interação ou troca

Podemos representar o comportamento de um animal – por exemplo, um pombo em um aparato experimental – como uma interação entre organismo e ambiente (Bredemeier, 1980). Nessa interação, o ambiente contém estímulos que afetam o organismo, o qual, guiado por esses estímulos, emite comportamentos que, por sua vez, irão modificar o ambiente em aspectos que irão novamente afetar o organismo, dando origem a um processo cíclico a que se denomina 'sistema retroalimentativo' (Baum, 1973; Bukcley, 1976).

O pressuposto de semelhante modelo de comportamento é que tanto o ambiente quanto o organismo são estruturados[174] de tal modo que é possível se identificar padrões estáveis, também chamados de regras[175] (Vanberg, 1994; Scott, 1971), relativos, seja ao modo como o organismo afeta o ambiente, seja ao modo como o ambiente afeta o organismo. Desde que sejam conhecidas as especificações quantitativas necessárias, pode-se representar esses sistemas retroalimentativos por meio de funções matemáticas (*feedback functions*) (Baum, 1973; Rachlin, 1989), como, por exemplo, as que representam as contingências especificadas pelo experimentador, nos procedimentos de esquema de reforço utilizados nos laboratórios de psicologia comportamental.

O ponto de partida da teoria da troca social ou do comportamento social como troca consiste exatamente em mostrar que a interação entre dois organismos em forma de sistema retroalimentativo pode ser representada como uma troca. Por exemplo, no caso do pombo faminto que bica uma tecla no aparato experimental um certo número de vezes, após as quais recebe do experimentador uma quantidade determinada de alimento, podemos dizer, segundo Homans (1958, p. 598), que o pombo está empenhado em uma troca - bicadas por comida - com o experimentador.

A diferença principal entre essa troca envolvendo pombo e experimentador e a que o próprio Homans chama de 'troca verdadeira', ou seja, a troca social, na qual há pelo menos dois seres humanos reforçando-se reciprocamente, é que o comportamento científico do experimentador não depende do eventual reforço provido pelo animal sub-

[174] Esse pressuposto, não obstante, é formulado diferentemente, conforme se trate de autores adeptos de uma concepção epistemológica realista ou antirrealista (Dutra, 2003b; Barnes-Holmes, 2000).

[175] O sentido de regras aqui é o mesmo que regularidades empíricas, diferente, portanto, do sentido técnico do termo na psicologia comportamental, que é o de estímulo discriminativo verbal que especifica uma determinada contingência e deste modo governa o comportamento do ouvinte. Contudo, a distância entre ambos não é tão grande, porquanto o enunciado de uma regra no sentido técnico da psicologia comportamental é, muitas vezes, indicativo de uma regularidade empírica, a qual o falante torna relevante para o comportamento do ouvinte, enunciando-a para este.

metido ao experimento em um grau minimamente comparável àquele em que o comportamento do animal depende do reforço provido pelo experimentador[176]. Em outras palavras, embora o comportamento do pombo esteja sendo determinado pelas consequências arranjadas pelo experimentador – comida em troca de bicadas –, o comportamento do experimentador não está sendo determinado pelas consequências arranjadas pelo pombo, mas sim pela comunidade social da qual o experimentador faz parte, em especial, a comunidade científica, que provê reforçadores adequados para o comportamento denominado experimento científico, na dependência dos quais o experimentador irá continuar ou não a fazer experiências com pombos famintos que trocam bicadas por comida.

Como alerta Emerson (1969, p. 389), o desafio teórico que o exemplo do pombo na caixa de Skinner propõe não é o de se buscar uma diferença qualitativa entre tal situação e a de dois seres humanos interagindo – o que facilmente se encontra, por exemplo, o fato de se tratar de espécies animais distintas[177] –, mas, ao contrário, o de se construir uma abordagem que, sem romper com o elo identificado entre uma situação e outra, consiga explicar quantitativamente a diferença.

Partindo desse modelo simples de interação entre dois ou mais indivíduos, a teoria da troca social consegue derivar dos princípios da psicologia comportamental (Emerson, 1972; Homans, 1969; Molm, 1981) conceitos sociológicos fundamentais, como estrutura social e poder, fornecendo uma base psicológica mais sólida para disciplinas teóricas, como a sociologia (Homans, 1964, 1969), e aplicadas, como a análise comportamental do direito. O ponto de partida é a representação das contingências sociais de reforço e punição (chamadas, normalmente, de 'estruturas de recompensa') na forma de redes de relações individuais alternativas, nas quais a disponibilidade de reforçadores e punidores é alocada de modo diferenciado nas diferentes posições da estrutura,

[176] Uma diferença quantitativa, portanto.

[177] O maior problema com a estratégia de se buscar diferenças qualitativas é exatamente a facilidade com que as mesmas são encontradas, ocasionando a satisfação, por assim dizer, precoce da demanda que gerou a investigação, sem que se tenha, de fato, conseguido avançar em termos de descrição, predição e, principalmente, controle do fenômeno investigado, o que só é possível por meio de uma estratégia que privilegie as relações funcionais, o que invariavelmente pressupõe a identificação de regularidades mensuráveis, isto é, quantitativas.

tornando os indivíduos situados nessas posições mais ou menos dependentes uns dos outros e, consequentemente, dotados de mais ou menos poder.

Um exemplo clássico (HOMANS, 1961; BLAU, 1964) é o de três pessoas em um escritório, Ego, Alter e Tertius. Digamos que Ego seja novato na firma e não queira se expor a uma avaliação negativa por parte do supervisor (uma quarta pessoa, não arrolada no exemplo), em seu período de experiência. Não obstante, tem constantes dúvidas sobre aspectos do trabalho, as quais, se não esclarecidas, poderão comprometer a qualidade de seu serviço. Por outro lado, Alter aprecia quando alguém demonstra sinais públicos de deferência e admiração por seus conhecimentos profissionais e 'espírito de equipe', especialmente porque aspira chegar em breve a supervisor. Assim, quando tem dúvida sobre algum assunto profissional, Ego, em vez de expô-las ao supervisor, recorre a Alter, que, prontamente, fornece as explicações necessárias. Temos, então, a situação paradigmática da troca social: Ego e Alter, no contexto do escritório, funcionam como estímulos discriminativos recíprocos e, ao mesmo tempo, fonte dos reforçadores recíprocos, isto é, a instrução de que Ego precisa e a demonstração de deferência e admiração apreciada por Alter.

Claro que há custos[178] envolvidos. Para Ego, os estímulos aversivos ligados à exposição pública de suas deficiências profissionais; para Alter,

[178] Há pelo menos três definições de custo, nas teorias comportamentais molares, especialmente a economia comportamental e a teoria da troca social. A mais geral é o custo como esforço, que é o próprio comportamento, quando encarado como um meio de troca para a obtenção do reforço, positivo ou negativo (KAGEL; BATTALIO; GREEN, 1995). O esforço envolve sempre o custo de oportunidade, o desgaste físico e eventual estimulação aversiva. O desgaste físico, para simplificação, pode ser assimilado à estimulação aversiva, a qual, além então desse desgaste físico natural, pode envolver desde a dor física, advinda da atividade realizada em troca do reforço, até formas aversivas condicionadas, como a reprovação social. O custo de oportunidade é definido por Homans (1961), como o valor a que se renuncia (*value foregone*) quando se deixa de optar pelo curso de ação que leva à obtenção de um dado reforçador, em troca de outro curso de ação, que leva a obtenção de um reforçador diferente. Assim, o custo para Alter da ajuda a Ego é basicamente um custo de oportunidade, ou seja, o valor renunciado que poderia ser obtido em uma atividade alternativa, provavelmente, o término de suas próprias tarefas, sendo desprezível o custo por estimulação aversiva. Já o custo para Ego é, presumidamente, um custo por estimulação aversiva, em razão de ele se colocar em posição de inferioridade perante Alter, ao ter de pedir-lhe auxílio, em troca de demonstrações públicas de deferência e admiração, sendo desprezível o custo de opor-

o tempo gasto em explicar o serviço a Ego, que é subtraído do tempo necessário ao cumprimento de suas próprias tarefas. Ocorre também o que os psicólogos comportamentais chamam de saciação e os economistas de rendimentos decrescentes, ou seja, a cada vez que Ego, em um determinado dia, procura Alter para esclarecer uma dúvida, o custo em tempo roubado às suas próprias tarefas para Alter é maior, enquanto que o poder reforçador de mais uma demonstração de deferência e admiração por parte de Ego é menor. O mesmo sendo válido para Ego, em relação aos seus próprios custos e benefícios: cada demonstração pública de deferência e admiração por Alter lhe é mais aversiva, enquanto a ajuda obtida é menos reforçadora, em comparação com a anterior.

A situação se complica, se incluirmos Tertius, o qual não tem os conhecimentos necessários para servir de fonte alternativa de reforço para Ego, mas, suponhamos, também recorre a Alter para resolver suas próprias dúvidas profissionais, em troca de demonstrações públicas de deferência e admiração, sendo, destarte, uma fonte alternativa de reforço para Alter. Com isso, embora a relação diádica entre Ego e Alter, isoladamente considerada, não tenha se alterado, a presença de Tertius como fonte alternativa de reforço para apenas um deles mudou as condições estruturais que afetam essa relação entre nossos dois personagens originais. O custo de oportunidade incorrido por Alter a cada ajuda a Ego, aumentou, porquanto, além de subtrair-lhe tempo de suas próprias tarefas, subtrai tempo para possíveis auxílios a Tertius. De modo que, nos termos de Emerson (1969, 1972), aumentou a dependência de Ego em relação a Alter e, na mesma medida, o poder deste em relação ao primeiro (EMERSON, 1962). Provavelmente, Ego terá agora que incorrer em mais custos, para obter os mesmos serviços de auxílio em suas dúvidas profissionais, o mesmo valendo para Tertius, ao passo que Alter, se alternar suas seções de ajuda entre Ego e Tertius, poderá obter um rendimento por tempo de ajuda maior do que obteria investindo o mesmo tempo apenas para um deles, como antes da chegada de Tertius[179].

tunidade. Para fins analíticos, ambos são descontados do reforço obtido, para se ter o saldo reforçador final. Em uma análise aplicada, visando quiçá uma intervenção, a distinção entre os vários tipos de custo pode ser relevante ou não.

[179] Isso decorre da saciação ou rendimento decrescente. Como cada ajuda extra é menos valiosa para Ego ou Tertius, cada um deles iria trocá-la por menos deferência e admiração. Alter irá maximizar seu investimento em ajuda, se alternar entre um e outro, de modo

É possível, no entanto, que a capacidade reforçadora da ajuda de Alter não permaneça sempre a mesma, por exemplo, depois que Ego for efetivado na firma, ou houver aprendido o serviço. Temos aí uma outra variável, além da disponibilidade de fontes de reforço alternativas, que influencia as relações de dependência e poder em uma estrutura social baseada no reforçamento recíproco (troca social): o valor que cada participante na relação de troca atribui a um determinado 'recurso'[180]. Combinando-se então as duas variáveis, obtemos quatro tipos básicos do que Emerson (1969, 1972) chama de operações equilibradoras (*balancing operations*), por meio das quais a desigualdade na dependência e, consequentemente, no poder social são compensados e tendem ao equilíbrio. São elas: a) um acréscimo no valor do reforço de Ego para Alter; b) um decréscimo no valor do reforço de Alter para Ego; c) um acréscimo nas alternativas de reforço para Ego; d) um decréscimo nas alternativas de reforço para Alter (Emerson, 1969, p. 393).

Aparentemente, as quatro operações seriam simétricas duas a duas, mas, na realidade, não são, em razão do fenômeno chamado 'coesão social'. Na teoria da troca social, define-se a coesão social como o nível de poder ou dependência recíproca em uma relação de troca social (Emerson, 1972). Assim, as operações equilibradoras que tendem a aumentar a frequência das interações respectivas, aumentam a coesão social; ao passo que as que tendem a diminuir a frequência das interações entre os atores, diminuem a coesão social. Ora, segundo a lei da igualação, a frequência dos comportamentos (no caso, as interações) varia proporcionalmente à quantidade de reforço[181]. Logo, as operações

a manter alto o valor da ajuda para cada um, auferindo assim uma quantidade maior de reforçamento, por unidade de ajuda. Como vimos no capítulo anterior, essa é a previsão da lei da igualação para contextos de escolha com reforçadores ou bens substitutos, em esquemas de intervalo variável.

[180] Chama-se recurso à capacidade que uma pessoa, ocupando uma determinada posição em uma estrutura social em rede, tem de reforçar ou punir pessoas relacionadas a ela na estrutura. Por exemplo, a capacidade de reforçar Ego e Tertius com ajuda profissional é um 'recurso' de Alter e a capacidade de reforçar este último com demonstrações públicas de deferência e admiração é um recurso dos primeiros, na estrutura social representada pelas interações dos três no escritório.

[181] No caso da troca social entre Alter e Ego, a escolha é entre interagir e não interagir, por exemplo, no caso de Ego, tentando resolver sozinho o problema, e no de Alter, dedicando-se às suas próprias tarefas.

equilibradoras listadas nos itens 'a' e 'd' acima, por implicarem um aumento da dependência de Alter, em relação a Ego, tenderão a aumentar as interações e, consequentemente, a coesão social. Enquanto que, as operações equilibradoras listadas nas opções 'b' e 'c', por implicarem uma diminuição na dependência de Ego em relação a Alter, tenderão a diminuir as interações e, consequentemente, a coesão social.

Um outro ponto importante da teoria da troca social é a distinção entre troca social simples e troca social produtiva. Na troca social simples, dois indivíduos interagem, sendo a atividade de cada um deles fonte de reforço independente para o outro, como no caso de Alter e Ego, no sentido de que, a ajuda de Alter é reforçadora para Ego, independentemente do fato de a demonstração de deferência e admiração ser reforçadora para Alter e vice-versa. Na troca social produtiva, por outro lado, os atores, digamos, 'A' e 'B', interagem, a fim de produzirem um recurso qualquer 'r', o qual não é reforçador para 'A' ou 'B', mas para um terceiro agente 'C', o qual, em troca de 'r', reforça 'A' e 'B' com 'y', que é distribuído entre ambos. As condutas de 'A' e 'B' durante as interações e seus respectivos resultados, que podem ou não envolver objetos materiais, não são diretamente reforçadores para um e outro, mas apenas meios de ambos dominarem um recurso 'r', o qual, sendo reforçador[182] para 'C', possibilita-lhes serem recompensados com 'y', que é reforçador para ambos[183]. Os exemplos mais evidentes são as formas de produção econômica, mas podemos imaginar outros tipos de situação.

Digamos que 'A' e 'B' sejam divorciados e não apreciem a companhia um do outro, por fatos ocorridos por ocasião do divórcio. No entanto, 'C', filho deles, adora quando os dois se encontram e o levam a passear, como nos velhos tempos em que a família estava unida, o que equivale a 'r'. Assim, quanto mais a alegria de 'C' pelo reencontro da família, ou seja, 'y', for reforçadora para 'A' e 'B', mais encontros haverá, isto é, mais vezes ambos irão produzir 'r'.

As trocas sociais diádicas se ligam para formar as redes sociais por meio das conexões. Segundo Emerson (1969, p. 396), duas relações

[182] Cabe esclarecer que, a relação contingente entre 'r' e 'y' faz do primeiro um 'reforçador condicionado'.

[183] É facilmente perceptível o quanto a troca social produtiva é potencializada pela existência de um reforçador generalizado como o 'dinheiro', funcionando como 'y'.

sociais, digamos, entre 'A' e 'B' e entre 'B' e 'C', são ditas conexas em 'B', se a frequência ou a magnitude das trocas em uma das relações é uma função da troca na outra relação. O mesmo autor (Emerson, 1972) propõe a seguinte tipologia de conexões entre relações sociais diádicas: a) bilaterais negativas – se a troca em cada relação é uma função inversa à troca na outra relação; como no caso de uma cliente, Joana (B), optar por fazer as unhas com qualquer das manicures, Sílvia (A) ou Madalena (C), alternadamente e sem qualquer preferência clara por uma ou outra; b) bilaterais positivas – se a troca em cada uma de duas relações é uma função direta da troca na outra relação; como no caso de uma adolescente, Carla (B), a qual só pode sair com seu namorado, Lucas (A), se Luíza (C), sua irmã mais nova, for junto; c) unilateral positiva – se a troca em uma das relações é uma função direta da troca na outra relação, mas esta última não depende da primeira, como seria o caso de um trabalhador, Jonas (A), que é empregado de Alceu (B), e com o seu salário sustenta a esposa dona-de-casa, Zélia (C); d) unilateral negativa – se a troca em uma das relações é uma função inversa da troca na outra relação, mas esta última não depende da primeira, como no caso de Joana (B) que só faz as unhas com Sílvia (A), se Madalena (C) não estiver disponível[184].

A teoria da troca pode ser, como aludimos acima, combinada com a lei da igualação, potencializando assim os instrumentos de pesquisa e intervenção dos psicólogos e sociólogos de formação comportamentalista (Pierce, 1991; Sunahara; Pierce, 1982; Sunahara, 1980). Trata-se de um excelente caminho para se ligar os princípios básicos do comportamento humano, estudados pela psicologia comportamental, a contextos sociais historicamente situados, especialmente em se tratando de grupos de interação face a face. Por outro lado, desde os estudos pioneiros de Homans (1958), a teoria da troca social se propõe a ser uma parte da teoria geral da escolha social, da qual faz parte também a microeconomia, com a principal diferença de que, nas interações face a face de natureza não econômica, mais estudadas pela teoria da troca social, o reforçador generalizado é a estima ou aprovação social, a qual, ao contrário do dinheiro, que funciona como reforçador generalizado nas

[184] O estudo das redes de relações sociais tornou-se um sofisticado programa de pesquisa com muitas ramificações. Para uma visão atualizada, ver Molm, 1997 e Willer (Ed.), 1999.

relações econômicas, não é transferível, nem facilmente comparável ou sequer quantificável. Daí a importância da lei da igualação e outras formas de apresentação quantitativa dos princípios comportamentais, para tornar o esquema formalizado e puramente dedutivo da teoria da troca social mais útil à pesquisa e aplicação em contextos humanos naturais.

Na seção seguinte, vamos discutir um outro modo de explicar as semelhanças e diferenças entre a troca social e a que envolve o experimentador e o pombo no laboratório, o qual não se baseia no conceito de dependência entre os parceiros em uma relação de troca, mas no de padrão comportamental molar como comportamento em contextos naturais.

5.3 Molaridade e ambientes naturais

Vimos no capítulo anterior que os psicólogos comportamentais adeptos da perspectiva molar partem do princípio de que o modo mais adequado de se estudar o comportamento animal é concebê-lo como constituído por padrões comportamentais molares, o que para eles significa basicamente padrões comportamentais temporalmente estendidos. Rachlin costuma dar o exemplo de uma sinfonia como padrão comportamental molar (Rachlin, 1989, 1991, 1994, 2000), afirmando que cada trecho dela se explica teleologicamente como parte de uma totalidade mais abrangente que é a sinfonia inteira. Entretanto, como bem assinala Dutra (2003a), ouvir uma sinfonia não é apenas um padrão comportamental temporalmente estendido, mas, principalmente, um padrão comportamental socialmente construído, sendo então necessário, para a explicação do ato de ouvir uma sinfonia, o conhecimento do contexto social em que essa atividade se insere. Outro exemplo comum nos textos de Rachlin é o de uma pessoa que esteja amando. Ele diz, corretamente, que amar é fazer uma série de coisas – vide o nosso próprio exemplo do namoro entre João e Maria –, as quais se inserem como partes em uma totalidade que é o amor. Porém, seguindo a linha de crítica apontada por Dutra no texto acima referido, cabe observar que o amor, enquanto padrão comportamental molar, é fundamentalmente um padrão social, tendo por base o reforço sexual, mas indo muito além disso e variando, ou sequer existindo como nós o conhecemos, em muitas culturas e épocas.

Sem dúvida, em um experimento científico como o do pombo na caixa de Skinner, o comportamento do experimentador é um padrão comportamental que se estende por períodos de tempo relativamente longos e cujo reforçador específico, mesmo se identificado como sendo o comportamento ordenado do pombo (*ordely pigeon behavior*) (EMERSON, 1969), também ocorre de modo temporalmente disperso, no transcorrer de várias tentativas (*trials*), muitas delas malsucedidas. Trata-se, portanto, de um típico exemplo de padrão comportamental molar.

Como no caso da sinfonia, entretanto, a mera extensão temporal não explica o que mantém o comportamento do experimentador, ainda que o comportamento ordenado do animal possa ser definido como o reforçador, porquanto teríamos, de incluir, por exemplo, o prestígio junto à comunidade científica (SHI, 2001), para explicar o próprio poder reforçador que a observação do comportamento ordenado do pombo tem para o experimentador. Podemos também, claro, aceitar a sugestão de que os seres humanos são reforçados primariamente pela constatação da ordem na natureza (PALMER, 1998). Mesmo assim, um cientista mantém uma frequência ou magnitude de comportamento observador da ordem na natureza muito acima da média da comunidade, o que se explica pela divisão social do trabalho, a qual depende de reforço socialmente provido para viabilizar-se. Tão ou mais importante que isso é o fato de que, mesmo o comportamento do animal, se levarmos em conta a distinção entre economia aberta e fechada, discutida no capítulo anterior, parece depender de fatores contextuais que não são apenas temporais, nem exclusivamente aqueles definidos pelo pesquisador. Que fatores são estes? Há algo em comum entre o fato de o comportamento do experimentador depender de um fator a que denominamos imprecisamente 'contexto social' e a distinção entre o comportamento animal em 'economia fechada' e 'economia aberta'? Nas próximas duas seções, iremos sustentar que existe um fator em comum entre esses dois pontos citados, o qual tem relevância na distinção entre os modelos molar e molecular, além de servir de fundamento para a noção de padrão comportamental coletivo. Para melhor organização do argumento desta seção, vamos subdividi-la em duas partes.

5.3.1 *O que é um contexto molar?*

Uma crítica frequentemente endereçada ao modelo molar é que ele tende a enfatizar comportamentos oriundos da seleção filogenética, isto é, padrões fixos de ação (Donahoe; Palmer, 1994, p. 113), os quais seriam, realmente, fruto de um processo estendido no tempo – a seleção natural –, que, no entanto, difere da seleção operante, entre outras coisas, por depender da reprodução dos organismos, um evento que demora relativamente mais tempo para acontecer, ao passo que esta última dar-se-ia, segundo os críticos do modelo molar, no momento mesmo em que ao comportamento (resposta) se segue o reforço (estímulo), sendo inadequado, portanto, descrever os operantes como padrões temporalmente estendidos.

Embora os adeptos do modelo molar possam responder a essa objeção, com base em argumentos principalmente epistemológicos (Baum, 2002; Rachlin, 2000), permanece a questão de que, exceto em relação a uns poucos padrões fixos de ação, mencionados pelos críticos, a mera extensão temporal não é, em geral, suficiente para explicar em termos molares a maioria dos comportamentos humanos. Por outro lado, a única espécie, com exceção de alguns primatas, em que o comportamento operante se desvincula significativamente, em condições naturais, ou seja, fora do laboratório, dos padrões fixos de ação é a espécie humana[185], na qual a imensa maioria dos padrões comportamentais é não só operante ou predominantemente operante, como, também, dependente de algum tipo de aprendizagem social (Bandura, 1977, 1986; Zental; Galef, 1988), mais ainda, de algum tipo de troca social, no sentido descrito acima (Guerin, 1994; Alexander, 1987). Nas demais espécies, o comportamento operante só é observável como tal em laboratório, pois, na natureza, ele é indistinguível dos padrões fixos de ação, como acasalar, migrar, forragear, cuidar dos filhotes, entre outros.

Em nossa opinião, o passo fundamental para entender de modo sistemático a ideia de padrão comportamental molar é inserir a aprendizagem ou seleção operante nos contextos naturais respectivos em que animais e seres humanos vivem. Se, no caso das demais espécies, estes

[185] Um outro grupo seriam os animais domésticos e os utilizados em exibições em parques aquáticos e circos, o que reforça o argumento do texto, na medida em que podem ser considerados, em certo sentido, parte da sociedade humana.

padrões molares são basicamente o que se convencionou chamar padrões fixos de ação[186], ao passo que, no tocante à espécie humana, os padrões molares são na sua imensa maioria, padrões comportamentais coletivos ou sociais, é possível que se possa fazer um paralelo entre o que tais padrões fixos de ação representam para a adaptação dessas espécies aos seus habitat e o que a vida em sociedade representa para a espécie humana. Nossa hipótese, em síntese, é que o modelo molar é o paradigma adequado para se estudar o comportamento animal, em condições naturais; ao passo que o modelo molecular, especialmente o chamado modelo biocomportamental, é apropriado ao estudo dos mecanismos com base nos quais os processos molares são possíveis, em última instância, em termos de requisitos fisiológico-anatômicos[187]. Seguindo essa hipótese, vamos examinar no restante desta seção, os padrões fixos de ação[188] e, na seção seguinte, os padrões sociais humanos.

5.3.2 *O papel do contexto nos padrões fixos de ação*

Muito da sobrevivência do mentalismo entre os etologistas e biólogos evolucionários em geral se deve, provavelmente, à facilidade enganosa que a noção de padrões fixos de ação traz para se explicar os mecanismos subjacentes a comportamentos como os 'rituais' de acasalamento, forrageamento e cuidados com a prole, cuja explicação em termos evolutivos gerais não traz qualquer problema, dada a importância óbvia de

[186] Há muita dubiedade no uso da expressão 'padrões fixos de ação'. No caso da argumentação desenvolvida por nós, não estamos nos referindo às respostas comportamentais estereotipadas, como o bicar em pombos, o farejar em ratos etc., mas a comportamentos relativamente complexos, como os acima citados forrageamento, acasalamento, entre outros.

[187] Entre o nível neurofisiológico e o comportamental molar, situam-se uma série de pesquisas intermediárias, como as que estudam os processos cognitivos, e.g., resolução de problemas, lembrança (*reminding*) e recordação (*remembering*) (Donahoe; Palmer; 1994; Palmer, 1991, 2003).

[188] Além de servir como introdução para a explicação que proporemos sobre o papel dos padrões comportamentais coletivos no comportamento humano em condições naturais, a discussão sobre padrões fixos de ação é diretamente relevante para a discussão dos processos comportamentais humanos básicos, especialmente em função da aceitação crescente que as explicações psicológicas ditas evolucionistas vêm obtendo, as quais, embora não o façam de modo explícito, se baseiam na crença não criticada nos padrões fixos de ação, para postularem comportamentos semelhantes aos mesmos nos seres humanos, como resultado da seleção natural da espécie durante o Pleistoceno.

tais comportamentos para a aptidão. Não basta, porém, para se considerar explicado um fenômeno biológico, mesmo do ponto de vista estritamente evolutivo, se apontar uma suposta vantagem adaptativa, sendo necessário demonstrar que foi ela e não outro fator que deu origem ao fenômeno (Lewontin, 1978; Sober, 1984). Além disso, é preciso descrevê-lo adequadamente, sob pena de se estar explicando uma miragem. Somando-se a dificuldade de se reconstituir processos que ocorreram há muito tempo e cujos vestígios são muito fragmentados ao prestígio do mentalismo como forma de pseudoexplicação causal-eficiente para tais comportamentos, temos o ambiente ideal para o surgimento da teoria dos módulos mentais (Fodor, 1987; Pinker, 1997; Sperber, 1996).

O grande problema com essa teoria não é a possibilidade de existirem estruturas neurônicas especializadas, o que é uma questão empírica para os neurologistas responderem (Damásio, 2000; Palmer, 1991), mas a facilidade com que são inventados módulos para tudo o que há de mental na conduta animal e, principalmente, humana. O que fica de fora, claro, é o contexto. É sintomático que, como observou ironicamente Skinner, apesar de o cérebro ter assumido o lugar que já foi da hipófise e de outros órgãos, não são os neurologistas, mas, principalmente psicólogos, filósofos e antropólogos, que mais fazem uso dos módulos do chamado (outra ironia de Skinner) 'sistema nervoso conceitual'. Combina-se, então, os genes 'funcionais'[189], os módulos do sistema nervoso conceitual e as sempre disponíveis 'estórias exatamente assim'

[189] Por 'genes funcionais' estamos nos referindo às unidades mais ou menos arbitrárias, que não têm fundamento bioquímico direto, com base nas quais os biólogos evolutivos se referem à função adaptativa de algum padrão físico ou comportamental, como, por exemplo, se pode falar em um gene para a imitação ou para a sensibilidade ao reforço socialmente mediado. Claro que nenhum biólogo sensato acredita que exista uma sequência específica de DNA e, consequentemente, alguma proteína, que contenha o 'programa' para tais funções comportamentais; trata-se de um modo econômico de se expressar, dada a complexidade dos processos envolvidos, não totalmente desvendados. Fazer a ligação entre as proteínas sintetizadas com base nas sequências do DNA e as funções fisiológico-anatômicas é tarefa, grosso modo, dos biólogos que se dedicam a essas áreas, enquanto que fazer a ligação entre essas proteínas e o comportamento deveria ser, de um lado, tarefa dos neurofisiologistas, no que tange ao sistema nervoso, de outro, dos psicólogos cognitivos, os quais, entretanto, têm sido prejudicados pelo mentalismo, hoje representado pela teoria dos 'módulos do sistema nervoso conceitual'.

(*just so stories*) do Pleistoceno[190], para se construir uma psicologia evolutiva imersa em mentalismo, com todos os antigos problemas já conhecidos dos psicólogos comportamentais e outros tantos, acrescentados por uma forma pouco cuidadosa de teorização evolucionária[191].

Os resultados da pesquisa experimental do comportamento podem ajudar muito a esclarecer esse tema, principalmente, se refletirmos criticamente sobre o problema dos padrões fixos de ação (Fantino; Logan, 1979). Como ressalta Baum (1994), não há uma fronteira clara entre os reflexos e os padrões fixos de ação, ao que acrescentaríamos, nem entre esses últimos e o comportamento operante[192]. O que há de fixo, antes de tudo, é o contexto, como o provaram de modo cabal as experiências com a estampagem. Na verdade, se refletirmos bem, não haveria como se explicar evolutivamente o fato de que ratos, pombos, peixes e toda uma extensa listagem de espécies animais, colocadas nas mais díspares posições em termos de 'capacidades cognitivas', possam ser objeto de condicionamento operante, se tal capacidade não fizesse parte do que, em condições naturais, é chamado de padrão fixo de ação. Se, como se diz em relação aos padrões fixos de ação, quase tudo que é mais significativo para o esforço vital de um animal – comida, parceiro sexual, abrigo e cuidado com a prole –, em condições naturais, não depende do comportamento operante, mas vem 'programado' geneticamente – no sentido

190 Estamos nos referindo aqui ao hábito de se especular sobre possíveis vantagens evolutivas de determinados padrões comportamentais, principalmente humanos, a partir do período Pleistoceno, considerado pelos paleontologistas como aquele em que o ser humano evoluiu como espécie distinta (Barkow; Cosmides; Tooby, 1992; Maynard Smith, 1982). A expressão 'estórias exatamente assim' (*just so stories*) alude de modo irônico ao caráter especulativo e, não obstante, detalhista com que tais reconstruções do passado evolutivo humano são inventadas (Dennett, 1995).

191 Nem tudo o que se produz na psicologia evolutiva padece dos problemas a que estamos aludindo, especialmente se levarmos em conta o componente empírico dos trabalhos publicados por adeptos dessa corrente. Para uma coletânea de ensaios unanimemente aclamados, ver Barkow; Cosmides; Tooby, 1992. Para apresentações didáticas da disciplina também muito elogiadas, ver Cartwright, 2000; Barret; Dunbar; Lycett, 2002. Para avaliações críticas da disciplina, de pontos de vista distintos ao da perspectiva comportamentalista, ver Panksepp; Panksepp, 2000; Laland; Brown, 2002. Para uma crítica atualizada do mentalismo de um ponto de vista filosófico, Button et al., 1998.

192 Baum, provavelmente, está se referindo ao que, acima, chamamos de respostas comportamentais estereotipadas, ao passo que nós estamos focando, principalmente, nos padrões fixos mais complexos.

mentalista de 'ter um programa mental' para executar aquela ação, tão logo surja o contexto apropriado –, como se explica que uma capacidade tão especial, como a de 'aprender com as consequências', tenha evoluído de modo independente e de forma tão generalizada?

Uma explicação razoável seria a de que os comportamentos respondente e operante não são 'modos de se comportar', distintos dos padrões fixos de ação, porém modos de se estudar experimentalmente a importância do contexto para o comportamento animal[193]. Algo muito semelhante, diga-se de passagem, é o que um grupo de biólogos evolucionários e outros estudiosos da filosofia da biologia, reunidos sob o rótulo de 'sistemas em desenvolvimento' (*developmental systems*), vêm propondo como o próximo passo a ser dado na compreensão de como os genes físicos[194] interagem com o ambiente, para forjar o que nós entendemos como organismos vivos, do ponto de vista fisiológico, anatômico e comportamental[195] (Oyama, 2000; Oyama; Griffiths; Gray, 2001; Odlin-Smee; Laland; Feldman, 2003).

Podemos, então, aventar a hipótese de que, como resultado da evolução da espécie humana, ocorreu uma substituição em larga escala dos padrões fixos de ação por padrões socialmente aprendidos[196], cujo *modus*

193 Na realidade, de acordo com o ponto de vista denominado biocomportamental (Donahoe; Palmer, 1994), o princípio da seleção comportamental pelo reforço pode ser formulado de modo unificado para englobar os processos estudados no procedimento respondente e operante, o que tem sido explorado com sucesso por neurofisiologistas (Shultz, 1998; Hollerman; Shultz, 1998).

194 Ou seja, os que são constituídos por moléculas de DNA e outros componentes do material genético.

195 Uma preocupação semelhante, por parte de autores de filiação comportamentalista, tem sido denominada de comportamentalismo biológico ou perspectiva biológica da análise experimental do comportamento (Fantino; Logan, 1979; Fantino, 1991; Timberlake, 1999). O trabalho de Edmund Fantino, em particular, se concentra na ligação entre a pesquisa de campo dos etologistas e a laboratorial dos psicólogos comportamentais, com a ajuda de uma visão molar que tem grande afinidade com o ponto de vista advogado neste trabalho, não obstante a disparidade temática, já que o nosso interesse é o comportamento social humano, assim como o de outros autores adeptos da visão molar, como Baum e Rachlin.

196 A favor dessa hipótese, podemos indicar, por exemplo, o fato de que o costumeiro gradiente de complexidade que tanto os psicólogos comportamentais quanto muitos etologistas e sociobiólogos identificam nas formas de aprendizagem social (Catania, 1998; Bandura, 1986; Zental; Galef, 1988), que vai desde a facilitação social, passa pela aprendizagem vicariante e a imitação e chega à linguagem humana, é também um gradiente de padrões comportamentais que dependem mais ou menos do reforço (ou punição) social, o

operandi é, basicamente, o que os psicólogos comportamentais estudam sob a denominação de padrão comportamental operante. Ao passo que, na quase totalidade das demais espécies animais, por outro lado, o mesmo comportamento operante faz parte do mecanismo comportamental subjacente aos chamados padrões fixos de ação, que constituem o repertório comportamental dessas espécies em condições naturais de vida[197]. Essa, portanto, seria a principal razão de as demais espécies animais só demonstrarem tal capacidade de aprendizagem operante, de modo independente dos padrões fixos da ação que lhes são próprios em seus respectivos habitat, quando submetidas a contingências especialmente construídas por seres humanos, o que, de uma certa forma, as tornaria parte da comunidade humana, muito embora sem outras capacidades que não a mera sensibilidade ao aprendizado operante para desenvolverem os padrões comportamentais humanos, como é particularmente claro no caso do comportamento verbal[198].

A hipótese aventada acima é compatível com uma série de constatações bastante conhecidas dos estudiosos da psicologia comportamental, inclusive o fato de que, embora não sendo inconciliáveis (Catania, 1998; Hineline, 2001), os modelos molar e molecular aparecem para muitos psicólogos comportamentais como partes de um conflito paradigmático no interior da psicologia comportamental (Baum, 2002; Donahoe, 2003; Lee, 1988). Se aceita a nossa hipótese, além dos aspectos empíricos, metodológicos e temáticos mencionados anteriormente, haveria uma distinção de objeto entre os modelos molar e molecular: enquanto o primeiro estudaria comportamentos propriamente ditos, no sentido definido no capítulo anterior, isto é, como 'aquilo que os organismos fazem' (Lee, 1988, 1992, 1999), em quais contextos e com base

qual nada mais é do que um nome genérico para as propriedades reforçadoras (ou punidoras) das relações ou parcerias por meio das quais atuamos as nossas vidas de animais sociais.

[197] Pode-se encontrar essa afirmação, de modo implícito, em vários textos de biólogos evolutivos, como Richard Dawkins (1979, 1999), embora, ao que saibamos, só os já mencionados adeptos do novo programa de pesquisa, denominado 'sistemas em desenvolvimento' (*developmental systems*) têm procurado, sem referir-se entretanto à psicologia comportamental, destacar a importância do contexto e, consequentemente, da aprendizagem, na conformação do comportamento em bases igualmente filogenéticas e ontogenéticas.

[198] Uma situação intermediária é a dos ecossistemas naturais modificados, de forma acelerada e relativamente radical, pela ação humana, nos quais também se observa o surgimento de formas de comportamento adaptativas por parte de certos animais.

em quais consequências; o segundo estudaria processos, no sentido de 'aquilo que permite aos organismos fazerem o que fazem', começando no nível comportamental e prosseguindo em direção ao nível neurofisiológico[199]. Tal distinção é muito próxima à que Rachlin, principalmente, costuma fazer, com a diferença que ele apenas remete o modelo molecular para o campo cognitivo, equivalente, aproximadamente, ao que estamos definindo como o estudo de processos comportamentais básicos; já o modelo molar, no entanto, é definido por ele em bases exclusivamente epistemológicas e ontológicas (Rachlin, 1989), sem aparentemente cogitar que poderia haver antes de tudo uma diferenciação de objeto[200], correspondendo ao modelo molar o estudo do comportamento em condições naturais.

Um outro aspecto da psicologia comportamental ligado à hipótese formulada acima é a dificuldade de se definir um comportamento como operante de maneira desvinculada, seja do procedimento experimental que lhe deu origem (Catania, 1998), seja da história comportamental do organismo (Donahoe; Palmer, 1994). Em última instância, até que ponto uma determinada classe de respostas[201] pode ou não ser posta sob controle operante depende, em um número surpreendentemente grande de casos, de um lado, de se conseguir ou não construir um aparato engenhoso o bastante para tornar contingente à emissão dessas respostas um reforçador positivo[202], como comida ou água, ou negativo, como

[199] É importante observar que, embora advogando a utilização do que chamam de interpretação biocomportamental, baseada em modelos do funcionamento do cérebro denominados redes neurônicas adaptativas (*adaptive neural networks*), Donahoe e Palmer (1994) enfatizam que não se trata de abandonar uma visão comportamental, mas de buscar auxílio nesses modelos de base neurofisiológica para complementar as explicações não mentalistas em nível molecular, ou seja, segundo a nossa interpretação, em termos de processos básicos, de fenômenos comportamentais complexos, equivalentes aos fenômenos estudados pelos psicólogos cognitivos.

[200] Já os biólogos, quando tratam das divisões internas à biologia, combinam a tradicional distinção entre as perguntas causais-eficientes e finais, com os objetos de estudo, que podem ser também chamados de 'contextos de investigação' (Dutra, 2001b), expandindo-se um pouco esse conceito (Mayr, 1998; Smith; Winterhalder, 1992).

[201] Quando não estão inseridas em operantes, atos como 'bicar uma tecla' ou 'pressionar uma barra' podem ser corretamente designados 'classes de resposta', já que são meras definições topográficas arbitrárias, escolhidas pelo experimentador, com base em critérios pragmáticos.

[202] Em circunstâncias de privação adequadas, obviamente (Michael, 2004).

choques elétricos, ruídos e luzes em intensidades exageradas, entre outros; de outro lado, de limites chamados específicos da espécie, que são, antes de tudo, originados da constituição fisiológico-anatômica do animal (Catania, 1998; Pierce; Epling, 1995), a qual, por sua vez, pode ser quase sempre derivada das condições ecológicas do seu habitat (Fantino; Logan, 1979).

Esse fato em si, longe de ser trivial, é uma importante contribuição da psicologia comportamental para o entendimento do comportamento animal. De um lado, porque, conforme os recentes desenvolvimentos do modelo biocomportamental vêm demonstrando (Shull, 1995; Donahoe; Palmer; Burgos, 1997a, 1997b), pavimentou o caminho da pesquisa neurofisiológica de um modo muito mais profícuo do que as construções rivais dos psicólogos cognitivos de formação mentalista. De outro porque, como vimos com o exemplo paradigmático da estampagem, inseriu a aprendizagem pelas consequências no interior do que, superficialmente, parecia algo emanado diretamente dos genes, através de mecanismos neurofisiológicos hipotéticos, quando não simplesmente 'mentais', cuja comprovação empírica, quando existente, não chega a ser sequer comparável àquela dos princípios da psicologia comportamental.

Ao contrário de serem resultados diretos de programas mentais geneticamente construídos, os padrões fixos de ação podem ser explicados com base principalmente na repetição dos contextos biologicamente estáveis – nichos –, e na capacidade de aprendizagem operante[203], eliminando assim, ou pelo menos diminuindo significativamente, a necessidade de se apelar, seja para genes 'funcionais', definidos de modo *ad hoc*, conforme a necessidade de se explicar cada padrão comportamental estável em condições naturais; seja para dispositivos modulares neurô-

[203] Capacidade esta que, dependendo do subsistema orgânico afetado e do contexto em que evoluiu o padrão de comportamento em questão, pode ocorrer de modo mais ou menos especializado, devendo, portanto, a questão da generalidade do princípio do reforço ser encarada como uma abstração teórica útil e não como um dogma a ser defendido a ferro e fogo. O exemplo do comportamento verbal humano é só um dentro os muitos padrões comportamentais em animais que combinam sistemas orgânicos altamente especializados com processos típicos de aprendizagem operante, evoluídos provavelmente em conjunto (Catania, 1994; Donahoe, 1991; Palmer, 1998, 2000a, 2000b, 2004; Glenn, 1989; Rachlin, 1994; Skinner, 1987b).

nicos hipotéticos, que ocupam o lugar de causas eficientes nos trabalhos dos psicólogos evolucionários[204].

Por fim, vale a pena lembrar que, saindo do ambiente de laboratório, o paradigma molar e o molecular têm aplicações relacionadas a atividades com animais que são bastante compatíveis com a nossa hipótese, quais sejam, os estudos etológicos e o treinamento de animais domésticos e para exibições em circos, parques, cinema e televisão, respectivamente.

5.4 As atividades humanas como padrões comportamentais coletivos

Em relação ao comportamento humano, o equivalente aos padrões fixos de ação das demais espécies animais são o que estamos chamando de padrões comportamentais coletivos. Da mesma forma que os processos comportamentais básicos responsáveis pelos padrões fixos de ação não são programas genéticos que comandam de forma pronta e acabada os respectivos comportamentos, mas 'capacidades de aprendizagem' mais ou menos flexíveis, conforme o tipo de função a ser desempenhada e a maior ou menor variabilidade do contexto para o qual o comportamento é apropriado (Fantino; Logan, 1979; Fantino, 1991), os sistemas de atuação humana sobre o ambiente, percepção e reação às mudanças ambientais, têm uma forte especialização para uma vida em grupo, o que vale dizer que são parte constitutiva de padrões muito flexíveis quanto ao ambiente físico, porém, extremamente dependentes do ambiente social.

[204] Esse aspecto, nos parece, é a principal contribuição que os proponentes do novo programa de pesquisa, denominado 'sistemas em desenvolvimento' (*developmental systems*) (Oyama, 2000; Oyama; Griffiths; Gray (Eds.), 2001; Odlin-Smee; Laland; Feldman, 2003) tem a dar à teoria evolucionária do comportamento animal, ao enfatizarem o papel causal do ambiente não apenas no processo evolutivo, no sentido histórico, mas na operação dos genes na determinação física e, principalmente, comportamental do organismo, descartando, praticamente, os módulos e 'programas de computador' que são nada mais do que substitutos pseudocausais do ambiente como parte do que é selecionado. O que explica a rejeição desse programa de pesquisa por parte de psicólogos e antropólogos demasiado comprometidos com o mentalismo (Keller, 2001). Por outro lado, a divergência do novo paradigma para com a sociobiologia nos parece menos profunda, porquanto, os genes 'funcionais', não obstante o seu eventual uso como explicação *ad hoc*, não são causas eficientes, ou seja, não são projeções do DNA, podendo ser interpretados como meros expedientes econômicos para se falar nas causas finais dos comportamentos (Dawkins, 1999).

Na sua imensa maioria, esses processos comportamentais humanos básicos, dos quais podemos destacar as formas de aprendizagem social (Catania, 1998; Bandura, 1977, 1986; Kunkel, 1991), têm em comum as características descritas por intermédio do conceito de comportamento operante, o que permite a reconstituição teórica dos mesmos, a partir de experiências de laboratórios com animais e seres humanos, nesse último caso, de modo muito mais limitado, pela dificuldade de controle da história comportamental dos sujeitos experimentais humanos. Fora do laboratório, porém, de maneira, mais uma vez, muito semelhante ao estudo das demais espécies animais, o objeto da análise comportamental não são os processos comportamentais básicos, mas o que os seres humanos fazem em suas formas de vida historicamente situadas, isto é, as atividades humanas, as quais, além de serem entidades históricas, como enfatizam tanto os adeptos do enfoque molar quanto os do molecular, são também padrões comportamentais coletivos, porque socialmente construídos.

Uma promissora contribuição teórica para o estudo dos padrões comportamentais humanos em condições naturais é noção de aninhamento[205] de atividades (*nesting of activities*), proposta por Baum (2002), segundo a qual as atividades cotidianas dos seres humanos são partes de totalidades cada vez mais abrangentes, às quais se vinculam como meios em relação a fins[206], até se resumirem a quatro macroatividades que ele

[205] Um termo alternativo seria 'encaixamento'. Entretanto, essa expressão tem sido usada para traduzir '*embbededness*', termo utilizado, principalmente, pelos neoinstitucionalistas para designar o pertencimento de determinadas práticas sociais – por exemplo, a economia de mercado – a um contexto institucional. Embora muito próximas, especialmente por enfatizarem a relação entre parte e todo, não são exatamente a mesma coisa, tanto porque a expressão '*nesting*', ao remeter, por exemplo, a uma série de caixas que se coloca uma dentro da outra, enfatiza que cada contexto mais abrangente inclui todo o resto, quanto, principalmente, porque a parte na perspectiva do aninhamento guarda uma relação de meio e fim com o todo, conforme iremos argumentar adiante, o que não necessariamente acontece com o 'encaixamento' ou '*embbededness*'. Por isso, optamos por 'aninhamento' que, se não traduz exatamente a ideia, ao menos é mais literal e tem a vantagem de ser diferente da noção de 'encaixamento' conforme utilizada pelos neoinstitucionalistas.

[206] Este, como dissemos, é um dos aspectos mais importantes que diferenciam o conceito molar de aninhamento do de encaixamento. Vale assinalar que muitos autores neoinstitucionalistas, como o historiador econômico Douglass C. North (1990), adotam uma perspectiva evolucionista em relação às instituições sociais, porém, sem uma base teórica comportamental adequada, o que, em parte, é reconhecido por eles. Por exemplo, em seu clássico

denomina 'atividades do padrão vital' (*pattern of life activities*), a saber: a) 'saúde e subsistência' (*health and maintenance*); b) 'obtenção de recursos' (*gaining resources*); c) 'relacionamentos' (*relationships*); e d) 'reprodução' (*reproduction*).

Partindo desse grupo de atividades básicas, Baum mostra como se pode medir o tempo gasto em cada uma delas, utilizando-se a princípio qualquer unidade temporal, subdividindo-as subsequentemente em atividades cada vez menores ou menos abrangentes, conforme o interesse da investigação. Por exemplo, pode-se subdividir a atividade 'saúde e subsistência' em 'recreação', 'higiene', 'alimentação' e 'cuidados médicos' (BAUM, 2002, p. 110), alocando-se, então, os tempos computados para uma pessoa ou grupo de pessoas nessas atividades, as quais, por sua vez, podem ser subdivididas, em princípio, indefinidamente, com base nos dados de cada grupo ou indivíduo.

Essa divisão em atividades cada vez menos abrangentes, no entanto, tem um limite objetivo, acrescenta Baum, que é o da possibilidade de a unidade de comportamento resultante da subdivisão evoluir, isto é, passar por um processo de seleção comportamental operante. Baum exemplifica com a subdivisão de uma atividade como 'dirigir na autoestrada', argumentando que algumas atividades menores componentes da mesma, como 'mudanças de marcha', raramente mudam, atraindo pouca atenção como alvos de modificações seletivas, enquanto que outras, como a 'velocidade em que se dirige', são objeto de constantes tentativas de seleção, por meio, por exemplo, de regras socialmente impostas, como limites legais de velocidade e campanhas institucionais de educação no trânsito (BAUM, 2002). O que Baum parece não se dar conta, no entanto, é que a distinção objetiva entre subdivisões de atividades que são passíveis ou não de seleção comportamental traz embutido um critério teórico não explicitado no modelo, qual seja, a adequação ou não das atividades resultantes da subdivisão proposta, em termos de uma relação de meio e fim para com a atividade mais abrangente, no contexto

estudo *Economic Behavior and Institutions*, Thráinn Eggertsson (1990, p. 75), citando Douglass North (1981), aborda a necessidade de uma teoria da evolução do que ele chama de 'valores' ou 'ideologia' de uma sociedade, como uma das maiores lacunas atuais no paradigma neoinstitucionalista. Essa lacuna, com certeza, pode ser preenchida em boa medida com a ajuda da psicologia comportamental, em especial, dos estudos sobre comportamento governado por regras.

específico de uma teoria do esforço de vida (ALEXANDER, 1987) ou padrão vital humano.

Podemos usar o próprio exemplo da atividade 'dirigir na autoestrada'. Se tentássemos chegar a essa atividade, partindo de uma das quatro macroatividades em que Baum dividiu o esforço de vida ou padrão vital humano, encontraríamos dificuldade, porque se pode dirigir na autoestrada, tanto para chegar a um balneário, o que tornaria essa atividade parte da atividade mais inclusiva 'recreação' e, por conseguinte, da macroativade 'saúde e subsistência'[207], quanto para se ir ao trabalho, o que tornaria essa atividade parte da macroatividade 'obtenção de recursos'.

Ora, esse resultado é indesejável em termos lógicos e teóricos. Em termos lógicos, porque um dos requisitos essenciais para uma boa classificação é que os itens incluídos em uma categoria não o sejam em outra. Em termos teóricos, porque, como vimos no capítulo anterior, uma das características fundamentais do conceito de operante, enfatizada igualmente pelos adeptos dos enfoques molar e molecular, é a subordinação do critério formal ou topográfico ao funcional. Em outras palavras, levando em conta que o operante se define pelo efeito que o comportamento causa no ambiente e não pela forma do ato em si (BAUM, 1994; CATANIA, 1998), uma atividade qualquer não é 'um operante', a menos que inserida, como meio, em uma outra atividade mais inclusiva e finalisticamente relacionada à primeira.

[207] Baum esclarece que por 'saúde e subsistência' (*health and maintenance*) ele entende tudo o que visa a 'satisfação pessoal' (*personal satisfaction*) do indivíduo, o que dá a essa macroatividade um sentido mais elástico do que a palavra subsistência assume normalmente em português, o qual está muito associado à ideia de necessidades básicas, como água, comida e abrigo. Não obstante, estudos de laboratório com animais mostram que, por exemplo, um rato privado de 'atividade recreativa', como caminhar em uma roda de atividade, pode trocar a oportunidade de ter acesso à mesma por água ou comida, ou seja, pode comer ou beber mais do que o normal, se esse beber ou comer for tornado contingente à oportunidade de andar na roda de atividade (RACHLIN, 1991; CATANIA, 1998). O que demonstra que, dependendo do grau de privação relativo, 'recreação' pode ser mais básico na subsistência de um organismo do que água ou comida. Vale notar, entretanto, que esses experimentos foram feitos em condições de 'economia aberta', na qual não se pode controlar a variável molar 'renda', ou seja, o limite absoluto de obtenção de reforço (de vários tipos), a partir de contingências experimentalmente estabelecidas, como tempo máximo de seção diário, número máximo de respostas reforçadas, o que poderia eventualmente estabelecer uma hierarquia mais ou menos fixa entre os reforçadores.

No caso da atividade 'dirigir na autoestrada', ela só pode ser considerada um 'padrão comportamental operante'[208], quando se inclui na sua definição o respectivo efeito no ambiente, de tal forma que, no caso de se tratar de dirigir na autoestrada para ir ao balneário, a ida ao balneário deve ser incluída na descrição do padrão comportamental, que passaria a ser 'ir ao balneário de carro pela autoestrada'; enquanto que, no caso de se tratar de dirigir na autoestrada para ir ao trabalho, o padrão operante seria 'ir ao trabalho de carro pela autoestrada'[209]. Da mesma forma, o modo como se 'muda de marcha' é um aspecto relativamente irrelevante, em regra, para a atividade dirigir na autoestrada para o trabalho ou para o lazer; porém, para a atividade de 'construir carros', que faz parte da macroatividade 'obtenção de recursos' de todos os que vivem da indústria automobilística, pode ser um item extremamente relevante, se, por exemplo, as contingências da competição nesse mercado forem tais que itens como conforto e '*design* moderno' forem prevalecentes, em um dado contexto.

Esses exemplos demonstram que a divisão das macroatividades do padrão vital humano em partes deve obedecer a um critério teórico definido, cujo fundamento, a nosso ver, é a relação de meio e fim entre a atividade menos abrangente e a mais abrangente, respectivamente. Critérios puramente semânticos, como o que torna uma atividade como 'fechar os olhos' parte de outra atividade mais abrangente como 'dormir' são particularmente nocivos, tendo em vista que trivializam a

[208] Há uma certa dubiedade ao se falar em 'comportamento operante', que tanto pode ser entendido como 'tipo de comportamento', quanto como um padrão comportamental específico, ou seja, um padrão concreto atribuído a um organismo. No presente exemplo, seria impensável se falar de alguém dirigindo na autoestrada como um 'comportamento respondente' ou mesmo como um 'padrão fixo de ação' no sentido convencional que acabamos de criticar. Dentro da tipologia comportamental, só restaria então o 'comportamento operante', no sentido de comportamento que é modificado pelas consequências, durante o tempo de vida do organismo. Não estamos usando a expressão aqui nesse sentido, mas no sentido de 'um operante', isto é, um padrão comportamental concreto atribuído ao motorista, para o qual é válida então a observação feita no texto.

[209] Em termos de planejamento de contingências para o controle do comportamento dos motoristas na autoestrada, tal enfoque pode ser bastante útil, levando em conta aspectos como a possibilidade de se incentivar, por meio de subsídios ou de obras públicas, a utilização de meios de transporte alternativos, como avião ou trem, campanhas em prol do chamado 'transporte solidário' etc.

importância teórica do método de se subdividir atividades para explicá-las comportamentalmente em termos molares, em particular quando permitem uma confusão entre relação meio e fim mecânica ou causal-eficiente e relação meio e fim teleológica[210] (LEE, 1988, 1992, 1999). Por exemplo, a relação entre uma faca de mesa e um bife, de um ponto de vista mecânico, deriva do poder cortante da faca[211]; ao passo que, de um ponto de vista teleológico, deriva da facilidade que o corte da carne traz para o ato de ingeri-la, tornando mais fácil a digestão[212]. Embora distinta da causalidade mecânica, entretanto, a relação causal teleológica é tão natural quanto aquela, o que em nada se modifica quando, por motivos metodológicos e expositivos[213], representamo-la como o aninhamento de uma atividade menos abrangente – 'cortar o bife com a faca' – a outra mais abrangente – 'manter uma alimentação saudável'.

A exclusão do critério semântico em prol de um critério teleológico de subdivisão – ou aninhamento, dependendo do vetor da análise –, das diversas atividades ou padrões comportamentais humanos decorre logicamente da perspectiva apontada por Baum, segundo a qual a noção de aninhamento de atividades é parte de uma investigação sobre o modo como as consequências das atividades cotidianas dos seres humanos afetam diversos aspectos mais específicos dessas atividades – que podem ser vistos como atividades menos abrangentes aninhadas às mais abran-

[210] Como observamos anteriormente, a expressão teleologia pode ser entendida como uma forma equivocada de se conceber uma relação causal eficiente, na qual o efeito precede a causa, o que é fisicamente impossível, como também, e mais propriamente, uma maneira de se referir ao que Skinner denominou 'causalidade pelas consequências' e que muitos filósofos chamam de intencionalidade (DUTRA, 2003a, 2008; CAPONI, 2003).

[211] Isto é, a faca é um meio para cortar o bife, não importando o objeto concreto a que se aplica o termo faca, mas a sua função.

[212] Um outra explicação teleológica para se cortar o bife com a faca pode ser a norma social de etiqueta que condena atos como 'comer com as mãos' (ELIAS, 1978) , para o cumprimento da qual se torna imprescindível tornar os alimentos suficientemente pequenos para caber em um garfo ou colher. Nesse caso, 'comer bife cortado em pedaços por uma faca' se torna parte de uma série de padrões comportamentais cada vez mais abrangentes, cujo final seria a macroatividade 'relacionamentos'. Mais uma vez, a topografia (ato mecânico de cortar o bife com uma faca) não é o aspecto mais relevante, mas o efeito no ambiente, no caso, facilitar a digestão (saúde e subsistência) ou relacionar-se bem socialmente (relacionamentos).

[213] Mudanças na forma gráfica, numérica ou no vocabulário utilizado para se apresentar os dados empíricos e fazer ilações sobre eles devem ser julgadas pela utilidade e não como se fossem elas mesmas novos dados.

gentes –, tornando-os mais ou menos frequentes, como ficou evidenciado no exemplo dado por ele do motorista na autoestrada. O controle da velocidade, em conformidade com condições ambientais relevantes, como limites legais impostos pelo Estado, não é encarado, sob a ótica do conceito de aninhamento, como parte do ato mecânico de dirigir, mas do ato social de ser um motorista na autoestrada, ao mesmo tempo em que um cidadão submetido a leis obrigatórias.

Não há qualquer elo de causa e efeito entre a norma de limite de velocidade e os comandos mecânicos, envolvendo câmbio, aceleração e outras funções do automóvel que irão definir a velocidade que este desenvolverá na autoestrada[214]. O fator causal relevante, como vimos na primeira parte desse estudo, é aquele existente entre a imposição de uma contingência social normativa e a conduta do motorista[215]. Por outro lado, reduzir ou não a velocidade em que se dirige, em função de uma norma de limitação de velocidade, é um padrão comportamental coletivo ou social, no sentido de que só pode ser descrito e, por conseguinte, explicado cientificamente, se levarmos em conta a rede de relações sociais cuja atuação conjunta compõe, propriamente falando, o padrão comportamental 'dirigir na autoestrada mantendo o limite de velocidade legalmente definido', envolvendo, pelo menos, impositores da norma e motorista.

Como argumentaram autores como Emerson (1972) e Scott (1971), o conceito de norma social, jurídica ou moral, envolve muito mais do que um mero enunciado verbal. Segundo esses autores, o conceito com-

[214] A menos que se adote a explicação mentalista segundo a qual uma 'representação mental' da norma atua como causa eficiente desses atos mecânicos. Ficaria faltando, ainda, o motivo pelo qual a mera representação mental da norma implicaria a obediência a ela. Para uns, esse motivo seria outra entidade mental, o valor internalizado, comandando a adesão à regra. Para outros, seria a meta de evitar a punição. Vale notar que Kelsen (1991) formula uma teoria psicossociológica da causalidade normativa em termos de representação mental da norma combinada à meta de evitar a punição.

[215] Para uma parte dos motoristas, o respeito à norma de velocidade pode ser considerado uma esquiva às contingências aversivas de um acidente automobilístico. Esse exemplo se encaixa bem na dupla contingência que, segundo Baum (1994), compõem o comportamento governado por regras, sendo a contingência representada pela norma de limitação de velocidade, incluindo as respectivas sanções, aquela que aquele autor denomina contingência próxima, e a representada por um possível acidente automobilístico, a que ele denomina contingência remota.

portamental de norma social abrange, principalmente, as contingências sociais impostas aos destinatários desta, as quais nada mais são do que redes de relações ou trocas sociais conexas, em que cada atividade desenvolvida por um dos indivíduos participantes da rede só pode ser compreendida, se confrontada com as atividades dos demais participantes[216].

Por exemplo, podemos descrever os encontros do casal de pais divorciados para passear com o filho, a que nos referimos na seção anterior, como a obediência a uma norma social de conduta parental, digamos: 'os pais divorciados devem proporcionar meios de amenizar a dor dos filhos pela dissolução do núcleo familiar'. Só não diríamos normalmente que o pai e a mãe estão obedecendo a tal regra, porque ela não costuma ser formulada de forma explícita. Mas, se investigarmos um pouco, veremos que regras muito parecidas com a formulada por nós para descrever a conduta do casal de pais hipotético fazem parte de um código informal de conduta parental, difundido em um segmento específico de muitas sociedades atuais, normalmente rotulado como classe média e outros termos semelhantes.

As normas sociais são, portanto, exemplos de padrões comportamentais humanos que não se pode definir em termos moleculares, como argumentamos no capítulo anterior. Porém, essa inadequação da perspectiva molecular se deve a circunstâncias que pouco têm a ver com discussões demasiado técnicas sobre os melhores métodos de se estudar esquemas de reforço concorrente em laboratório, ou mesmo excessivamente abstratas sobre choques paradigmáticos, mas se baseia em considerações teóricas a respeito de quais são os contextos relevantes e como se organizam as variáveis necessárias e suficientes para a explicação de tais padrões comportamentais.

[216] Não se trata ainda, porém, da eficácia da norma, porquanto, como discutimos na primeira parte do trabalho, para tanto, seria necessário que os pressupostos sobre regularidades comportamentais que embasam a norma em questão comprovem a sua validade empírica. O que tanto Emerson quanto Scott estão enfatizando é que, especialmente em sociedades em que a criação de normas é uma atividade especializada e submetida à divisão social do trabalho, a mera existência de uma norma jurídica, por exemplo, em um código legal, não significa que outros aspectos necessários à imposição desta estejam sendo atualizados, havendo mesmo muitos exemplos do que Scott chama de 'normas putativas', isto é, que existem apenas como padrões comportamentais verbais de profissionais jurídicos, professores e estudantes de direito.

Por outro lado, o exemplo da seleção do padrão 'manutenção do limite legal de velocidade' dentro do padrão 'dirigir na autoestrada' demonstra também que, embora úteis aos fins expositivos da teoria geral do aninhamento de atividades, as quatro macroatividades apontadas por Baum[217] não devem substituir, em se tratando de atividades humanas objeto de pesquisas comportamentais específicas, os padrões comportamentais mais gerais historicamente situados, existentes no contexto social em que estão inseridas tais atividades. Isto porque, além do que dissemos sobre a necessidade de identificar corretamente em que específicos padrões comportamentais operantes os atos mecânicos necessários à execução da atividade pesquisada estão inseridos[218], a própria definição do contexto mais abrangente de uma dada atividade cuja modelagem, manutenção ou extinção queiramos estudar não pode ser feita de modo unidimensional, mas necessariamente pluridimensional.

Em outras palavras, voltando ao exemplo de Baum, não se trata apenas de identificar a macroatividade em que a atividade 'dirigir na autoestrada' poderia ser aninhada, levando em conta o padrão comportamental operante em que ela se insere em uma relação de meio e fim – e. g., trabalho ou lazer –, mas, igualmente, os outros contextos dos

[217] Uma tentativa semelhante, embora mais elaborada e teoricamente ambiciosa, encontra-se na obra de Richard D. Alexander, um dos mais respeitados sociobiólogos, intitulada *The Biology of Moral Systems* (Alexander, 1987), em que o autor deduz 21 'átomos da sociabilidade' (*atoms of sociality*) a partir de subdivisões, com base em cinco critérios propostos por ele, do esforço de vida humano (*human life effort*). O critério mais geral de Alexander é o que divide o esforço de vida em esforço somático e esforço reprodutivo. Até esse ponto, a teoria dos átomos da sociabilidade de Alexander é muito semelhante à das atividades do padrão vital de Baum (2002), diferenciando-se a partir de então, tendo em vista que os átomos de sociabilidade, além de não se aninharem uns nos outros, não são categorias da vida cotidiana, mas modalidades de interesses, baseados nos quatro critérios seguintes, com as quais Alexander tenta conciliar a existência do altruísmo fenotípico com a teoria do gene egoísta (Dawkins, 1979). Embora com contextos de investigação e níveis de elaboração distintos, ambas as teorias têm a vantagem de buscar uma ligação teórica sistemática entre a biologia evolutiva humana, a psicologia comportamental e a antropologia; cometendo ambas também o mesmo equívoco, muito agravado no caso da sociobiologia, como o próprio nome já denuncia, qual seja: confundir utilização dos conhecimentos de ciências básicas, como a biologia evolutiva ou a psicologia comportamental, para construir uma teoria mais bem fundamentada de fenômenos específicos, como os estudados pela antropologia (Emerson, 1969, 1972), com a eliminação das especificidades destes últimos, reduzindo-os a manifestações 'em condições dadas' dos primeiros.

[218] Equivalente, como dissemos, à topografia nos estudos comportamentais de laboratório.

quais o mesmo ato de 'dirigir na autoestrada' faz parte, na qualidade, por exemplo, de ato que põe em risco a segurança pessoal e os bens de outras pessoas, porquanto, embora estes últimos não sejam fins diretamente visados pela atividade, interferem na seleção das atividades-meio (como a 'o limite de velocidade de direção') que compõem a atividade-fim 'trabalhar' ou 'consumir lazer'. Em suma, para se aninhar atividades em padrões comportamentais mais e mais abrangentes, temos de levar em conta um contexto social de múltiplas dimensões, as quais refletem, principalmente, a rede de relações sociais que compõem qualquer padrão comportamental humano em condições naturais.

Para concluir este capítulo, vamos então ilustrar o nosso ponto de vista com três exemplos de pesquisas de comportamentos humanos em contextos naturais, os quais interpretaremos como exemplos de padrões comportamentais coletivos. Após uma breve exposição dos fatos relativos às três pesquisas, iremos discutir cada uma, separadamente, para melhor organização da matéria.

5.5 Três exemplos de padrões comportamentais coletivos

5.5.1 *Exemplo nº 1 – O caso do menino que lesionava a si mesmo*

Primeiramente, vamos relatar um exemplo de terapia comportamental bem-sucedida em um garoto de dez anos de idade, o qual apresentava, no começo do tratamento, várias feridas abertas no couro-cabeludo, rosto, costas, braços e pernas, resultantes de arranhões provocados por ele mesmo com as unhas (Pierce; Epling, 1995, p. 292-294). A hipótese dos terapeutas foi de que o comportamento de ferir a si mesmo com as unhas era comportamento operante, isto é, comportamento que estava sob o controle de estímulos discriminativos e reforçadores. O que se comprovou, após algum tempo de cuidadosa observação, quando os terapeutas constataram que o comportamento em questão ocorria predominantemente nos momentos em que o garoto estava na sala de estar, em companhia da família, vendo televisão.

Identificado o contexto (estímulo discriminativo), o passo seguinte foi descobrir o que estava funcionando como reforçador, tendo sido confirmada a hipótese inicial de que eram as próprias reprimendas da família que reforçavam o comportamento autolesivo do menino, contrariamente à visão de senso comum de que só o que é 'agradável' pode funcionar como reforçador. Foi aplicado, então, como forma de testar a acuidade do diagnóstico, o que os psicólogos comportamentais chamam de procedimento 'A-B-A'. Na primeira fase 'A', os pesquisadores monitoraram por vários dias o comportamento de autolesão, para estabelecer uma linha-de-base (*baseline*), isto é, a frequência em que ocorria o comportamento sob investigação. Na fase 'B', então, a família foi orientada a não mais continuar as reprimendas[219], ignorando o comportamento autolesivo do menino, enquanto os terapeutas mantinham o monitoramento da frequência deste. Na segunda fase 'A', as reprimendas foram reiniciadas. Como previa a hipótese, o comportamento declinou significativamente durante a fase 'B', em relação à frequência observada na primeira fase 'A', voltando a níveis semelhantes, no entanto, durante a segunda fase 'A'.

Identificado, então, o reforçador, foi aplicada uma terapia de modificação do comportamento, baseada na supressão do reforço, a qual obteve sucesso, segundo o relatório de acompanhamento da terapia. Os terapeutas reportam ainda que a curva representativa das frequências relativas do comportamento autolesivo do menino, em relação às frequências relativas das reprimendas da família, calculadas em unidades de tempo durante a fase do procedimento 'A-B-A', ajustava-se em 99,67% à curva prevista pela lei da igualação, o que, juntamente com muitos outros relatos desses e de outros autores, demonstra a validade dessa lei para o comportamento humano em ambientes naturais McDowell, 1982, 1986, 1988).

5.5.2 *Exemplo nº 2 – Excelência musical em orfanatos de Veneza no século XVIII*

O segundo exemplo vem de um estudo sociocomportamental baseado em dados históricos sobre quatro orfanatos para moças em Veneza, os quais ficaram internacionalmente conhecidos nas décadas de 1710 a 1750 como centros de excelência musical (Kunkel, 1985; Pierce, 1991). O estudo se baseou em dados constantes das biografias do compositor

[219] Ou seja, procedeu-se à extinção do comportamento, como discutimos no capítulo anterior.

italiano Antonio Vivaldi[220] e outros registros sobre a música italiana no século XVIII[221]. Além do grupo experimental, foram utilizados, como forma de controle, dados sobre outras instituições semelhantes em Veneza e outras cidades italianas, no mesmo período, que não se notabilizaram como centros de excelência em música. As contingências de reforço pesquisadas foram as diversas políticas de incentivo e sustentação das atividades musicais adotadas pelos comitês dirigentes (*governing boards*) das instituições do grupo experimental, inexistentes nas do grupo de controle.

Os dados mostraram que as curvas de ascensão e declínio da excelência musical das garotas dos quatro orfanatos coincidiam com as da introdução e posterior retirada (procedimento 'A-B-A') das contingências de reforço, consistentes em privilégios especiais e pagamentos em dinheiro para as meninas que se tornassem membros das orquestras e corais, sendo que a seleção para tal era feita estritamente com base no desempenho musical. Às melhores dentre as musicistas era permitido ainda trabalhar como professoras de música, recebendo honorários e tendo acesso a propostas de empregos bem pagos na cidade. Em acréscimo a esses reforçadores mais imediatos, as garotas tinham a perspectiva, testemunhada por elas mesmas, por meio do exemplo das colegas mais velhas, de recompensas de longo prazo, como bons casamentos e carreiras musicais de sucesso, sendo que aquelas ainda muito pequenas para atuar nos concertos mantinham um alto investimento no estudo musical, em face ao que observavam ocorrer com as que já se apresentavam publicamente. Nenhuma dessas contingências de reforço teve lugar nas instituições utilizadas como grupo de controle.

Por volta de 1750, o declínio econômico ocorrido em Veneza tornou economicamente insustentável a manutenção das contingências de reforço que suportavam a excelência musical nos quatro orfanatos, por falta de verba para a realização de concertos, manutenção dos privilégios das musicistas, pagamento dos professores de música, compra e

[220] O qual trabalhou como compositor residente por várias décadas em um dos orfanatos (Kunkel, 1985).

[221] Embora o auge da excelência musical nos quatro orfanatos tenha ocorrido entre 1710 e 1750, começando então o declínio que vai até o virtual desaparecimento das apresentações, por volta de 1800, o estudo cobre um período de 150 anos, começando com a introdução paulatina das contingências de reforço, em 1650 (Kunkel, 1985).

reparo dos instrumentos musicais. Em 1790, já havia poucos espetáculos musicais, até praticamente desaparecerem alguns anos mais tarde.

5.5.3 *Exemplo nº 3 – Perestroika: as reformas econômicas na ex-URSS*

O terceiro exemplo é um estudo sobre as reformas econômicas introduzidas na antiga União Soviética, no período de governo do ex-Secretário-Geral do Partido Comunista, Mikhail Gorbatchev, conhecidas como *Perestroika*, realizado ainda durante a fase de implantação das medidas (Lamal, 1991). O objetivo do estudo é fazer um diagnóstico dos primeiros resultados da *Perestroika*, a partir de uma análise das contingências e metacontingências[222] diretamente relacionadas à situação econômica da ex-URSS. O autor admite que é extremamente difícil se fazer um estudo do gênero, em meio ao turbilhão em que a vida social, política e econômica na ex-URSS havia se tornado, o que, de fato, veio a se comprovar pouco tempo depois com a sequência de eventos que culminaram com a extinção da União Soviética e a formação de um contexto político-administrativo totalmente novo na imensa região antes ocupada por aquele país. Embora sendo um estudo breve, a densidade deste é considerável, de modo que iremos nos ater apenas a alguns tópicos de interesse para nossa exemplificação do problema dos padrões de comportamento coletivo.

Segundo o estudo, o período imediatamente anterior à *Perestroika* é caracterizado por um impressionante declínio na produção econômica na ex-URSS. A meta explícita da *Perestroika* é reverter essa situação e fazer do país, novamente, uma das potências econômicas mundiais. O autor então identifica algumas das metacontingências possivelmente responsáveis pelo declínio econômico observado: a) o sistema administrativo centralizado e baseado em comandos; b) a meta de um permanente incremento da produção; c) os poderes e privilégios da burocracia governamental soviética, a *nomenklatura*.

Fora do âmbito propriamente econômico, mas, interferindo diretamente nos resultados negativos observados, o autor aponta ainda como metacontingências relevantes: a propriedade estatal dos meios de pro-

[222] Metacontingências são "relações contingentes entre práticas culturais e os efeitos dessas práticas para o grupo" (Pierce; Epling, 1995 p. 431). No original: "Contingent relations between cultural practices and the effects of those practices for the group".

dução e o ideal de uma sociedade sem classes, ambos derivados da ideologia marxista. Essas metacontingências contribuem, segundo o autor, para o declínio econômico da ex-URSS por impedirem a formação de laços efetivos entre o trabalho dos indivíduos e o acesso aos reforçadores positivos.

Os reformistas liderados pelo Secretário-Geral Gorbatchev tentaram implementar uma série de novas metacontingências, por intermédio, principalmente, de transformações jurídicas, dado o caráter estatal da economia soviética.

Um primeiro grupo de medidas visava à meta de diminuir o caráter puramente estatal da economia, incentivando a formação de empresas privadas e a adoção de métodos gerenciais típicos do setor privado nas empresas estatais. Por exemplo, tentou-se dar mais poder de decisão aos níveis locais dessas empresas, de forma gradual em respeito a um compromisso tácito com os membros da burocracia governamental instalada nos ministérios, os quais administravam as empresas a partir dessas posições burocráticas. Esses burocratas, entretanto, adotavam várias estratégias para manter a situação inalterada, tais como, implantação das medidas de maneira apenas formal, postergação da implantação das medidas acertadas com o Secretário-Geral, interpretação das novas regras de modo a torná-las inócuas, por meio de regulamentos que contrariavam, na prática, senão na letra, as medidas gerais acordadas com a liderança das reformas.

Tentou-se igualmente limitar a alvos econômicos prioritários as encomendas governamentais para as empresas, de modo a dar-lhes mais autonomia para decidir o que, quanto e quando produzir, o que não havia tido resultado, no momento da realização do estudo, seja porque os ministérios ignoraram as novas diretrizes, seja porque outras regulamentações mantidas intocadas não permitiram que as empresas realmente assumissem o controle de suas decisões de produção.

O autofinanciamento foi outra medida intentada pela liderança reformista, visando fazer do balanço de lucros e perdas de cada empresa a sua fonte primeira de financiamento, de modo a criar uma nova cultura organizacional de combate às práticas viciadas, como o retrabalho, o desperdício de matéria-prima e insumos, a falta de controle de qualidade, entre outras.

Foram feitas ainda trocas nos comandos das empresas estatais, o que, segundo as fontes do estudo, teve pouco ou nenhum resultado, observando-se até, em alguns casos, um aumento dos problemas diagnosticados em relação ao antigo comando das empresas. Por outro lado, a resistência às reformas não estava localizada apenas na cúpula burocrática governamental, mas no comportamento de diretores, gerentes e empregados das empresas estatais. O autor comenta sobre este resultado que tal seria de se esperar, dado que a história comportamental de todas aquelas pessoas as transformara em verdadeiros especialistas em sobreviver no ambiente cultural antigo, o que, por outro lado, levava-as a manifestarem todas as reações típicas que têm lugar quando contingências de reforço são objeto de extinção (Rachlin, 1991).

Um fenômeno característico dessa adaptação a condições culturais economicamente ineficientes é a divisão da economia em duas, uma formal e outra informal. Pessoas que, em outros campos da vida social, mantinham um comportamento alinhado às leis e regras formais da sociedade soviética não tinham qualquer constrangimento em fazer negócios no mercado informal, apesar da proibição legal.

O estudo prossegue relatando as dificuldades enfrentadas pelas pessoas que tentavam abrir negócios privados, dentro das novas regras econômicas da *Perestroika*, que iam desde a dificuldade de acesso às fontes de suprimento de matérias primas e de mercado para seus produtos, excesso de burocracia para regularização do negócio, controles burocráticos exercidos por autoridades locais, ameaças e atentados violentos por parte de grupos mafiosos, até uma mal disfarçada hostilidade por parte de significativa parcela da população, em razão de preços mais altos praticados pelos empresários privados, especialmente quando havia sinais visíveis de enriquecimento por parte destes.

A desmilitarização da economia, concebida como forma de combater o desabastecimento e a inflação, esbarrou também em uma série de obstáculos, tais como, infraestrutura inadequada e sucateada, baixa produtividade dos trabalhadores, integração vertical levando à duplicação de itens produzidos, métodos de produção obsoletos e ineficazes.

O estudo termina com duas observações de caráter geral. A primeira relativa à falta de consenso sobre o ritmo e os passos concretos a serem dados, entre os próprios reformistas, havendo quem defendesse uma abordagem gradualista e outros que advogavam um tratamento de choque, semelhante ao que acontecera na Polônia, outra antiga república socialista que fizera a transição para uma economia de mercado. A segunda observação tratava do contracontrole, ou seja, dos mecanismos que as pessoas submetidas a contingências normativas emanadas do Estado têm à sua disposição, para influir, ou seja, reforçar ou punir, o comportamento dos responsáveis pela definição e imposição dessas contingências. O autor do estudo observa que, embora de maneira ainda tímida, se comparada com outras nações ocidentais, o regime soviético adotara uma série de medidas tendentes a aumentar o contracontrole sobre o governo, como a realização de eleições com candidaturas múltiplas.

A conclusão do estudo, como não poderia deixar de ser, em razão dos fatos estarem em plena ebulição, é mais interrogativa do que assertiva, enfatizando especialmente a dificuldade de se combinar a necessidade de criar regras, contingências e metacontingências de longo prazo, com o atendimento imediato de demandas contraditórias e de grande dimensão econômica, política e social. Um aspecto da exposição do autor que reputamos muito importante é a constatação de que não tão somente as regras do regime de livre mercado explicam o sucesso relativo dessa forma de organização econômica, comparado ao regime socialista soviético, mas também uma série de práticas culturais que não são diretamente relacionadas à economia ou sequer têm uma formulação verbal clara, as quais resultam das metacontingências de um ambiente social que combina liberdade de iniciativa econômica com respeito aos contratos, garantia de direitos pessoais, descentralização política e administrativa, entre outros.

5.5.4 *Comentários sobre o exemplo nº 1*

O caso do menino que lesionava a si mesmo é mais um relato dentre muitos existentes a respeito de terapias comportamentais de sucesso, que são reconhecidos até pelos adversários da psicologia comportamental como empreendimento científico na área das ciências sociais (Lacey, 2001; Schwartz; Lacey, 1982). Mais além disso, porém, entendemos que se trata igualmente de um bom exemplo do que estamos chamando de padrão comportamental coletivo, conforme argumentaremos, em seguida.

Se nos lembrarmos do pombo na caixa de Skinner e de como Homans comparou o comportamento do animal e do experimentador a uma troca, concluiremos que, no caso do menino que lesionava a si mesmo, cabe igualmente se falar em uma troca social familiar de autolesões por reprimendas. Por mais inusitados que os reforçadores utilizados nessa troca possam parecer, frente aos nossos estereótipos sobre o que seja uma troca social familiar, o tratamento bem-sucedido baseado nessa hipótese[223] não deixa dúvida de que se tratava de uma troca funcionalmente semelhante à troca de bicadas por comida, entre o pombo e o experimentador, assim como à troca de ajuda por demonstrações de deferência e admiração, entre Alter e Ego, anteriormente mencionadas.

Embora relato do estudo não tenha se preocupado em descrever as contingências que mantinham o comportamento do menino enquanto uma troca social, ignorando assim as contingências de reforço responsáveis pelo comportamento repreendedor dos familiares, os elementos fornecidos nos permitem especular um pouco a respeito. Como vimos, o contexto que estabelecia a ocasião (estímulo discriminativo) para o comportamento autolesivo era a família reunida vendo televisão em determinado cômodo da residência familiar. Podemos imaginar ainda que, tão logo iniciado, o comportamento autolesivo funcionava como estímulo aversivo para os familiares, que respondiam com reprimendas, as quais, sem que eles se dessem conta, reforçavam o comportamento do menino. Após uma quantidade determinada de reprimendas, porém, é de se esperar que o menino ficasse saciado, de modo que o custo[224] do comportamento autolesivo se tornasse superior ao benefício, causando o término das autolesões, o que reforçava negativamente[225] o comportamento repreendedor dos familiares, completando a troca[226] e

[223] Formulada obviamente nos termos adequados aos objetivos terapêuticos envolvidos no contexto.

[224] Vide a seção anterior deste capítulo.

[225] Lembremo-nos que, no reforçamento negativo, o estímulo é aversivo, surge no contexto antes do comportamento sob controle operante do mesmo, o qual é reforçado pela retirada do estímulo (Leslie, 1996).

[226] Esse ciclo é chamado de 'evento social' (Emerson, 1969; Homans, 1961; Kunkel, 1970) e é estudado longamente por Skinner, em sua forma talvez mais caracteristicamente humana que é o comportamento verbal, chamando-se então 'evento verbal' (Skinner, 1957).

garantindo, pelo caráter 'perversamente'[227] reforçador das condutas do menino e dos familiares, a sua perpetuação. A incompletude do relato dos terapeutas reflete, de um lado, o próprio escopo do tratamento; de outro, a pouca atenção que o aspecto que estamos enfatizando, isto é, a natureza social do comportamento operante humano em condições naturais, recebe por parte da maioria dos psicólogos comportamentais[228].

Mesmo o relato estando incompleto, as lições teóricas do exemplo são muito claras. A começar por desmentirem as opiniões superficiais de alguns filósofos, como Dennett (1978), segundo os quais a psicologia comportamental, quando não é demasiado estreita na sua concepção

[227] Na literatura sociológica, dá-se o nome de 'efeitos perversos' aos resultados de interações sociais humanas que não são intencionais, muito embora mantidos pelas ações intencionais dos indivíduos (Boudon, 1979). A teoria dos efeitos perversos ou consequências não intencionais das ações intencionais é um bom exemplo de como o mentalismo prejudica a teoria social, criando falsos problemas, a partir de dados empiricamente válidos. Ao confundir ação intencional com ação para a qual o indivíduo tem um relato verbal explicativo ou justificador próprio, o cientista social se vê obrigado a criar uma categoria para aqueles padrões comportamentais coletivos, para os quais, embora claramente estáveis e, portanto, mantidos pelas consequências, estas últimas não são as que os agentes reportam em seus relatos explicativos. Além disso, como a teoria da ação racional que sustenta essa perspectiva teórica desconhece o reforçamento negativo e outras sutilezas dos processos comportamentais estudados pelos psicólogos comportamentais, não consegue dar conta de um comportamento cuja consequência não seja 'agradável', a qual, portanto, não poderia ser 'intencionalmente' visada. Do ponto de vista comportamental, entretanto, ação intencional é aquela que pode ser explicada pelas contingências de reforço e punição, independentemente de qualquer pressuposto normativo, seja dos próprios agentes, seja do pesquisador (Homans, 1961), sendo portanto desnecessário criar um termo específico para as ações intencionais, no sentido comportamental, cujos reforçadores não correspondam a esses padrões normativos. Não se deve confundir a teoria dos efeitos perversos com o fato, amplamente reconhecido pelas teorias comportamentalistas da evolução cultural, de que as macrocontingências que não são contatadas pelo comportamento humano, seja por meio de contingências e metacontingências mais específicas ou pelo comportamento verbal e, consequentemente, pelas regras sociais, não podem explicar o comportamento humano, por falta do nexo causal necessário, que, como vimos em outras partes deste estudo, é fornecido pelo mecanismo de retroalimentação (Glenn, 2004; Parijs, 1981). De fato, uma das funções mais importantes das regras é justamente tornar o comportamento humano contingente a tais consequências demasiado distantes para controlar diretamente o comportamento, seja pelo longo tempo necessário à ocorrência destas, seja pela incerteza das mesmas, seja pela sua natureza cumulativa e baseada em incrementos muito pequenos (Baum, 1994; Malott, 1989).

[228] Esse problema é denominado por Scott 'alienação mútua' entre psicologia e sociologia (Scott, 1971).

dos processos comportamentais dos seres humanos, é por demais trivial, não acrescentando nada de realmente importante para a previsão dos comportamentos humanos que não pudesse ser tão, ou melhor, provido pelo que eles que chamam de 'psicologia popular'[229] (*folk psychology*). Nada mais falso, como se pode constatar com base nesse exemplo, em que o diagnóstico correto e o tratamento bem-sucedido derivaram diretamente do esquema conceitual da psicologia comportamental, sem que se possa acusá-los de trivialidade. Não está descartado que outros métodos de diagnóstico e psicoterapia pudessem obter sucesso equivalente. Mas, além de não se tratar, nesses casos, de 'psicologia popular', isto não descaracteriza o fato de que, enquanto permanecer tendo êxito em testes empíricos válidos como o do exemplo em questão, a psicologia comportamental permanecerá uma legítima alternativa científica de descrição, previsão e controle do comportamento humano.

Vale frisar que todo o processo de troca social entre a família e o menino, revelado pela análise comportamental, era visto anteriormente como um comportamento 'individual' pelos próprios familiares, o que ilustra bem o ponto enfatizado principalmente por Homans (1964, 1969), a respeito da importância de as ciências sociais estarem baseadas em princípios psicológicos empiricamente válidos, como os da psicologia comportamental.

Em termos de importância direta desse primeiro exemplo para a análise comportamental do direito, entendemos que, antes de tudo, ele é indicativo de uma mudança de enfoque que é o pressuposto mínimo para se construir uma abordagem do direito como ciência comportamental aplicada, a qual pode ser resumida em uma proposição fundamental, subjacente ao diagnóstico e à terapia relatados no exemplo, a saber, a de que os comportamentos humanos são padrões comporta-

[229] O etnocentrismo de tais concepções torna-se particularmente obtuso, quando podemos observá-lo na condição de pessoas de culturas diferentes daquelas em que vivem e trabalham esses filósofos, nas quais a 'psicologia popular' é consideravelmente diferente da que está representada em suas especulações. Autores particularmente atentos a esse aspecto, em relação ao discurso moral, são Scott (1971), Alexander (1987) e Posner (1999). Na verdade, responder às críticas desses filósofos não seria relevante, se não fosse tão comum o apelo ao 'bom senso' e à 'psicologia popular', como forma de argumentação filosoficamente embasada para combater a perspectiva científico-naturalista no âmbito da filosofia e da teoria geral do direito.

mentais modelados, mantidos e eventualmente transformados ou extintos, com base nas consequências produzidas por esses mesmos comportamentos, a grande maioria das quais são socialmente mediadas.

A par desse aspecto bastante geral, o método diagnóstico e terapêutico da psicologia comportamental ilustrado no exemplo pode fornecer uma base científica para o que muitos estão considerando a grande fronteira profissional dos juristas no século XXI (Posner, 1995; Susskind, 2000), a saber, a mediação extrajudicial de conflitos. Relações sociais prolongadamente conflituosas por certo estão sob o controle de contingências de reforço e punição, cujo conhecimento pode ser um meio eficaz e relativamente barato de se conduzir um processo de solução mediada destas. A solução de conflitos familiares, de vizinhança, em relações de consumo continuadas e em relações de trabalho, entre outros, possivelmente muito se beneficiaria de uma abordagem centrada nas contingências locais de reforçamento e punição, como a exemplificada no caso do menino que lesionava a si mesmo, embora somente a prática e a experiência em cada contexto de atuação dos profissionais jurídicos poderá decidir sobre a maior ou menor amplitude desse potencial.

5.5.5 *Comentários sobre o exemplo nº 2*

Dos três exemplos citados, o estudo sobre a excelência musical nos orfanatos de Veneza do Século XVIII é o mais próximo ao paradigma dos quase-experimentos de controle social do comportamento humano, proposto neste trabalho como fundamento metodológico para a análise comportamental do direito. Os quatro elementos considerados básicos para o desenho de um quase-experimento – experimentador, variável independente, variável dependente e dados de controle experimental –, estão claramente presentes, como ressalta o autor do estudo, fazendo explícita menção a esse método idealizado por Cook e Campbell (Kunkel, 1985, p. 446).

Vamos examinar a seguir cada um desses quatro elementos básicos, fazendo um paralelo com os elementos correspondentes em um quase -experimento no âmbito da análise comportamental do direito. Como dissemos na primeira parte deste trabalho, a análise comportamental do direito não considera o método dos quase-experimentos tão-somente como um método de intervenção social planejada, mas também como um método de avaliação de contingências jurídicas já em vigor, ou mesmo, como no caso do exemplo dado, vigentes em outros contextos afastados no tempo e no espaço. A comparação abaixo tem em vista especialmente essa segunda modalidade de análise comportamental.

5.5.5.1 O experimentador

A função de experimentador é representada no estudo pelos comitês dirigentes dos quatro orfanatos que compõem o grupo experimental. Assim como o experimentador social[230], na grande maioria dos casos, não atua deliberadamente como tal, os dirigentes dos orfanatos não pretendiam fazer um experimento social sobre a possibilidade de aperfeiçoar até a excelência o desempenho musical das internas, nos orfanatos dirigidos por eles. Entretanto, dadas as características objetivas das ações realizadas – basicamente, a introdução de novas formas de reforçamento contingentes ao comportamento musical das internas –, mantidas de modo consistente durante mais de um século, pode-se assimilar o papel exercido por esses dirigentes ao do experimentador em um quase-experimento.

Vale notar que o estudo abrange um período de 150 anos, sendo improvável que uma mesma e única meta tivesse guiado os dirigentes na adoção das medidas de incentivo e sustentação dos desempenhos musicais durante todo esse tempo. O mais provável é que, com o sucesso obtido a partir dos primeiros anos de implantação das novas contingências, o próprio reconhecimento internacional dos orfanatos como centros de excelência em música e o fluxo crescente de recursos vinculados à atividade musical carreado eles tenham servido como reforçadores para o comportamento dos membros dos sucessivos comitês dirigentes. Como no exemplo anterior, entretanto, o estudo não dá atenção ao intercâmbio social envolvendo experimentador e sujeitos da pesquisa, isto é, dirigentes e musicistas dos orfanatos, razão pela qual não se preocupa em questionar as contingências de reforço responsáveis, seja pela adoção inicial das medidas de incentivo e sustentação da atividade musical nos quatro orfanatos, seja pela manutenção desse comportamento por cerca de um século e meio.

[230] Vide supra, nota 92.

5.5.5.2 *A variável independente*

As variáveis independentes do estudo analisado são as medidas adotadas pelos comitês dirigentes no sentido de encorajar e dar suporte às atividades musicais nos quatro orfanatos, as quais, nas palavras do autor do estudo, "cresceram gradualmente, foram mantidas em um alto nível por cerca de 50 anos e então declinaram" (Kunkel, 1985, p. 456)[231]. O paralelo com as contingências jurídicas estudadas pela análise comportamental do direito é claro, com a ressalva de que, no contexto do estudo, não há indícios de divergência entre declarações de intenções e ações efetivamente empreendidas, o que nem sempre é o caso, tratando-se de regras jurídicas, conforme foi discutido na primeira parte deste trabalho[232].

Como em qualquer contexto experimental sobre o comportamento humano, as variáveis independentes não são apenas os reforçadores ministrados de forma contingente ao comportamento que constitui a variável dependente, mas também o modo como tais reforçadores são fornecidos, em particular, o que os psicólogos comportamentais chamam de esquema de reforço, aos quais já nos referimos quando da discussão sobre a lei da igualação[233].

No estudo em questão, os reforçadores foram, inicialmente, uma série de privilégios materiais concedidos às internas que se habilitassem a participar das orquestras e coros dos quatro orfanatos do grupo experimental. Privilégios esses que foram sendo acrescidos de outros, para as musicistas de maior destaque, como a permissão para ensinar música

[231] No original: "increased gradually, was maintained at a high level for about 50 years, and then declined".

[232] Exatamente por essa razão, previmos para a análise comportamental do direito um elemento normativo, implícito ou explícito, que é a meta social, cuja função, no estudo ora analisado, é suprida pela própria excelência musical atingida. Como o estudo não pretende subsidiar uma posterior intervenção normativamente orientada, pode assumir como 'intenção' do experimentador o próprio resultado do experimento. Já a análise comportamental do direito, no caso de regras jurídicas em vigor, terá de adotar um procedimento em duas etapas, conforme já explicado, a primeira das quais assume o resultado efetivo 'como se' fosse a meta a ser atingida pela norma, tal como foi feito no estudo sobre os orfanatos de Veneza, em relação à excelência musical. Na segunda fase, porém, conceber-se-ão contingências adequadas à meta social efetivamente pretendida para aquele contexto social, com base em diretrizes políticas explicitamente formuladas.

[233] Ver supra, Seção 4.5.

em troca de honorários a crianças e jovens da burguesia e nobreza locais. Com o passar do tempo, outros reforçadores menos generalizados e imediatos, como a realização de bons casamentos ou a conquista de empregos bem remunerados como musicista, passaram a compor também o rol de reforçadores contingentes ao bom desempenho nos estudos musicais. A única condição aversiva visível nas fontes consultadas pelo autor do estudo era a exclusão dos conjuntos musicais daquelas internas que não demonstrassem habilidade suficiente para lá se manterem.

A contingência imposta para o recebimento dos reforçadores, que corresponde aproximadamente ao esquema de reforço dos experimentos laboratoriais, caracterizou-se por uma grande estabilidade, sob a forma de uma verdadeira garantia, mantida durante todo o período nos quatro orfanatos do grupo experimental, de que os privilégios e o próprio acesso aos conjuntos musicais seriam contingentes exclusivamente ao desempenho musical, ao mesmo tempo em que eram efetivamente disponibilizados conforme a expectativa das internas, dando confiabilidade ao esquema de reforço. A estabilidade e a confiabilidade das contingências de reforço exerceram um efeito considerável na modelagem bem-sucedida da complexa gama de comportamentos que compõem a variável dependente, os quais incluem desde o aprendizado e o aperfeiçoamento em nível de excelência de uma atividade musical especializada, instrumental ou vocal, até o entrosamento necessário entre as musicistas para as grandes apresentações que fizeram a fama das quatro instituições.

Embora o estudo não mencione contingências aversivas, podemos imaginar que, além dos reforçadores explicitamente mencionados, as internas que se ocupassem prioritariamente de música, após a sua entrada nos conjuntos musicais, fossem menos exigidas em outras tarefas menos agradáveis, como limpeza e cozinha, as quais serviriam como reforçadores negativos para o empenho em se destacar nos estudos musicais, em especial na fase imediatamente anterior à escolha das meninas que iriam preencher as vagas abertas pelas que completavam a idade para se desligar do orfanato.

Sobre a variável independente, vale destacar ainda o papel do contexto mais amplo, representado pela decadência econômica de Veneza, em termos de disponibilidade de recursos para a manutenção das contingências responsáveis pelo padrão de excelência musical dos quatro orfanatos. A esse respeito, uma questão não abordada no estudo é a das possíveis causas para a não sobrevivência dos conjuntos musicais por meio da adaptação às novas condições econômicas, o que seria interessante para se compreender de modo mais extensivo a rede de relações sociais que mantinham o universo social restrito visado pela pesquisa.

5.5.5.3 *A variável dependente*

A variável dependente é o comportamento de excelência musical das internas. As medidas dessa variável utilizadas no estudo incluem o número de musicistas e de apresentações dos conjuntos musicais, a qualidade das instrumentistas, coralistas e solistas vocais e a qualidade das apresentações, que apresentam diferentes dificuldades de mensuração, todas, porém, solucionáveis como o próprio estudo demonstra. O fato de ser uma atividade artística, considerada por muitos como derivada fundamentalmente de habilidades inatas, é significativo por demonstrar que tais habilidades, quaisquer que sejam, exigem um contexto social em que adequadas contingências de reforço sejam providas, para que venham a se manifestar em termos de padrões comportamentais discerníveis como aquilo que conhecemos por música. Como sempre, o modo de falar inatista difundido em nossa cultura dificulta o entendimento correto dos processos causais envolvidos, de tal forma que se chega mesmo a pensar que algo como um 'gene para a música' possa existir, o que não soa tão absurdo para quem se expressa em termos de 'dispositivo gramatical inato' ou 'instinto de linguagem'[234].

O fato de se tratar de um complexo de padrões comportamentais que, de há muito, já têm definida uma metodologia de modelagem que se estende por longos períodos de tempo facilitou certamente o cumprimento de um requisito que comentamos na primeira parte do trabalho, qual seja, a definição das metas em termos de padrões comportamentais e não em termos de resultados finais. Em outras palavras, garantindo-se a devida motivação e as contingências de reforça adequadas, é muito mais fácil se educar moças para serem grandes instrumentistas e cantoras do que, por exemplo, executivas de empresas ou

[234] Para uma visão equilibrada sobre os diversos processos psicossociais envolvidos no fenômeno musical, ver Benzon, 2001.

mesmo psicólogas comportamentais, a despeito do que o mito[235] da habilidade inata faz crer.

5.5.5.4 Dados de controle experimental.

Como dissemos na primeira parte deste trabalho, não basta comprovar que a variável dependente sofreu a alteração de valor esperada, concomitantemente à imposição da contingência entre esta e os reforçadores ou punidores sob controle do experimentador social. É necessário também que a variação havida seja confiavelmente atribuível à imposição da contingência. Destarte, os eventuais custos dos procedimentos de controle têm de ser medidos contra os benefícios de se implantar uma solução efetiva e não um equívoco que pode ser irreversível. Tratando-se de estudos históricos ou ainda, no caso da análise comportamental do direito, de regras jurídicas já em vigor, os cuidados são igualmente importantes, levando-se em conta que futuras decisões políticas poderão se basear em estudos mal fundamentados, além da resultante perda de credibilidade da própria atividade científica, com prejuízos ainda maiores para todos.

O estudo demonstra um grau bastante razoável de controle sobre os dados relacionados ao grupo experimental. Primeiramente, no tocante a inexistência de qualquer viés que pudesse tornar as internas nos quatro orfanatos que atingiram a excelência musical mais capacitadas para esse desempenho do que a média da população infanto-juvenil de Veneza ou de outras cidades italianas do mesmo porte, condição econômica e social. Em relação especificamente à condição de internas em um orfanato, o autor confrontou dados sobre os muitos orfanatos semelhantes existentes na Itália naquele período. De fato, ele afirma que, na época, toda cidade italiana de médio porte (*large town*) tinha pelo menos um orfanato. Apesar do que, em nenhum outro, além dos quatro mencionados no estudo, ocorreu o fenômeno da excelência musical objeto da pesquisa.

[235] Não há dúvida que determinadas características físicas inatas predispõem favoravelmente um indivíduo a desenvolver certas habilidades. Por exemplo, um timbre ou uma extensão vocal raros predispõem, por assim dizer, seus portadores ao canto. Isto está muito longe, entretanto, do que se poderia chamar de 'habilidade inata'.

Possíveis deficiências do estudo têm de ser avaliadas segundo o ponto de vista teórico e metodológico do autor e eventualmente do próprio crítico. Por exemplo, Pierce (1991, p. 24), embora concordando com a utilização dos quase-experimentos e elogiando, em particular, a qualidade do estudo sobre a excelência musical em Veneza, aponta possíveis fraquezas, como por exemplo, a falta de uma melhor especificação dos processos e princípios comportamentais subjacentes ao fenômeno estudado e da própria natureza do declínio ocorrido nos desempenhos das musicistas, no sentido de se poder ou não caracterizar tecnicamente tal declínio como 'extinção', haja vista a inexistência de registro sobre a ocorrência de um florescimento e uma maior variabilidade das atividades musicais, a partir do início do período declinante, em 1750, o que deveria ser o caso, se realmente se tratasse de uma típica 'extinção'.

Em nossa opinião, entretanto, não se trata de tentar enquadrar os quase-experimentos nas categorias utilizadas pelos psicólogos comportamentais para descrever suas experiências em laboratório ou mesmo suas intervenções terapêuticas, como a que vimos no primeiro exemplo. Como tentamos argumentar nas seções precedentes deste capítulo e no anterior, há uma tarefa de construção de uma ciência social de base comportamentalista ainda inconclusa, para a qual um dos passos fundamentais é justamente avançar na compreensão do que são, de um lado, as atividades humanas em seus contextos naturais e, de outro, os processos básicos estudados pelos psicólogos comportamentais, tal como têm procurado fazer, tanto os adeptos da teoria da troca social, quanto outros cientistas sociais receptivos à utilização dos princípios da psicologia comportamental em seus modelos de sociedade.

Para encerrar esse comentário ao segundo exemplo, vale observar que a utilização do método dos quase-experimentos com base em dados históricos é uma excelente ferramenta para o estudo de lições da história jurídico-administrativa brasileira e internacional ainda não devidamente recuperadas por uma abordagem científico-naturalista do direito. Além de experiências com reformas legislativas e implantação de políticas públicas de fomento e intervenção governamental direta, com ou sem mudanças jurídicas significativas, o método pode ser muito útil para pesquisas empíricas nas áreas de epistemologia jurídica e história das ideias jurídicas, como uma variante do método proposto por Hull (1988), para o estudo da evolução das ideias científicas, ou ainda, da chamada economia do conhecimento científico, proposta por Shi (2001). De fato, tanto quanto a análise comportamental representada pelo exemplo ora analisado, as propostas de Hull e Shi enfatizam a importância das contingências reforçadoras socialmente providas para a modelagem e manutenção de padrões comportamentais, como a música e a ciência, para os quais normalmente não se atribui importância a tais contingências. Poderíamos denominar o intercâmbio de tais contribuições de paradigma sociocomportamental, o qual tem sido também o rumo seguido por parcelas crescentes de psicólogos, sociólogos, antropólogos e filósofos interessados em dar uma base comportamental mais sólida às ciências sociais

5.5.6 *Comentários sobre o exemplo nº 3*

A análise das contingências e metacontingências da *Perestroika* é um ótimo exemplo do potencial e das limitações de uma abordagem que podemos chamar de estritamente psicológico-comportamental dos fenômenos socioculturais humanos mais amplos. Em relação ao potencial, vale destacar a extensão, para o âmbito das pesquisas econômicas, sociológicas e antropológicas, dos elementos gerais do paradigma comportamentalista, que são o contexto, o comportamento e as contingências de reforço e punição. Esse paradigma, não obstante a sua origem na pesquisa experimental do comportamento individual humano[236], é um bom começo para a organização dos dados empíricos, de um modo adequado ao estudo das relações sociais enquanto padrões comportamentais coletivos. Por outro lado, conceitos novos como o de 'práticas culturais' e 'metacontingências' são contribuições genuínas da psicologia comportamental ao esforço de compreensão dos processos por meio dos quais são selecionados em nível coletivo os padrões comportamentais responsáveis pela variedade de formas de vida humana, distribuídas no tempo e no espaço (Lamal, 1991; Pierce; Epling, 1995; Glenn, 1991; Baum, 1994, 2002).

[236] Seguindo a muitos, inclusive Skinner (1938; 1953), entendemos que a pesquisa comportamental em laboratório, diferentemente da pesquisa de campo dos etologistas, mesmo quando se utiliza de animais, tem por meta a descoberta de princípios generalizáveis para o comportamento humano, podendo ser, por isso, classificável como pesquisa do comportamento humano.

Em relação às fraquezas, o destaque vai para a tendência, mais ou menos difusa entre os psicólogos comportamentais, de considerar o processo de construção de uma teoria social comportamentalista como mera extensão aos fenômenos sociais dos princípios comportamentais desenvolvidos nas pesquisas de laboratório. O maior exemplo dessa prática é o próprio Skinner, cujo imenso talento retórico e o amplo conhecimento factual dos problemas da sociedade contemporânea possibilitaram-no escrever sobre várias questões socioculturais, utilizando-se de modo metaforicamente estendido dos princípios da psicologia comportamental, sem atingir, entretanto, um nível comparável, em termos de rigor metodológico e precisão conceitual, ao de seus trabalhos mais especializados, conforme o avaliam críticos de dentro do próprio paradigma comportamentalista (Kunkel, 1975; Staddon, 1993).

No caso do estudo sobre a *Perestroika*, no entanto, as limitações existentes, em nossa opinião, derivam de uma forma mais sutil, mas igualmente inadequada, de construção de uma teoria social comportamentalista, cuja tônica também é a extrapolação dos princípios da psicologia comportamental para o âmbito sociocultural, porém, em vez de fazê-lo de modo direto, como nos escritos socioculturais de Skinner, utiliza-se um modelo abstrato de teoria comportamental, chamado pelos psicólogos comportamentais de 'selecionismo' (Hull; Langman; Glenn, 2001; Glenn, 2003; Donahoe, 2003). Embora útil enquanto caracterização abstrata do modelo de causalidade especificamente biológica, baseado na seleção diferencial de variações fisiológico-anatômicas ou comportamentais, a partir das consequências adaptativas dessas variações (Campbell, 1974; Mayr, 1998), o selecionismo não é, a nosso ver, um modo válido de construção teórica, especialmente quando se pretende, como tem sido frequentemente o caso, utilizar em detalhes o modelo simplificado com que divulgadores científicos e filósofos da biologia descrevem a moderna teoria darwinista da evolução pela seleção natural das espécies, para se construir, dedutivamente, teorias da evolução cultural (Glenn, 1991, 2004; Aunger (Ed.), 2000). Esse tipo de perspectiva de construção teórica nas ciências sociais, a partir de um modelo dedutivo abstrato, vem demonstrando, há muito tempo, a sua inadequação, a começar pelo modelo mecanicista cartesiano (Hayek, 1980), passando pelo modelo dialético hegeliano (Popper, 1974) e pelo da teoria geral dos sistemas (Lumann, 1995), para citar apenas alguns.

Conquanto perfeitamente aceitáveis como simplificações expositivas, não substituem o diálogo entre teorias, aplicações tecnológicas e pesquisas empíricas que caracterizam a vida da ciência como processo social, ou seja, comportamental coletivo (Hull, 1988; Shi, 2001; Baum, 1994; Skinner, 1957).

Para progredirmos na difícil tarefa de construir uma teoria social de base comportamentalista, o caminho não é extrapolar direta ou indiretamente os princípios comportamentais individuais, mas, como diz Emerson (1969, 1972), incorporar e utilizar as proposições básicas da psicologia comportamental na teoria social, o que, no entanto, implica igualmente o acréscimo de outras proposições básicas empiricamente válidas, especificamente relacionadas ao âmbito sociocultural. Em um estágio primitivo de elaboração teórica, a mera extrapolação dos princípios da psicologia comportamental tem o indiscutível mérito de apontar possíveis analogias metodológicas e conceituais inexploradas, mas, em hipótese alguma, será capaz de suprir a falta de construções mais elaboradas, seja de modo relativamente autônomo, como o vêm fazendo os adeptos da teoria da troca social, seja por intermédio de um diálogo com as teorias, os problemas e, principalmente, os dados empíricos originários de pesquisas desenvolvidas com base em outros paradigmas (Kunkel, 1991, 1997; Macy, 1996, 1998a, 1998b).

Embora o estudo sobre a *Perestroika* seja apenas um dentre vários pertencentes ao que se costuma rotular como 'análise comportamental das sociedades e das práticas culturais', alguns bem mais específicos, outros tão ou mais gerais do que ele próprio (Lamal (Ed.), 1991), em relação aos quais as observações críticas acima não se aplicam de modo homogêneo; de um ponto de vista geral, nos parece claro que, independentemente do valor específico de cada estudo, o esforço de construção teórica a que estamos nos referindo passa por um diálogo mais sistemático com as ciências sociais, especialmente com a sociologia e a economia, nas quais existem esforços relativamente avançados de incorporação dos princípios da psicologia comportamental a uma teoria geral da sociedade (Vanberg, 1994; Ulman, 1998). Por esse motivo, em vez de nos determos nas particularidades do estudo da *Perestroika*, aproveitaremos a amplitude da problemática abordada no mesmo, para arrolar, nos parágrafos finais dessa seção, três tópicos que nos parecem pontos de partida comuns a esses esforços de construção teórica transdisciplinar, dos quais, como já dissemos, a análise comportamental do direito participa enquanto modalidade de aplicação tecnológica voltada ao controle social do comportamento humano.

5.5.6.1 A aprendizagem por meio do reforço

O elo principal de contato entre a teoria social e a Psicologia Comportamental é a aprendizagem por meio do reforço. Tanto na teoria da troca social quanto nos trabalhos de outros economistas e sociólogos interessados em dar às suas disciplinas uma base psicológica comportamentalista, é nesse princípio que os respectivos projetos de construção teórica se baseiam para escapar do que Vanberg, citando Albert, denomina 'deficiência comportamental' da economia e da sociologia (Vanberg, 1994). Deficiência essa que, no caso da sociologia, tem origem principalmente na confusão alimentada por Durkheim e seus seguidores entre a especialização temática no estudo das 'instituições' e a opção teórico-metodológica por excluir, *a priori*, os processos comportamentais a nível individual do horizonte da nova ciência da sociedade; enquanto que, na economia, se funda na opção de abandonar a vocação teórica original dessa ciência, que poderíamos chamar de 'institucionalista' (Bowles, 2004; Hodgson, 1988), representada pela obra do fundador da economia política moderna, Adam Smith, em prol de uma mescla de utilitarismo benthaminiano com o que Popper chamou, apologeticamente, de 'lógica da situação' (Popper, 1999b) e que corresponde aproximadamente ao que em psicologia se conhece como 'teoria da decisão' ou 'teoria da escolha' (Rachlin, 1989).

Os diversos modos como o princípio da aprendizagem pelo reforço está presente no esforço de construção teórica de sociólogos e economistas das várias correntes de opinião acima mencionadas refletem, de um lado, diferentes contextos de investigação e, de outro, estratégias metodológicas distintas. Por exemplo, enquanto os pesquisadores ligados à teoria da troca social se utilizam preferencialmente de experimentos em laboratório com seres humanos (Molm, 1997), os sociólogos e economistas da corrente neoinstitucionalista[237] tendem a se utilizar

[237] Pela similitude de pontos de vista, fontes de inspiração teórica e intercâmbio acadêmico, estamos englobando sob o rótulo 'neoinstitucionalista', tanto os que assim se autodenominam, quanto os autores da corrente chamada de 'economia constitucional', liderada pelo

mais de simulações computadorizadas (Macy, 1996). A metodologia experimental, no caso dos primeiros, permitiu um uso mais amplo de outros princípios comportamentais, além do princípio da aprendizagem pelo reforço e punição (Homans, 1961; Emerson, 1969, 1972; Molm, 1981); enquanto que os neoinstitucionalistas, por necessidades inerentes ao modelo matemático de aprendizagem mais utilizado nas simulações computadorizadas, chamado de 'modelo probabilístico de aprendizagem de Bush e Mosteller' (Bush; Mosteller, 1955; Macy, 1993), precisam se ater exclusivamente aos processos básicos de reforçamento e punição. Entretanto, como observam Donahoe e Palmer (1994), essas diferentes estratégias metodológicas são complementares, visando cada uma ao cumprimento de distintas tarefas do trabalho científico. Além disso, ambos os programas de pesquisa têm como meta a reconstituição, de baixo para cima (*from the bottom up*), das estruturas sociais complexas e permanentemente mutáveis que formam parte essencial da natureza humana (Cook, 1991; Macy, 1996, 1998a, 1998b, Macy; Willer, 2002; Epstein; Axtel, 1996).

5.5.6.2 *Concepção evolucionária da dinâmica sociocultural*

Um segundo elemento básico comum para a construção de uma teoria social comportamentalista é uma concepção evolucionária da dinâmica sociocultural, na qual desponta a ideia fundamental de que as sociedades são estruturas adaptativas, ou seja, conforme a lição de Campbell (1974), modos de se lidar 'cognitivamente' com as mudanças ambientais relevantes para a sobrevivência e reprodução dos organismos. Além de auxiliar na solução de vários problemas centrais da antropologia, como o surgimento do comportamento verbal (Catania, 1994; Glenn, 1987; Skinner, 1987b), a evolução das formas de aprendizagem social

ganhador do Prêmio Nobel de Economia, James M. Buchanan, da qual faz parte Viktor Vanberg, bastante citado por nós. Pelos mesmos motivos, também não estamos diferenciando entre o neoinstitucionalismo dos sociólogos e o dos economistas, haja vista que, em ambos os casos, o objetivo é, de um lado, integrar economia e sociologia como ramos de uma única concepção científica da vida social humana; de outro, tornar ambas mais bem assentadas em uma teoria do comportamento individual empiricamente válida. Cabendo acrescentar ainda que apenas parte dos sociólogos e economistas adeptos do neoinstitucionalismo apostam na psicologia comportamental como a disciplina capaz de fornecer esse fundamento psicológico à nova teoria social unificada.

(ZENTAL; GALEF (Eds.), 1988) e do comportamento político (RUBIN, 2002), uma concepção evolucionária da dinâmica sociocultural é um dos mais fortes argumentos teóricos independentes em prol da incorporação à teoria social dos princípios básicos da psicologia comportamental, na medida em que estes, ao contrário dos seus concorrentes mentalistas, se ajustam com muito mais facilidade aos imperativos de uma teoria evolucionária da cognição, aos quais já nos referimos neste trabalho[238]: a continuidade entre as espécies e a natureza 'cega' dos processos de variação responsáveis por prover a matéria-prima da seleção em nível filogenético, ontogenético ou sociocultural (CAMPBELL, 1974; BAUM, 1994).

O aspecto teoricamente mais interessante na adoção de uma concepção evolucionária da dinâmica sociocultural é a possibilidade de se conceber as várias redes de relações de intercâmbio social como estruturas hierarquizadas de solução de problemas adaptativos (CAMPBELL, 1974; HAYEK, 2002; MACY, 1996; VANBERG, 1994). Tais estruturas hierarquizadas, como discutimos em outra parte deste capítulo, se relacionam em um plano, ao mesmo tempo, diacrônico e sincrônico, cuja representação abstrata é o diagrama de um sistema retroalimentativo[239], em que as regras do subsistema menos inclusivo regulam as saídas desse subsistema para o subsistema mais inclusivo, enquanto que as regras do subsistema mais inclusivo regulam retroalimentativamente as entradas no subsistema menos inclusivo (BAUM, 1973). Na escala temporal filogenética, o sistema abrange, como subsistemas menos inclusivos especialmente relevantes, as espécies, e, como subsistemas mais inclusivos relevantes, os diversos ambientes evolutivos ou nichos das espécies (WILLIAMS, 1992). Na escala temporal ontogenética, ou tempo de vida individual, o sistema tem como unidades correspondentes, os comportamentos[240] e seus respectivos contextos (DONAHOE, 2003; DONAHOE; PALMER, 1994). Por fim, na escala temporal das culturas humanas, temos as práticas

[238] Vide supra, Seção 1.3.

[239] Conforme o caso, podendo ser representado também por uma função matemática.

[240] Em termos mais técnicos, as unidades de seleção em nível individual, isto é, molecular, são 'relações ambiente-comportamento' (*environment-behavior-relations*), algumas das quais, como os reflexos, são selecionadas filogeneticamente.

culturais ou atividades[241] e os ambientes sociais em que estas ocorrem. A cada um desses níveis corresponde um conjunto específico de contingências de seleção ou problemas adaptativos.

5.5.6.3 *Ênfase na aprendizagem por meio de regras*

O terceiro e último elemento básico comum no esforço de construção de uma teoria social comportamentalista é a ênfase nas regras como modo de aprendizagem social humana por excelência. Em algum momento do processo evolutivo da espécie humana, desenvolveu-se a capacidade de comportamento verbal, a qual deve ter sido inicialmente um meio de controle comportamental recíproco (Baum, 1994; Catania, 1998; Skinner, 1987b), redundando no que se denomina comportamento governado por regras, que pode ser definido como um tipo de comportamento social humano no qual uma contingência de reforço ou punição é especificada verbalmente para um ouvinte, o que tanto pode ser feito por meio de uma sentença oral ou escrita, quanto por intermédio de um gesto ou mesmo de um símbolo gráfico não linguístico, bastando que se possa qualificar o estímulo especificador da contingência como verbal (Baum, 1994). Para a análise comportamental do direito, as regras mais relevantes são as que visam o controle social do comportamento humano, chamadas na literatura sociológica de normas sociais ou simplesmente normas.

Segundo Emerson (1972), o processo de formação das normas está indissoluvelmente ligado ao da constituição dos grupos sociais ou relações de troca social produtivas, a que já nos referimos[242]. Suponhamos que um indivíduo ou grupo 'A' detenha um recurso 'y' que seja reforçador para um rol de indivíduos 'B_1, B_2, B_3...B_n', os quais detêm um recurso 'p' que é trocado com 'A' em relações de troca diádicas. Segundo os princípios da teoria da troca social, os indivíduos 'B_i' teriam um ganho na relação de troca com 'A', se formassem uma coligação, de tal forma que, em vez de trocarem individualmente com ele, o fizessem de modo cole-

[241] Conforme discutimos anteriormente, os padrões comportamentais molares ou atividades são unidades de comportamento humano em contextos naturais, as quais são sempre padrões socialmente mediados, razão pela qual podemos chamá-los também de práticas culturais.

[242] Vide supra, Seção 5.2.

tivo, aumentando assim o seu poder de barganha, pela diminuição das fontes alternativas de 'y' para 'A'. Os novos termos, ou normas, de troca entre o recém formado grupo 'G(B_i)' e o indivíduo ou grupo 'A' constituem o que podemos chamar de plano normativo externo, o qual pode ser considerado, nos termos utilizados por Baum, o plano mais inclusivo, ou ainda, o plano das contingências remotas (*ultimate contingencies*). Conforme voltaremos a argumentar adiante, esse plano normativo externo, na escala temporal evolucionária, é o da aptidão dos indivíduos que compõem o grupo, podendo-se também pensar em 'A' como um dentre vários grupos de indivíduos humanos, em um cenário que alguns biólogos evolucionários (ALEXANDER, 1979, 1987) advogam como o mais provável para o desenvolvimento da sociabilidade humana, extensível a outros grupos de primatas e, com maior probabilidade, aos ancestrais mais próximos do ser humano (FLACK; DE WAAL, 2000; RUBIN, 2002).

Por outro lado, o comportamento unificado do grupo exige de cada indivíduo 'B_i' um determinado papel, cujo cumprimento é a garantia do sucesso da coligação 'G(B_i)' na transação com 'A', o que implica um segundo plano normativo, que podemos chamar de plano normativo interno, no qual os polos de interação são, de um lado, o grupo 'G(B_i)' e, de outro, cada membro do grupo individualmente, 'B_i'. Esse plano normativo interno é extremamente problemático, dado o fenômeno a que os psicólogos comportamentais chamam de 'impulsividade', o qual, resumidamente, significa a tendência de se preferir um reforço menor, porém, mais imediato, mais certo ou mais concentrado, em vez de um reforço maior, porém, menos imediato, menos certo ou menos concentrado (MALOTT, 1989; MALOTT; GARCIA, 1991; RACHLIN, 2000; AINSLIE, 2001). No caso da ação coletiva, representada pelo plano normativo interno, a impulsividade assume principalmente a forma da não cooperação ou não cumprimento do respectivo papel, especialmente quando o grupo não pode excluir do benefício o membro não colaborativo, ou quando a magnitude da contribuição individual é demasiado pequena para influir no resultado, porém, suficientemente grande em termos de custos para o indivíduo (MACY, 1990; OLSON, 1965).

Entre as soluções para o problema da não colaboração na ação coletiva, a mais geralmente aceita é a da imposição de controles sociais, isto é, reforçadores e punidores contingentes ao comportamento dos membros do grupo social, a fim de compeli-los a colaborar (Coleman, 1990). Uma dificuldade dessa solução é que a alocação contingente de reforçadores e punidores exige que se possa monitorar e sancionar devidamente a obediência ou desobediência à norma, dando origem ao chamado 'problema da ação coletiva de segunda ordem' (Oliver, 1980). Algumas soluções para esse segundo nível de não colaboração na ação coletiva, baseadas nos pressupostos da teoria da escolha racional, como a teoria da cooperação hipócrita (*hypocritical cooperation*) de Heckathorn (1989)[243], embora analiticamente válidas, não são psicologicamente satisfatórias (Macy, 1993, p. 819-820), por exigirem que os atores estejam dispostos e sejam capazes de fazer cálculos altamente sofisticados do custo-benefício das suas contribuições para a monitoração e o sancionamento dos indivíduos, relativamente ao custo-benefício de igual contribuição diretamente para o bem público de primeira ordem, porquanto, apenas quando o custo-benefício do primeiro for compensador em relação ao segundo, teriam os atores um motivo racional para diversificar seus investimentos entre uma atividade coletiva e outra.

Em face à implausibilidade de tais cálculos fazerem parte do curso de ação de seres humanos médios, vários economistas e sociólogos (Rapoport; Chamah, 1965; Homans, 1961; Scott, 1971; Mueller, 1986; Macy, 1993; Cross, 1983) têm buscado auxílio em modelos de comportamento social baseados na aprendizagem pelo reforço e punição, os quais, quando utilizados como base para simulações computadorizadas das situações sociais ora analisadas, demonstram que, dependendo dos valores assumidos pelas variáveis relevantes do modelo[244], o controle social necessário à emergência da cooperação social pode evoluir entre indivíduos cujo única capacidade 'cognitiva' fundamental é a de aprender a partir dos resultados imediatos de suas ações, em termos de reforçamento ou punição.

[243] Muito resumidamente, essa teoria diz que o 'problema da ação coletiva de segunda ordem' pode ser resolvido por meio da hipocrisia, ou seja, a disposição de desviantes racionais em impor normas que eles próprios violam, dando assim o passo inicial para um mínimo de colaboração que, a partir de um certo nível, se reproduz em forma de uma espiral de colaboração nos bens coletivos de primeira e segunda ordem.

[244] Tais como o 'nível dos bens públicos', 'custo de contribuição', 'velocidade da aprendizagem' etc. (Macy, 1993).

Esse resultado, além do seu valor teórico geral no sentido de demonstrar a possibilidade de um comportamento complexo, como a imposição e a monitoração de regras sociais, evoluir a partir das contingências muito simples de reforço e punição, é compatível com a proposição segundo a qual tanto o comportamento governado por regras quanto o de governar o comportamento de outrem por meio de regras dependem da história comportamental dos indivíduos com o seguimento e a imposição de regras (Hayes; Gifford; Hayes, 1998). O que nos leva então ao terceiro plano normativo que podemos chamar de estratégico, em consonância com a distinção que se costuma fazer entre normas, que são as contingências de reforço e punição vigentes em um determinado âmbito social, e estratégias, que são os padrões comportamentais desenvolvidos pelas pessoas em resposta a essas contingências, de modo obter o reforço e evitar ou fugir à punição[245] (Weingarten; Mechner, 1966).

Uma estratégia de adaptação a uma norma tanto pode ser agir tal como a prescrição normativa prevê, quanto agir de modo diferente ou mesmo contrário à prescrição, mas, ainda assim, evitando a punição ou obtendo o reforçador. Ambas as modalidades de estratégia são igualmente contingentes à imposição normativa. No exemplo da *Perestroika*, o autor do estudo observa que as várias formas de violação das leis econômicas soviéticas estavam de tal maneira disseminadas que a mera edição de novas leis não bastou para que houvesse uma mudança comportamental imediata, comentando ainda que não houvera tempo para o aprendizado de novos padrões comportamentais. De fato, uma das lições mais claras do modelo comportamentalista de evolução das normas sociais resumido acima é que, conforme a magnitude da transformação comportamental desejada, o seu aprendizado pode exigir uma longa fase de contato com as consequências aversivas ou reforçadoras de um determinado contexto normativo social, para que sejam modeladas as estratégias correspondentes ao padrão de adequação idealizado pelos responsáveis por eventuais reformas no padrão normativo interno. Staddon (1993, p. 71), argumentando contra a posição contrária de Skinner à utilização da punição como forma adequada de controle

[245] Essas estratégias, frequentemente, são o que se costuma chamar de autorregras (*self-rules*), isto é, instruções verbais que o indivíduo dá a si mesmo para governar o seu próprio comportamento em determinadas situações (Kunkel, 1997).

social, disse ser possível conjecturar, com relação aos Estados Unidos da América, que o baixo nível de infringência à lei observado na maior parte do século XX é um efeito retardado (*delayed effect*) das severas punições cominadas, mesmo aos crimes de menor monta, em séculos anteriores, ao mesmo tempo em que o aparente incremento da criminalidade em anos recentes pode igualmente ser uma resposta atrasada ao relaxamento das penalidades nos últimos cinquenta anos.

O modelo da ordem social emergente a partir de contingências de reforço e punição, para ser empiricamente plausível, exige que a extensão temporal desse aprendizado das regras elementares da vida social humana alcance todo o processo de evolução da espécie, inclusive as etapas cumpridas por espécies ancestrais dos seres humanos, de tal maneira que, em um hipotético momento 'T_0', o plano normativo interno seja equivalente ao nível de sociabilidade mínima, provavelmente, ao grupo parental, horda ou bando, ao passo que o plano normativo externo corresponda ao da competição com outros grupos semelhantes (Alexander, 1987).

O caminho ao longo desse eixo temporal evolutivo ou diacrônico, inclui, de um lado, o desenvolvimento de capacidades fundamentais para a sociabilidade humana, como a imitação, a empatia e, principalmente, o comportamento verbal e o controle comportamental por meio de regras; de outro, a ampliação das fronteiras do plano normativo externo, para inclusão de grupos cada vez mais extensos e diversificados de seres humanos, até atingir a atual rede de relações sociais globalizada. Em relação ao eixo sincrônico ou estrutural, o aspecto mais importante para o nosso tema é a diversificação dos comportamentos individuais, de um lado, em verbais e não verbais, de outro, em modelados pelas contingências e governados por regras. Combinando-se essas duas formas de diversificação das estratégias individuais em uma classificação em dupla chave, obtemos quatro tipos básicos, listados abaixo[246]:

5.5.6.3.1 Comportamento não-verbal modelado pelas contingências

É o mais básico e o mais estudado pela psicologia comportamental, por ser comum a muitas espécies animais. Pode ser resumido na seguinte

[246] As características relacionadas aos quatro tipos básicos são baseadas, principalmente, em Catania, 1998.

fórmula: 'o que fazemos é modelado segundo as contingências ambientais de punição e reforço, sem qualquer mediação de regras'. Por ser um comportamento modelado pelas contingências ambientais, tende a se modificar, tão logo o animal perceba mudanças ocorridas nessas contingências.

5.5.6.3.2 *Comportamento não verbal governado por regras*

É o primeiro modo de comportamento de adaptação a uma regra, a que chamamos de estratégia. Pode ser resumido na seguinte fórmula: 'o que fazemos é governado por estímulos verbais especificadores de contingências ambientais de reforço e punição, isto é, regras, entre as quais se inclui necessariamente o reforço ou punição por parte do enunciador da regra'. O ponto fundamental nessa modalidade é que, depois de instaurado o comportamento de seguir regras generalizado, para o qual supõe-se que haja uma fase de alta correspondência entre o seguir a regra e o evitar a punição ou obter o reforço especificado por ela, o comportamento governado por regras se torna relativamente insensível às contingências ambientais; em outras palavras, o reforçamento ou punição social por parte do enunciador da regra prevalece sobre o reforçamento ou punição procedentes diretamente do ambiente.

5.5.6.3.3 *Comportamento verbal modelado pelas contingências*

Pode ser resumido na seguinte fórmula: 'o que dizemos é punido ou reforçado sem a mediação de quaisquer regras sobre o que dizer'. É o comportamento verbal para o qual não tivemos qualquer instrução sobre as respectivas contingências de reforço ou punição. Por ser diretamente modelado pelas contingências do ambiente, tem a característica de ser sensível às mudanças ocorridas nessas contingências. Um exemplo são os diferentes vocabulários regionais em países continentais como o Brasil. Embora normalmente não sejamos instruídos sobre como nomear as coisas de acordo com os diferentes usos regionais, aprendemos a fazê-lo, em respostas às contingências naturais decorrentes da nomeação incorreta. Outra característica importante dessa modalidade é que, nos casos em que o comportamento verbal objeto da modelagem se refere ao próprio comportamento não verbal do falante, observa-se uma alta correspondência entre o que é dito e o que é feito, de tal forma que a modelagem do comportamento verbal se torna um meio eficaz de alteração do comportamento não verbal.

5.5.6.3.4 Comportamento verbal governado por regras

Pode ser resumido na seguinte fórmula: 'o que dizemos é governado por estímulos especificadores de contingências ambientais de reforço e punição, isto é, regras, entre as quais se inclui necessariamente o reforço ou punição por parte do enunciador da regra'. A fórmula é idêntica à do comportamento não verbal governado por regras, com a única diferença de que se trata agora de comportamento verbal. Também nesse caso, o comportamento verbal é relativamente insensível às respectivas contingências de punição e reforço. Por outro lado, há pouca correspondência entre o que é dito e o que é feito, acarretando uma virtual impossibilidade de se alterar o comportamento não verbal, por meio de instruções a respeito do comportamento verbal a este relacionado.

Uma teoria comportamentalista da ideologia e da ciência terá de desenvolver bastante essa tipologia básica de modo a identificar os padrões comportamentais e as respectivas contingências de reforço e punição do comportamento verbal e não verbal. O passo mais importante, no entanto, foi dado, quando a psicologia comportamental desenvolveu uma alternativa crítica à teoria do comportamento verbal como mera 'expressão' de fenômenos mentais, definindo-o, ao contrário, como um comportamento operante (Skinner, 1957), sob o controle de contingências ambientais específicas, que podem ou não incluir as ações, objetos e até contingências a que eventualmente se refira.

No caso da evolução cultural do direito, alguns estudiosos têm enfatizado o transplante de conceitos jurídicos de um local para outro e de uma época para outra como o modo mais comum de transformação das instituições jurídicas (Watson, 1985, 1993; Mattei, 1997, 2000). Esses transplantes estão, por exemplo, ocorrendo nos países que abandonaram recentemente o regime comunista totalitário, em prol da instauração de regimes democráticos e de livre iniciativa econômica. Em menor escala, assistimos no Brasil nas últimas três décadas a uma nova onda de importação de modelos jurídicos europeus e norte-americanos, no bojo do processo substituição das leis e doutrinas jurídicas herdadas do período autoritário militar. Em todos esses casos, trata-se de mudanças no comportamento verbal de uma parcela da comunidade social, os juristas, com a qual se pretende, primeiramente, uma alteração do comportamento verbal e não verbal das autoridades públicas, encarregadas da imposição dessas novas regras e, concomitantemente ou, no máximo, imediatamente após, dos respectivos destinatários.

Embora muito incompleta e pouco estudada até pelos psicólogos comportamentais, a tipologia acima resumida pode ajudar a entender as dificuldades desse processo aparentemente simples, entre as quais se destacam a insensibilidade do discurso jurídico às contingências da vida social e, por outro lado, o excessivo controle do comportamento verbal dos juristas por regras de comportamento jurídico-verbal adequado, muitas delas originárias de doutrinas metajurídicas, transplantadas juntamente com as formas verbais normativas a que dão suporte.

Como a experiência da *Perestroika* mostra, o sucesso ou fracasso de uma reforma social depende menos de uma insatisfação explosiva com o estado de coisas vigente do que da capacidade efetiva da nova ordem em prover os reforçadores e punidores de modo contingente aos comportamentos considerados pelos reformistas como socialmente adequados e inadequados às reformas sociais pretendidas. Por outro lado, como essa capacidade de reforçar ou punir depende de que mais e mais membros da comunidade passem a colaborar com a nova ordem, tanto ao nível dos respectivos papéis, quanto na monitoração e sancionamento dos que se recusem a colaborar, é fundamental garantir que os valores das variáveis mais importantes para esse processo de formação de uma massa crítica (Macy, 1990) a favor da mudança sejam alterados em tempo de garantir a ultrapassagem do limiar entre a mera derrocada da velha ordem e a instauração de um novo equilíbrio sob a nova ordem. Dentre essas variáveis, uma das mais importantes é justamente a velocidade com que os indivíduos engajados na reforma aprendem com o sucesso (reforçamento) ou fracasso (punição) das iniciativas reformistas, o que, como vimos, pode ser muito prejudicado, se os indivíduos na liderança do processo de reforma, entre os quais normalmente se incluem os juristas, estão mais ocupados em dizer o que deve ser dito, segundo um padrão normativo verbal qualquer, do que em relatar o que está ocorrendo.

Uma teoria comportamentalista da evolução das normas sociais pode orientar o estabelecimento de contingências de reforço adequadas para que as sociedades experimentem um processo de reforma social ininterrupta, à medida que se modifiquem as condições vigentes no plano normativo externo e se identifiquem novos desafios no plano normativo interno, que é o objetivo precípuo da análise comportamental do direito.

Conclusões

Vamos concluir este trabalho, formulando um conjunto de teses que resumem o conteúdo fundamental da proposta de análise comportamental do direito, exposta nas páginas anteriores.

1. O dualismo na ciência do direito, associado, explícita ou implicitamente, à proposta de uma ciência jurídica autônoma em relação às ciências sociais, é uma perspectiva equivocada em razão de que: a) afasta o jurista do conhecimento das premissas factuais das regras e doutrinas jurídicas; b) para ser coerente, implica uma concepção contemplativa do cientista do direito, que não corresponde à prática efetiva dos juristas, nem, principalmente, à dos cientistas naturais, seja pela ausência do componente tecnológico ou pragmático inerente a qualquer ciência, seja pela falta de fontes de validação empírica independente; c) sustenta-se em pressupostos ditos autoevidentes, como a irredutibilidade da noção de dever-ser e a natureza transcendental da distinção entre os princípios da causalidade e da imputação, os quais, entretanto, podem ser objeto de considerações de natureza psicossociológica ou epistemológica, que desautorizam a suposta autoevidência desses pressupostos.

2. A superação do dualismo na ciência jurídica passa por definir o direito como uma disciplina científica aplicada ao controle social do comportamento humano, em analogia com as demais disciplinas científicas aplicadas por intermédio das quais os seres humanos buscam adaptar-se às contingências constantemente mutáveis do seu ambiente físico e social, conforme a melhor descrição científica desse processo, conhecida

como epistemologia evolucionária, segundo a qual a cognição humana nada mais é do que o resultado de um longo processo evolutivo, baseado na reprodução seletiva de variações cada vez mais aperfeiçoadas de características biocomportamentais, através das quais os organismos reagem às variações do ambiente, sem depender de alterações genéticas e, por conseguinte, evitando a eliminação daqueles não previamente adaptados.

3. A análise comportamental do direito se define como um método de análise e crítica científica do direito, com base nas seguintes definições básicas: a) o direito, redefinido como ciência social aplicada, se insere em um processo de experimentação social contínua baseado em quase-experimentos de intervenção na realidade social; b) as regras jurídicas são meios de imposição de contingências sociais, no caso, jurídicas, destinadas a modelar, manter, modificar e, eventualmente, extinguir os padrões comportamentais humanos considerados, com base em pressupostos empiricamente válidos sobre o comportamento humano, como necessários à obtenção de metas sociais politicamente definidas.

4. O analista comportamental do direito, enquanto cientista do direito, assume um papel ativo na conformação do direito positivo, inclusive por intermédio da avaliação crítica das metas sociais definidas politicamente e da definição de prioridades ou pesos para os valores ético-jurídicos fundamentais. Ele interage com os demais especialistas jurídicos, sem abdicar, entretanto, de criticar cientificamente os fundamentos factuais dos conhecimentos jurídicos especializados.

5. O conceito não dogmático de eficácia do direito é redefinido pela análise comportamental como a relação causal positiva entre a imposição das contingências jurídicas e a obtenção das metas sociais a estas vinculadas, superando assim a perspectiva ilusória de um direito intrinsecamente adequado, porém, ineficaz. Não obstante, ao contrário do que advoga a corrente jusrealista, não se pretende a eliminação da distinção entre as noções de validade, entendida como adequação aos parâmetros de criação jurídica vigentes, e eficácia de uma regra jurídica, conforme a redefinição desta última indicada acima.

6. A análise comportamental do direito se funda teoricamente no paradigma comportamentalista nas ciências sociais, cujo ramo mais avançado é a psicologia comportamental fundada por Watson e desenvolvida por Skinner e seus seguidores ao redor do mundo. No plano das

ciências sociais, esse paradigma está apenas começando a se definir, a partir, principalmente, da teoria da troca social, de uma vertente da alternativa neoinstitucionalista ao modelo da escolha racional predominante na economia, na ciência política e na sociologia de inspiração individualista-metodológica, e ainda, de iniciativas de expansão do escopo teórico da psicologia comportamental em direção à economia, à psicologia social e à antropologia, destacando-se, neste último caso, o diálogo com a epistemologia evolucionária e a teoria evolucionária da cultura.

7. A análise comportamental do direito tem afinidade com o modelo de explicação molar na psicologia comportamental, em razão da definição proposta por esse modelo da ação ou atividade humana como unidade básica de análise do comportamento individual humano. Embora não lhe cabendo definir as polêmicas no interior da ciência do comportamento humano, a análise comportamental do direito se identifica com os pontos de vista segundo os quais a distinção entre molaridade e molecularidade é, ao mesmo tempo, relativa, já que todos os níveis de análise comportamental devem ser compatíveis entre si, porém, importante, enquanto indicativa de uma diferenciação do objeto da ciência do comportamento humano, na qual cabe à perspectiva molecular o estudo dos processos comportamentais básicos, em última instância, neurofisiológicos, como o princípio da aprendizagem por meio do reforço, ao passo que, à perspectiva molar, compete o estudo dos comportamentos dos animais, inclusive o ser humano, em condições naturais.

8. No que tange às espécies animais em geral, a compreensão da distinção entre as perspectivas comportamentais molar e molecular como indicativa de uma duplicidade de objetos da ciência do comportamento humano, cabendo à última o estudo dos processos comportamentais básicos e à primeira o dos padrões comportamentais de cada espécie e suas variações, em condições naturais, remete a uma crítica à noção de padrões fixos de ação, também conhecidos como instintos, noção esta que, a despeito de seu estatuto teórico precário entre os próprios biólogos, tem sido inadequadamente estendida a diversas modalidades de comportamentos complexos, em especial, pelos adeptos da chamada psicologia evolucionária, a qual busca explicar os supostos instintos, com base na evolução de estruturas neuronais especializadas, que forneceriam uma base neurofisiológica às funções mentais fictícias inventadas pelos psicólogos cognitivistas de filiação mentalista. Em relação ao ser humano,

o estudo dos padrões comportamentais molares, isto é, que ocorrem em condições naturais, passaria, segundo a perspectiva da análise comportamental do direito, pela construção de uma teoria unificada do comportamento social humano, tendo em vista que o modo de existência natural da espécie humana é social e praticamente todos os comportamentos humanos são mediados por trocas mais ou menos permanentes com outros seres humanos.

9. Uma base para a construção dessa teoria unificada do comportamento social humano é a combinação entre as noções de 'aninhamento de atividades' e a de 'padrões comportamentais coletivos' ou 'redes de relações de troca social', por meio da qual é possível estudar as relações entre atividades humanas mais ou menos compreensivas em termos de relações de meio e fim, nas quais a atividade menos inclusiva ou atividade-meio é selecionada, isto é, modelada, mantida, modificada ou extinta, em função da sua maior ou menor contribuição à sobrevivência e reprodução da atividade mais inclusiva ou atividade-fim. Em última instância, as atividades-fim ou mais inclusivas se confundem com as categorias básicas do esforço de vida humano ou padrão vital de sobrevivência e reprodução da espécie.

10. Pode-se aplicar o método da análise comportamental do direito a diversos níveis de intervenção jurídica na realidade social, desde as relações sociais face a face, passando por experiências setoriais de modelagem comportamental, até as grandes reformas sociais. O principal pressuposto para tais aplicações é o desenvolvimento de uma intensa colaboração entre cientistas sociais de formação comportamentalista e formuladores e aplicadores de regras jurídicas, de modo a permitir uma adaptação constante das instituições jurídicas às mudanças no contexto normativo interno e externo. Nesse processo, são três os pontos em comum do esforço de construção de uma teoria unificada do comportamento social humano: o princípio da aprendizagem pelo reforço, a concepção evolucionária da cultura e a ênfase no papel das regras, em geral, e das jurídicas, em particular, na conformação do comportamento humano.

REFERÊNCIAS

AGUIAR, J. C. DE; OITAVEN, J. C. C. 2017. O modelo de agência e os incentivos econômicos à prevenção dos acidentes de trabalho. **Espaço Jurídico Journal of Law**, vol. 18, n. 3, p. 721-746.

AGUIAR, J. C. de. 2020. **Lições elementares de teoria geral do direito**. Curitiba: CRV.

AINSLIE, G. 2001. **Breakdown of will**. New York: Cambridge University Press.

ALCHIAN, A. A. 1950. Uncertainty, evolution and economic theory. **Journal of Political Economy**, n. 58, p. 211-221.

ALEXANDER, J. C. et al. (Eds.). 1987. **The Micro-macro link**. Los Angeles: University of California Press.

ALEXANDER, R. D. 1979. **Darwinism and human affairs**. Seattle: Washington University Press.

___ 1987. **The biology of moral systems**. New York: Aldine de Gruyter.

ALEXY, R. 1997. **Teoría de los derechos fundamentales**. Trad. de Ernesto Garzón Valdés. Madrid: CEC.

ALISON, J. 1983. **Behavioral economics**. New York: Praeger.

ASANO, T. 1994. Tool using behavior and language in primates. In: HAYES, S.C.; HAYES, L. J.; SATO, M.; ONO, K. (Eds.). **Behavior analysis of language and cognition**. Reno: Context Press.

AUNGER, R. (Ed.) 2000. **Darwinizing culture**: the status of memetics as a science. New York: Oxford University Press.

AUSTIN, J. L. 1962. **How to do things with words**. New York: Oxford University Press.

BADEN, J. A.; NOONAN, D. S. 1998. **Managing the commons**. Indianapolis: Indiana University Press.

BANDURA, A. 1977. **Social learning theory**. Englewood Cliffs: Prentice-Hall.

___ 1986. **Social foundations of thought and action**: a social cognitive theory. Englewood Cliffs: Prentice-Hall.

BARKOW, J. H.; COSMIDES, L.; TOOBY, J. 1992. **The adapted mind**: evolutionary psychology and the generation of culture. New York: Oxford University Press.

BARNES-HOLMES, D. 2000. Behavioral pragmatism: no place to reality and truth. **The Behavior Analyst**, n. 23, p. 191-202.

BARNETT, R. E. 2000. **The structure of liberty**: justice and the rule of law. New York: Oxford University Press.

BARRET, L.; DUNBAR R.; LYCETT, J. 2002. **Human and evolutionary psychology**. Princeton: Princeton University Press.

BARZEL, Y. 2002. **A theory of the state**: economic rights, legal rights, and the scope of the state. New York: Cambridge University Press.

BAUM, W. M. 1973. The correlation-based law of effect. **Journal of the Experimental Analysis of Behavior**, n. 20, p. 137-153.

___ 1974. On two types of deviation from the matching law: bias and undermatching. **Journal of the Experimental Analysis of Behavior**, n. 22, p. 231-242.

___ 1994. **Understanding behaviorism**; science, behavior, and culture. New York: HarperCollins.

___1997. The trouble with time. In: HAYES, L. J.; GHEZZI, P. M. (Eds.). **Investigations in behavioral epistemology**. Reno: Context Press.

___ 1999. **Compreender o behaviorismo**: ciência, comportamento e cultura. Tradução Maria Teresa Araújo Silva et. al. Porto Alegre: ARTMED.

___ 2002. From molecular to molar: a paradigm shift in behavior analysis. **Journal of the Experimental Analysis of Behavior**, n. 78, p. 95-116.

___; RACHLIN, H. 1969. Choice as time allocation. **Journal of the Experimental Analysis of Behavior**, n. 12, 861-874.

BAUMAN, R. A. 1991. The experimental analysis of the cost of food in a closed economy. **Journal of Experimental Analysis of Behavior**, n. 56, p. 33-50.

BECKER, G. S. 1976. **The economic approach to human behavior**. Chicago: University of Chicago Press.

BENZON, W. 2001. **Beethoven's anvil**: music in mind and culture. New York: Basic Books.

BICKEL W. K.; VUCHINICH, R. E. (Eds.). 2000. **Reframing health behavior change with behavioral economics**. London: Lawrence Erlbaum Associates, Publishers.

BIGLAN, A. 1993. A functional contextualist framework for community interventions. In: HAYES, S. C.; HAYES, L. J.; REESE, H. W.; SARBIN, T. R. (Eds.). **Varieties of scientific contextualism**. Reno: Context Press.

Black, D. 1976. **The behavior of law**. London: Academic Press.

___ 1989. **Sociological justice**. New York: Oxford University Press.

Bobbio, N. 1980. Ciencia del derecho y analisis del lenguage. In: Bobbio, N. **Contribución a la teoria del derecho**. Trad. Alfonso Ruiz Miguel. Valencia: Fernando Torres Editor.

Bonner, J. T. 1980. **The evolution of culture in animals**. Princeton: Princeton University Press.

Boudon, R. 1979. **Efeitos perversos e ordem social**. Trad. Analúcia T. Ribeiro. Rio de Janeiro: Zahar.

Boulding, K. 1981. **Evolutionary economics**. Beverly Hills: Sage Publications.

Bowles, S. 2004. **Microeconomics**: behavior, institutions, and evolution. Princeton: Princeton University Press.

Boyd, R.; Richerson, P. J. 1985. **Culture and the evolutionary process**. Chicago: University of Chicago Press.

Brecht, A. 1965. **Teoria política**: fundamentos do pensamento político do século XX. Tradução Álvaro Cabral. Rio de Janeiro: Zahar. 2 v.

Bredemeier, H. C. 1980. A teoria da troca. In: Bottomore, T.; Nisbet, R. **História da análise sociológica**. Trad. Waltensir Dutra. Rio de Janeiro: Zahar.

Bukcley, W. 1976. **A sociologia e a moderna teoria dos sistemas**. Trad. Octavio Mendes Cajado. São Paulo: Cultrix.

Burgess, R. L.; Bushel, D. 1969. **Behavioral sociology**. New York: Columbia University Press.

Bush, R. R.; Mosteller, F. 1955. **Stochastic models for learning**. New York: Wiley.

Button, G. et al. 1998. **Computadores, mentes e conduta**. Tradução Roberto Leal Ferreira. São Paulo: UNESP.

Calabresi, G.; Bobbitt, P. 1978. **Tragic choices**. New York: W. W. Norton & Company.

Campbell, D. T. 1956. Adaptive behavior from random response. **Behavioral Science**, n. 1, p. 105-110.

___ 1969. Reforms as experiments. **American Psychologist**, n. 24, p. 409-429.

___ 1974. Evolutionary epistemology. In: Schilpp. P. A (Ed.). **The philosophy of Karl R. Popper**. La Salle: Open Court.

___; Stanley, J. C. 1966. **Experimental and quasi-experimental designs for research**. Chicago: Rand McNally.

Caponi, G. 2002. La sabiduría de las especies: las poblaciones biológicas como sistemas cognitivos. **Ludus Vitales**, Vol. X, n. 18, p. 3-25.

___ 2003. Os modos da teleologia em Cuvier, Darwin e Claude Bernard. **Scientiae Studia**, vol. 1, n. 1.

CARTWRIGHT, J. 2000. **Evolution and human behavior**: Darwinian perspectives on human nature. Cambridge: MIT Press.

CATANIA, A. C. 1994. Natural selection and artificial selection in verbal behavior. In: HAYES, S.C.; HAYES, L. J.; SATO, M.; ONO, K. (Eds.). **Behavior analysis of language and cognition**. Reno: Context Press.

___ 1998. **Learning**. 4 ed. Upper Saddle River: Prentice-Hall.

COELHO, F. U. 1995. **Para entender Kelsen**. São Paulo: Max Limonad.

COLEMAN, J. S. 1990. **Foundations of social theory**. Cambridge: Belknap.

CONTE, R.; CASTELFRANCHI, C. 1995. **Cognitive and social action**. London: UCL Press.

COOK, K. S. 1991. The microfoundations of social structure: an exchange perspective. In: HUBER, J. (Ed.) 1991. **Macro-micro linkages in sociology**. London: SAGE.

COOK, T. D.; CAMPBELL, D. T. 1979. **Quasi-experimentation**: design & analysis issues for field settings. Boston: Houghton Mifflin Company.

CROSS, J. G. 1983. **A theory of adaptive economic behavior**. New York: Cambridge University Press.

DAMÁSIO, A. R. 2000. **O erro de Descartes**: emoção, razão e o cérebro humano. Tradução Dora Vicente e Georgina Segurado. São Paulo: Companhia das Letras.

DAWKINS, R. 1979. **O gene egoísta**. Trad. Geraldo H. M. Florsheim. Belo Horizonte: Itatiaia; São Paulo: Ed. da Universidade de São Paulo.

___ 1999. **The extended phenotype**: the long reach of the gene. New York: Oxford University Press.

DAWSON, J. P. 1968. **The oracles of law**. Ann Arbor: University of Michigan Press.

DENNETT, D. 1978. **Brainstorms**. New York: Bradford Books.

___ 1995. **Darwin's dangerous idea**: evolution and the meanings of life. New York: Simon & Schuster.

DONAHOE, J. W. 1991. Selectionist approach to verbal behavior: potential contributions of neuropsychology and computer simulation. In: HAYES, L. J.; CHASE, P. N. (Eds.). **Dialogues on verbal behavior**. Reno: Context Press, 1991.

___ 2003. Selectionism. In: LATTAL, K. A.; CHASE, P. N. **Behavior theory and philosophy**. New York: Kluwer Academic/Plenum Publishers.

___; PALMER, D. C. 1994. **Learning and complex behavior**. London: Allyn and Bacon.

___; Palmer, D. C.; Burgos, 1997a. The S-R issue in behavior analysis and in Donahoe and Palmer's Learning and complex behavior. **Journal of the Experimental Analysis of Behavior**, n. 67, p. 193-211.

___; Palmer, D. C.; Burgos, J. E. 1997b. The unit of selection: what do reinforces reinforce? **Journal of the Experimental Analysis of Behavior**, n. 67, p. 259-273.

Dutra, L. H. de A. 2001a. O estatuto cognitivo dos conceitos psicológicos. **Cadernos de História da Filosofia da Ciência**, Campinas, n. 11, p. 89-129.

___ 2001b. Ciência do comportamento e contextos de investigação. **Revista Patagônica de Filosofia**, n. 2, p. 131-159.

___ 2003a. Propositional attitudes, intentionality, and lawfull behaviors. **Principia**, n. 7, p. 93-114.

___ 2003b. **Introdução à teoria da ciência**. 2 ed. Florianópolis: Editora da UFSC.

___ 2008. Intencionalidade. In: **Pragmática da investigação científica**. São Paulo: Loyola.

Ebenstein, W. 1945. **The pure theory of law**. New York: Augustus M. Kelley, Publishers.

Eggertsson, T. 1990. **Economic behavior and institutions**: principles of neoinstitutional economics. Cambridge: Cambridge University Press.

Elias, N. 1978. **O processo civilizador**: uma história dos costumes. Trad. Ruy Jungmann. Rio de Janeiro: Zahar.

Ellickson, R. C. 1991. **Order without law**: how neighbors settle disputes. London: Harvard University Press.

Emerson, R. M. 1962. Power-dependence relations. **American Sociological Review**, n. 27, p. 31-41.

___ 1969. Operant psychology and exchange theory. In: Burgess, R. L.; Bushel, D. **Behavioral sociology**. New York: Columbia University Press.

___ 1972. Exchange theory, I & II. In: Berger, J.; Zelditch, M.; Anderson, B. **Sociological theories in progress**, vol. II. New York: Houghton Mifflin Company.

Epstein, R. A. 2003. **Skepticism and freedom**: a modern case for classical liberalism. Chicago: University of Chicago Press.

Epstein, J. M.; Axtel, R. 1996. **Growing artificial societies**: social science from the botton up. Cambridge: MIT Press.

Fantino, E. 1991. Behavioral ecology. In: Iversen, I. H.; Lattal, K. A. **Experimental analysis of behavior, part 2**. New York: Elsevier.

___; Logan, C. A. 1979. **The experimental analysis of behavior**: a biological perspective. New York: W. H. Freeman and Company.

FERRAZ JUNIOR, T. S. 1994. **Introdução ao estudo do direito**: técnica, decisão, dominação. São Paulo: Atlas.

FESTER, C. B.; SKINNER, B. F. 1957. **Schedules of reinforcement**. New York: Appleton-Century-Crofts.

FIORENTINI, G.; FELTZMAN, S. 1997. **The economics of organized crime**. New York: Cambridge University Press.

FLACK, J. C.; DE WAAL, F. B. M. 2000. Any animal whatever: Darwinian building blocks of morality in monkeys and apes. In: KATZ, L. D. (Ed.). **Evolutionary origins of morality**: cross-disciplinary perspectives. Bowling Green: Imprint Academic.

FODOR, J. 1987. **The modularity of Mind**. Cambridge: MIT Press.

FRIEDMAN, M. 1953. **Essays in positive economics**. Chicago: University of Chicago Press.

FRIEDMAN, D. D. 1996. **Hidden order**: the economics of everyday life. New York: Harper Business.

___ 2000. **Law's order**. Princeton: Princeton University Press.

FRIEDMAN, D.; SUNDER, S. 1994. **Experimental methods**: a primer for economists. New York: Cambridge University Press.

FROLIK, L. A. (Ed.) 1999. **Law and evolutionary biology**. Portola Valley: Gruter Institute.

GHISELIN, M. T. 1997. **Metaphysics and the origin of species**. New York: State University of New York Press.

GLASER, R. (Ed.) 1971. **The nature of reinforcement**. New York: Academic Press.

GLENN, S. S. 1985. Some reciprocal roles between behavior analysis and institutional economics in post-Darwinian science. **The Behavior Analyst**, n. 8, p. 17-27.

___ 1988. Contingencies and metacontingencies: toward a synthesis of behavior analysis and cultural materialism. **The Behavior Analyst**, 11, p. 161-179.

___ 1989. Verbal behavior and cultural practices. **Behavior Analysis and Social Action**, n. 7, p. 10-15.

___ 1991. Contingencies and metacontingencies: relations among behavioral, cultural and biological evolution. In: LAMAL, P. A (Ed.). **Behavioral analysis of societies and cultural practices**. Bristol: Hemisphere Publishing Corporation.

___ 2003. Operant contingencies and the origin of cultures. In: LATTAL, K. A.; CHASE, P. N. **Behavior theory and philosophy**. New York: Kluwer Academic/Plenum Publishers.

___ 2004. Individual behavior, culture, and social change. **The Behavior Analyst**, n. 27, vol. 2, p. 133-151.

___; Ellis, J.; Greenspoon, J. 1992. On the revolutionary nature of operant as a unit of behavioral selection. **American Psychologist**, n. 47, p. 1329-1336.

___; Madden, G. J. 1995. Units of interaction, evolution, and replication: organic and behavioral parallels. **The Behavior Analyst**, n. 18, p. 237-251.

Gosselin, A. 1998. **La logique des effets pervers**. Paris: PUF, 1998.

Guerin, B. 1994. **Analyzing social behavior**: behavior analysis and the social sciences. Reno: Context Press.

Hacking, I. **Por que a linguagem interessa à filosofia?** Tradução Maria Elisa Marchini Sayeg; revisão de tradução Cezar Augusto Mortari. São Paulo: UNESP.

Harris, M. 1990. **Our kind**: who we are, where we came from, where we are going. New York: Harper Perennial.

Hayek, F. A. 1980. **Individualism and economic order**. Chicago: University of Chicago Press.

___ 1985. **direito, legislação e liberdade**: uma nova formulação dos princípios liberais de justiça e economia política. Tradução Henry Maksoud. São Paulo: Visão. 3 v.

___ 2002. Competition as a discovery procedure. **The Quarterly Journal of Austrian Economics**, vol. 5, n. 3.

Hayes, S. C. (Ed.) 1989. **Rule-governed behavior**: cognition, contingencies and instructional control. New York: Plenum Press.

___; Barnes-Holmes, D.; Roche, B. (Eds.). 2000. **Relational frame theory**: a post-Skinnerian account of human language and cognition. New York: Kluwer Academic/Plenum Publishers.

___; Brownstein, A. J. 1986. Mentalism, behavior-behavior relations, and a behavior-analytic view of the purposes of science. The Behavior Analyst, vol. 9, n. 2, p. 175-190.

___; Gifford, E. V.; Hayes, G. J. 1998. Moral behavior and the development of verbal regulation. **The Behavior Analyst**, n. 21, p. 253-279.

___; Zettle, R. D.; Rosenfarb, I. 1989. Rule-following. In: Hayes, S. C. (Ed.). **Rule-governed behavior**: cognition, contingencies and instructional control. New York: Plenum Press.

Heckathorn, D. D. 1989. Collective action and the second-order free-rider problem. **Rationality and Society**, n. 1, p. 78-100.

Herrnstein, R. J. 1970. On the law of effect. **Journal of the Experimental Analysis of Behavior**, n. 13, p. 243-266.

___ 1974. Formal properties of the matching law. **Journal of the Experimental Analysis of Behavior**, n. 21, p. 159-164.

___; Rachlin, H.; Laibson, D. I. (Eds.). 1997. **The matching law**: papers in psychology and economics. London: Harvard University Press.

HINELINE, P. N. 2001. Beyond the molar-molecular distinction: we need a multiscaled analyses. **Journal of the Experimental Analysis of Behavior**, n. 75, p. 342-347.

HODGSON, G. M. 1988. **Economics and institutions**: a manifesto for a modern institutional economics. Cambridge: Polity Press.

HOLLERMAN, J. R.; SHULTZ, W. 1998. Dopamine neurons report an error in the temporal prediction of reward during learning. **Nature Neuroscience**, n. 1, p. 304-309.

HOMANS, G. C. 1951. **The human group**. New York: Harcourt, Brace).

___ 1958. Social behavior as exchange. **American Journal of Sociology**, n. 62, p. 597-606.

___ 1961. **Social behavior: its elementary forms**. New York: Harcourt, Brace & World.

___ 1964. Bringing men back in. **American Sociological Review**, n. 29, p. 809-818.

___ 1969. The sociological relevance of behaviorism. In: BURGESS, R. L.; BUSHEL, D. **Behavioral sociology**. New York: Columbia University Press.

HORGAN, J. 1996. **The end of science**. New York: Broadway Books.

HORNE, P. J.; LOWE, C. F. 1996. On the origin of naming and other symbolic behavior. **Journal of the Experimental Analysis of Behavior**, n. 65, p. 185-241.

HUBER, J. (Ed.) 1991. **Macro-micro linkages in sociology**. London: SAGE.

HULL, D. L. 1988. **Science as a process**: an evolutionary account of the social and conceptual development of science. Chicago: University of Chicago Press.

___; LANGMAN, R. E.; GLENN, S. S. 2001. A general account of selection: biology, immunology and behavior. In: HULL, D. L. **Science and selection**: essays on biological evolution and the philosophy of science. New York: Cambridge University Press.

HUME, D. 1978. **Tratado da natureza humana**: uma tentativa de introduzir o método experimental de raciocínio nos assuntos morais. Tradução Débora Danowski. São Paulo: UNESP: Imprensa Oficial do Estado, 2001.

HURSH, S. R. 1978. The economics of daily consumption controlling food-and-water-reinforced responding. **Journal of the Experimental Analysis of Behavior**, n. 29, p. 475-491.

___ 1980. Economic concepts for the analysis of behavior. **Journal of the Experimental Analysis of Behavior**, n. 34, p. 219-238.

___ 1984. Behavioral economics. **Journal of the Experimental Analysis of Behavior**, n. 42, p. 435-452.

___ 2000. Behavioral economics: concepts and methods for studying health behavior. In: BICKEL, W. K.; VUCHINICH, R. E. (Eds.). **Reframing health behavior change with behavioral economics**. London: Lawrence Erlbaum Associates, Publishers.

HUTCHINS, E. 1995. **Cognition in the wild**. London: MIT Press.

KAGEL, J. H.; BATTALIO, R. C.; GREEN, L. 1995. **Economic choice theory**: an experimental analysis of animal behavior. New York: Cambridge University Press.

___; ROTH, A. E. 1995. **The handbook of experimental economics**. Princeton: Princeton University Press.

KATZ, A. W. 1998. **Foundations of the economic approach to law**. New York: Oxford University Press.

KAZDIN, A. E. 1984. **Behavior modification in applied settings**. 3 ed. Chicago: The Dorsey Press.

KELLER, E. F. 2001. Beyond the gene but beneath the skin. In: OYAMA; GRIFFITHS, P. E.; GRAY, R. D. (Eds.). **Cycles of contingency**: developmental systems and evolution. London: MIT Press.

KELLER, F. S.; SCHOENFELD, W. N. 1973. **Princípios de Psicologia**. Tradução Carolina Martuscelli Bori e Rodolpho Azzi. São Paulo: EPU.

KELMAN, M. 1987. **A guide to critical legal studies**. Cambridge: Harvard University Press.

KELSEN, H. 1945. **Sociedad y naturaleza**. Tradução Jaime Perriaux. Buenos Aires: Depalma.

___ 1986. **Teoria geral das normas**. Trad. José Florentino Duarte. Porto Alegre: Fabris.

___ 1990. **Teoria geral do direito e do estado**. Tradução Luís Carlos Borges. São Paulo: Martins Fontes; Brasília: Editora Universidade de Brasília.

___ 1991. **Teoria pura do direito**. Tradução João Baptista Machado. São Paulo: Martins Fontes.

___ 1998a. Causalidade e imputação. In: KELSEN, H. **O que é justiça**. Tradução Luís Carlos Borges. São Paulo: Martins Fontes.

___ 1998b. Causalidade e retribuição. In: KELSEN, H. **O que é justiça**. Tradução Luís Carlos Borges. São Paulo: Martins Fontes.

KREBS, J. R.; DAVIES, N. B. (Eds.). 1991. **An introduction of behavioral ecology**. 3 ed. Oxford: Blackwell Publishers.

KUHN, T. 2001. **A estrutura das revoluções científicas**. Tradução Beatriz Vianna Boeira e Nelson Boeira. São Paulo: Perspectiva.

KUNKEL, J. H. 1967. Some behavioral aspects of the ecological approach to social organization. **American Journal of Sociology**, n. 73, p. 12-29.

___ 1970. **Society and economic growth: a behavioral perspective of social change**. London: Oxford University Press.

___ 1975. **Behavior, social problems, and change**: a social learning approach. Englewood Cliffs: Prentice-Hall.

___ 1985. Vivaldi in Venice: an historical test of psychological propositions. **The Psychological Record**, n. 35, p. 445-457.

___ 1986. The Vicos project: a cross-cultural test of psychological propositions. **The Psychological Record**, n. 36, p. 451-466.

___ 1991. Apathy and irresponsibility in social systems. In: LAMAL, P. A. (Ed.). **Behavioral analysis of societies and cultural practices**. Bristol: Hemisphere Publishing Corporation.

___ 1997. The analysis of rule-governed behavior in social psychology. **The Psychological Record**, n. 47, p. 699-718.

KURTZ, P. 1990. **Philosophical essays in pragmatic naturalism**. New York: Prometheus Books.

KURTZ, S. 2001. Judge Posner Talks to Steve Kurtz'87 in Reason. **Reason**, April 1. Chicago: The University of Chicago Law School.

LACEY, H. 2001. **Psicologia experimental e natureza humana**: ensaios de filosofia da psicologia. Tradução Luiz H. de A. Dutra e Cézar A. Mortari. Florianópolis: NEL-UFSC.

LAKATOS, I.; MUSGRAVE, A. 1979. **A crítica e o desenvolvimento do conhecimento**. Tradução Octavio Mendes Cajado. São Paulo: Cultrix.

LALAND, K. N.; BROWN, G. R. 2002. **Sense and nonsense**: evolutionary perspectives on human behavior. New York: Oxford University Press.

LAMAL. P. A. (Ed.) 1991. **Behavioral analysis of societies and cultural practices**. Bristol: Hemisphere Publishing Corporation.

___ 1991. Aspects of some contingencies and metacontingencies in the Soviet Union. In: LAMAL. P. A. (Ed.). **Behavioral analysis of societies and cultural practices**. Bristol: Hemisphere Publishing Corporation.

LARENZ, K. 1983. **Metodologia da ciência do direito**. José Lamego. Lisboa: Calouste Gulbenkian.

LEA, S. E. G. 1978. The psychology and economics of demand. **Psychological Bulletin**, n. 85, p. 441-466.

LEE, V. 1988. **Beyond behaviorism**. Hillsdale: Lawrence Erlbaum Associates.

___ 1992. Transdermal interpretation of the subject matter of behavior analysis. **American Psychologist**, n. 47, p. 1337-1343.

___ 1999. 'Behavior' does not mean 'behavior of the organism': why conceptual revision is needed in behavior analysis. **Behavior and Social Issues**, n. 9, p. 67-80.

LESLIE, J. C. 1996. **Principles of behavioral analysis**. Amsterdam: Harwood Academic Publishers.

LEWONTIN, R. C. 1978. Adaptation. **Scientific American**, n. 239, p. 156-169.

LOSANO, M. G. 1998. Introdução à edição italiana de O Problema da Justiça. In: KELSEN, H. **O problema da justiça**. Trad. João Baptista Machado. São Paulo: Martins Fontes.

LUHMANN, N. 1983. **Sociologia do direito I**. Trad. Gustavo Bayer. Rio de Janeiro: Tempo Brasileiro.

___ 1985. **Sociologia do direito II**. Trad. Gustavo Bayer. Rio de Janeiro: Tempo Brasileiro.

LUHMANN, N. 1995. **Social systems**. Translated by John Bednarz, Jr. with Dirk Baecker. Stanford: Stanford University Press.

MACH, E. 1960. **The science of mechanics**: a critical and historical account of its development. La Salle: Open Court Publishing.

MACY, M. W. 1990. Learning theory and the logic of critical mass. **American Sociological Review**, n. 55, p. 809-826.

___ 1993. Backward-looking social control. **American sociological review**, n. 58, p. 819-836.

___ 1996. Natural selection and social learning in prisoner's dilemma: coadaptation with genetic algorithms and artificial neural networks. **Sociological methods & Research**, vol. 25, n. 1, p. 103-137.

___ 1998a. Social order and emergent rationality. In: SICA, A. **Social theory**: the philosophical debates. Oxford: Blackwell Publishers, p. 221-237.

___ 1998b. Social order in artificial worlds. **Journal of Artificial Societies and Social Simulation**, vol. 1, nº. 1. Disponível em: <http://www.soc.surrey.ac.uk/JASSS/1/1/4.html>. Acesso em: 7 de novembro de 2003.

___; WILLER, R. 2002. From factors to actors: computational sociology and agent-based modeling. **Annual Review of Sociology**, n. 28, p. 143-166.

MADDEN, G. J. 2000. A behavioral economics primer. In: BICKEL W. K.; VUCHINICH, R. E. (Eds.). **Reframing health behavior change with behavioral economics**. London: Lawrence Erlbaum Associates, Publishers.

MALAGODI, E. F.; JACKSON, K.1989. Behavior analysts and cultural analysis: troubles and issues. **The Behavior Analyst**, n. 12, p. 17-33.

MALOTT, R. W. 1988. Rule-governed behavior and behavioral anthropology. **The Behavior Analyst**, n. 11, p. 181-203.

___ 1989. The achievement of evasive goals: control by rules describing contingencies that are not direct acting. In: HAYES, S. C. (Ed.). **Rule-governed behavior**: cognition, contingencies and instructional control. New York: Plenum Press.

___; GARCIA, M. E. 1991. Role of private events in rule-governed behavior. In: HAYES, L. J.; CHASE, P. N. (Eds.). **Dialogues on verbal behavior**. Reno: Context Press.

MATTEI, U. 1997. **Comparative law and economics**. Ann Arbor: The University of Michigan Press.

___ 2000. **Basic principles of property law**: a comparative legal and economic introduction. Westport: Greenwood Press.

MAYNARD SMITH, J. 1982. **Evolution and the theory of games**. Cambridge: Cambridge University Press.

MAYR, E. 1998. **O desenvolvimento do pensamento biológico**: diversidade, evolução e herança. Tradução Ivo Martinazzo. Brasília: UNB.

MCDOWELL, J. J. 1982. The importance of Herrnstein's mathematical statement of the law of effect for behavior therapy. **American Psychologist**, n. 37, p. 771-779.

___ 1986. On the falsifiability of matching law theory. **Journal of the Experimental Analysis of Behavior**, n. 45, p. 63-74.

___ 1988. Matching theory in natural human environments. **The Behavior Analyst**, n. 11, p. 95-1-9.

MICHAEL, J. L. 2004. **Concepts and principles of behavior analysis**. Kalamazoo: Association for Behavior Analysis.

MOERK, E. L. 1980. Relationships between parental input frequencies and children's language acquisition: a reanalysis of Brown's data. **Journal of Child Language**, n. 7, p. 105-118.

___ 1983. A behavioral analysis of controversial topics in first language acquisition: reinforcements, corrections, modeling, input frequencies, and the three-term contingency pattern. **Journal of Psycholinguistic Research**, n. 12, p. 129-155.

MOLM, L. D. 1981. The legitimacy of behavioral theory as a sociological perspective. **The American Sociologist**, n. 16, p. 153-166.

___ 1997. **Coercive power in social exchange**. New York: Cambridge University Press.

MOORE, G. E. 1998. **Principia ethica**. Trad. Mário Pugliese e Divaldo Roque de Meira. São Paulo: Ícone.

MUELLER, D. C. 1986. Rational egoism versus adaptive egoism as fundamental postulate for a descriptive theory of human behavior. **Public Choice**, n. 51, p. 3-23.

NEE, V.; INGRAM, P. 2001. Embeddedness and beyond: institutions, exchange, and social structure. In: Brinton, M. C; Nee, V. **The New Institutionalism in sociology**. Stanford: Stanford University Press.

NORTH, D. C. 1981. **Structure and change in economic history**. New York: Norton.

___ 1990. **Institutions, Institutional change and economic performance.** New York: Cambridge University Press.

O'DONOHUE, W.; KITCHNER, R. (Eds.). 1999. **Handbook of behaviorism**. San Diego: Academic Press.

ODLIN-SMEE, F. J.; LALAND, K. N.; FELDMAN, M. W. 2003. **Niche construction**: the neglected process in evolution. Princeton: Princeton University Press.

OLIVEIRA, R. C. 1976. **Identidade, etnia e estrutura social**. São Paulo: Livraria Pioneira.

OLIVER, P. 1980. Rewards and punishments as selective incentives for collective action: theoretical investigations. **American Journal of Sociology**, n. 85, p. 1357-1375.

OLSON, M. 1965. **The logic of collective action**. Cambridge: Harvard University Press.

OYAMA, S. 2000. **The ontogeny of information**: developmental systems and evolution. Durham: Duke University Press.

___; GRIFFITHS, P. E.; GRAY, R. D. (Eds.). 2001. **Cycles of contingency**: developmental systems and evolution. London: MIT Press.

PALMER, D. C. 1991. A behavioral interpretation of memory. In: HAYES, L. J.; CHASE, P. N. (Eds.). **Dialogues on verbal behavior**. Reno: Context Press.

___ 1998. The speaker as listener: the interpretation of structural regularities in verbal behavior. **The Analysis of Verbal Behavior**, n. 15, p. 3-16.

___ 2000a. Chomsky's nativism: a critical review. **The analysis of verbal behavior**, n. 17, p. 39-50.

___ 2000b. Chomsky's nativism reconsidered. **The analysis of verbal behavior**, n. 17, p. 51-56.

___ 2003. Cognition. In: LATTAL, K. A.; CHASE, P. N. **Behavior theory and philosophy**. New York: Kluwer Academic Press.

___ 2004. Data in search of a principle: a review of S. C. Hayes, D. Barnes-Holmes and B. Roche (Eds.), *Relational Frame Theory: A Post-Skinnerian Account of Human Language and Cognition*. **Journal of the Experimental Analysis of Behavior**, n. 81, p. 189-204.

___; DONAHOE, J. W. 1992. Essentialism and selectionism in cognitive science and behavior analysis, **American Psychologist**, n. 47, p. 1344-1358.

PANKSEPP, J.; PANKSEPP, J. B. 2000. The seven sins of evolutionary psychology. **Evolution and cognition**, n. 6, p. 108-131.

PARIJS, P. V. 1981. **Evolutionary explanation in the social sciences**: an emerging paradigm. Totowa: Rowman & Littlefield.

PEPPERBERG, I. M. 1988. The importance of social interaction and observation in the acquisition of communicative competence: possible parallels between avian and human learning. In: ZENTAL, T. R.; GALEF, B. G. (Eds.). **Social learning**: psychological and biological perspectives. Hillsdale: Lawrence Erlbaum Associates, Publishers.

PIERCE, W. D. 1991. Culture and society: the role of behavioral analysis. In: LAMAL, P. A. (Ed.). **Behavioral analysis of societies and cultural practices**. Bristol: Hemisphere Publishing Corporation.

___; EPLING, W. F. 1995. **Behavior analysis and learning**. Englewood Cliffs: Prentice-Hall.

PINKER, S. 1997. **How the mind works**. New York: W. W. Norton & Company.

PLATÃO, 1996. **A república**. Trad. Maria Helena da Rocha Pereira. Lisboa: Calouste Gulbenkian.

___ 1999. **Diálogos**. São Paulo: Nova Cultural.

POPPER, K. R. 1974. What's dialectic. In: POPPER, K. R. **Conjectures and refutations**. 2 ed. New York: Basic.

___ 1999a. **Conhecimento objetivo**: uma abordagem evolucionária. Tradução Milton Amado. Belo Horizonte: Itatiaia.

___ 1999b. **Lógica das ciências sociais**. Trad. Estevão de Rezende Martins e al. 2 ed. Rio de Janeiro: Tempo Brasileiro.

___.2000. **A lógica da pesquisa científica**. Trad. Leonidas Hegenberg; Octanny Silveira da Mota. 8 ed. São Paulo: Cultrix.

POSNER, R. A. 1995. **Overcoming law**. London: Harvard University Press.

___ 1998. **Economic analysis of law**. 5 ed. New York: Aspen Law & Business.

___ 1999. **The problematics of moral and legal theory**. London: Harvard University Press.

___ 2001. **Frontiers of legal theory**. London: Harvard University Press, 2001.

RACHLIN, H. et al., 1976. Economic demand theory and psychological studies of choice. In: BOWER, G. H. (Ed.). **The psychology of learning and motivation**. New York: Academic Press.

___ 1971. On the tautology of the matching law. **Journal of the Experimental Analysis of Behavior**, n. 15, p. 249-251.

___ 1978. A molar theory of reinforcement schedules. **Journal of the Experimental Analysis of Behavior**, n. 30, p. 345-360.

___ 1989. **Judgment, decision and choice**: a cognitive/behavioral synthesis. New York: W. H. Freeman and Company.

___ 1991. **Introduction to modern behaviorism**. 3. ed. New York: Freeman.

___ 1994. The context of pigeon and human choice. In: HAYES, S.C.; HAYES, L. J.; SATO, M.; ONO, K. (Eds.). **Behavior analysis of language and cognition**. Reno: Context Press.

___ 2000. **The science of self-control**. Cambridge: Harvard University Press.

Rakos, R. F. 1992. Achieving the just society in the 21st Century: what can Skinner contribute? **American Psychologist**, n. 47, p. 1499-1506.

Rapoport, A.; Chamah, A. M. 1965. **Prisoner's Dilemma**: a study in conflict and cooperation. Ann Arbor: The University of Michigan Press.

Reale, M. 1996. **Filosofia do direito**. 17 ed. São Paulo: Saraiva.

Reese, H. W. 1989. Rules and rule-governance: cognitive and behavioristic views. In: Hayes, S. C. (Ed.). **Rule-governed behavior**: cognition, contingencies and instructional control. New York: Plenum Press.

___ 1991. Mentalistic approaches to verbal behavior. In: Hayes, L. J.; Chase, P. N. (Eds.). **Dialogues on verbal behavior**. Reno: Context Press.

___ 1992. Problem solving by algorithms and heuristics. In: Hayes, S. C.; Hayes, L. J. (Eds.). **Understanding verbal relations**. Reno: Context Press, 1992.

___ 1994. Cognitive and behavioral approaches to problem solving. In: Hayes, S. C.; Hayes, L. J.; Sato, M.; Ono, K. (Eds.). **Behavior analysis of language and cognition**. Reno: Context Press.

Rescorla, R. A. 1988. Pavlovian conditioning: it's not what you think it is. **American Psychologist**, n. 43, p. 151-160.

Ross, A. 2000. **direito e justiça**. Tradução Edson Bini. Bauru: EDIPRO.

Rubin, P. H. 2002. **Darwinian politics**: the evolutionary origin of freedom. London: Rutgers University Press.

Ryle, G. 1990. **The concept of mind**. London: Penguin.

Samuelson, P. A. 1976. **Economics**: an introductory analysis. 10 ed. New York: McGraw—Hill.

Schelling, T. C. 1978. **Micromotives and macrobehavior**. New York: W. W. Norton & Company.

Schwartz, B.; Lacey, H. 1982. **Behaviorism, science, and human nature**. New York: Norton.

Scott, J. F. 1971. **Internalization of norms**: a sociological theory of moral commitment. Englewood Cliffs: Prentice-Hall.

Shepsle, K. A.; Bonchek, M. S. 1997. **Analyzing politics**: rationality, behavior, and institutions. New York: W. W. Norton & Company.

Shi, Y. 2001. **The economics of scientific knowledge**: a rational choice neo -institutionalist theory of science. Northampton: Edward Elgar Publishing.

Shull, R. L. 1995. Interpreting cognitive phenomena: a review of Donahoe and Palmer's Learning and Complex Behavior. **Journal of the Experimental Analysis of Behavior**, n. 63, p. 347-358.

Shultz, W. 1998. Predictive reward signal of dopamine neurons. **Journal of Neurophysiology**, n. 80, p. 1-27.

SIDMAN, M. 1989. **Coercion and its fallout**. Boston: Authors Cooperative.

SKINNER, B. F. 1938. **The behavior of organisms**: an experimental analysis. New York: Appleton-Century-Crofts.

___ 1948. **Walden two**. New York: Macmillan.

___ 1953. **Science and human behavior**. New York: The Free Press.

___ 1957. **Verbal behavior**. New York: Appleton-Century-Crofts.

___ 1969. **Contingencies of reinforcement**: a theoretical analysis. New York: Appleton-Century-Crofts.

___ 1971. **Beyond freedom and dignity**. New York: Knopf.

___ 1978. **Reflections on behaviorism and society**. Englewood Cliffs: Prentice-Hall.

___ 1982. **Sobre o behaviorismo**. Tradução M. P. Villalobos. São Paulo: Cultrix.

___ 1987a. Selection by consequences. In: SKINNER, B. F. **Upon further reflection**. Englewood Cliffs: Prentice-Hall.

___ 1987b. The evolution of verbal behavior. In: SKINNER, B. F. **Upon further reflection**. Englewood Cliffs: Prentice-Hall.

___ 1987c. The evolution of behavior. In: SKINNER, B. F. **Upon further reflection**. Englewood Cliffs: Prentice-Hall.

___ 1989. The behavior of the listener. In: HAYES, S. C. (Ed.). **Rule-governed behavior**: cognition, contingencies and instructional control. New York: Plenum Press, 1989.

SMITH, E. A.; WINTERHALDER, B. 1992. **Evolutionary ecology and human behavior**. New York: Aldine de Gruyter.

SOBER, E. 1984. **The nature of selection**: evolutionary theory in philosophical focus. Cambridge: MIT Press.

SPERBER, D. 1996. **Explaining culture**: a naturalistic approach. Oxford: Blackwell.

STADDON, J. E. R. 1993. **Behaviorism**: mind, mechanism and society. London: Duckworth.

STOUT, R. 1996. **Things that happen because they should**: a teleological approach to action. New York: Oxford University Press.

SUNAHARA, F. D. 1980. **Social exchange theory and the matching law**. Unpublished doctoral dissertation, University of Alberta, Edmonton.

___; PIERCE, W. D. 1982. The matching law and bias in a social exchange involving choice between alternatives. **Canadian Journal of Sociology**, n. 7, p. 145-165.

SUSSKIND, R. 2000. **Transforming the law**: essays on technology, justice and the legal market. New York: Oxford University Press.

TAMANAHA, B. Z. 1999. **Realistic social-legal theory**: pragmatism and a social theory of law. New York: Oxford University Press.

TIMBERLAKE, W. 1999. Biological behaviorism. In: O'DONOHUE, W.; KITCHENER, R. (Eds.). **Handbook of behaviorism**. San Diego: Academic Press.

TWINING, W. 2000. **Globalization and legal theory**. Evanston: Northwestern University Press.

ULMAN, J. D. 1998. Toward a more complete science of human behavior: behaviorology plus institutional economics. **Behavior and Social Issues**, n. 8, p. 195-217.

VANBERG, V. J. 1994. **Rules and choice in economics**. New York: Routledge.

VARGAS, E. A. 1985. Cultural contingencies: a review of Marvin Harris's Cannibals and Kings. **Journal of the Experimental Analysis of Behavior**, n. 43, p. 419-428.

WATSON, A. 1985. **The evolution of law**. Baltimore: The Johns Hopkins University Press.

___ 1993. **Legal transplants**: an approach to comparative law. London: The University of Georgia Press.

WEBER, M. 1968. **Economy and society**. Berkeley: University of California Press.

WEINGARTEN, K.; MECHNER, F. 1966. The contingency as an independent variable of social interaction. In: VERHAVE, T. (Ed.). **The experimental analysis of behavior**. New York: Appleton-Century-Crofts.

WERNER, D. 1997. **O pensamento de animais e intelectuais**: evolução e epistemologia. Florianópolis: Ed. Da UFSC.

WILLER, D. (Ed.), 1999. **Network exchange theory**. Westport: Praeger.

WILLIAMS, G. C. 1974. **Adaptation and natural selection**: a critique of some current evolutionary thought. Princeton: Princeton University Press.

___ 1992. **Natural selection**: domains, levels and challenges. New York: Oxford University Press.

YOUNG, H. P. 1998. **Individual strategy and social structure**: an evolutionary theory of institutions. Princeton: Princeton University Press.

ZENTAL, T. R.; GALEF, B. G. (Eds.). 1988. **Social learning**: psychological and biological perspectives. Hillsdale: Lawrence Erlbaum Associates, Publishers.

